Livre de bord
de la
future maman

Ouvrages du même auteur :

— *Tétons et tétines, Histoire de l'Allaitement,*
  Éditions Trame-Way, 1990
— *Sein ou biberon. Guide de l'allaitement réussi,* Marabout,
  1991
— *Bébés au biberon,* Éditions Hoëbeke, 2003
— *Le Guide de la future maman,*
  Marabout, 2010

Dessins : Corinne Delétraz.

Marie-Claude Delahaye

Livre de bord de la future maman

MARABOUT

Sommaire

AVERTISSEMENT

Ce guide pratique de la grossesse va vous tenir compagnie pendant 9 mois. Il vous donnera de précieuses indications sur le développement de votre bébé et sur ce qui se passe en vous durant ces 9 mois. Ce n'est en aucun cas un guide médical fait pour remplacer votre médecin. Il est, au contraire, conçu pour vous tenir en éveil, vous alerter des éventuelles anomalies qui pourraient survenir au cours de votre grossesse et vous inciter, au moindre malaise, à consulter au plus vite votre médecin. Tout au long de votre grossesse, votre seul et véritable guide reste le médecin qui vous suit.

Introduction

Votre bébé est là, en vous. D'abord petite graine imperceptible, il grandit jour après jour, et votre ventre qui s'arrondit au fil des mois vous indique sa croissance. Vous êtes en train de vivre une aventure fabuleuse, celle de la vie.

Par ignorance, ne banalisez pas cette chance unique qu'est la création d'un nouvel être humain mais, au contraire, vivez intensément cette période magique en sachant constamment ce qui se passe en vous. Comment cette cellule précieuse que vous portez depuis le jour de votre propre naissance va-t-elle aboutir, une fois fécondée et au terme de multiples remaniements, au bébé que vous découvrirez le jour de sa naissance ?

La grossesse vous semblera plus confortable si vous en vivez consciemment et avec passion chaque étape, si vous suivez, semaine après semaine, le développement de votre bébé. Vous serez étonnée de la rapidité de ses progrès. Et le jour de son arrivée dans le monde, quand enfin vous le serrerez dans vos bras, vous aurez le sentiment de le connaître déjà très bien. Il est vrai que vous aurez eu 266 jours pour cela !

Pour vous, le futur père

Vous aussi, vous êtes au début d'une nouvelle et grande aventure. Vous allez vivre avec votre compagne 9 mois intenses, 9 mois d'attente où le bonheur, le doute et quelquefois l'angoisse seront intimement mêlés. Tandis que la future maman sentira au fil des mois son corps se transformer et votre enfant devenir plus présent, votre attention et votre disponibilité constitueront les premiers pas vers votre nouveau statut de père.

Rassurez votre compagne, communiquez-lui votre optimisme devant cette vie qui s'annonce. Puis, quand votre bébé commencera à se manifester, caressez-le à travers le ventre de sa mère. Parlez-lui le plus souvent possible. Il vous entend et, à peine né, il reconnaîtra votre voix.

De même que la maternité, la paternité n'est pas un état inné. Alors que certains hommes se sentent déjà pères pendant la grossesse, d'autres ne ressentent cette réalité qu'à la vue de leur enfant ; d'autres encore ont besoin de vivre des moments concrets avec lui.

Quel que soit votre ressenti au cours de la grossesse de votre compagne, lorsque vous tiendrez votre bébé souriant aux anges dans vos bras, puis, plus tard, votre enfant bien calé sur vos épaules ou courant à vos côtés, vous penserez : merci la vie !

Suivez activement l'évolution de votre bébé

Vous allez suivre l'évolution de votre bébé en vous, semaine après semaine. Pour que le stade de votre grossesse corresponde bien à votre lecture de cet ouvrage, notez page 29 la date du 1er jour de vos dernières règles. Cette date, que toute femme connaît, si elle est un peu attentive, est considérée comme le point de repère du début de la grossesse, bien que **cette dernière ne commence réellement qu'une quinzaine de jours plus tard, c'est-à-dire au moment de la fécondation, qui est l'instant précis de la conception du bébé.**

Grâce à ce point de repère, vous allez pouvoir suivre, semaine après semaine, toutes les étapes de votre grossesse. Le développement de votre bébé, les modifications survenant dans votre corps, les conseils et les réponses aux questions que vous vous posez apparaissent dans l'ordre chronologique, au fur et à mesure qu'ils se présentent dans la réalité.

Cependant, n'oubliez pas que, même si vous pouvez déterminer avec précision la date de votre ovulation, donc de votre fécondation, les indications sur la taille, le poids et le développement de votre bébé seront légèrement approximatives. Il s'agit d'une estimation moyenne de la croissance embryonnaire à ce moment-là, car il est impossible de connaître les données exactes concernant votre bébé à un moment particulier de VOTRE grossesse.

Chaque nouvelle semaine, vous allez découvrir les progrès étonnants que fait votre bébé. Connaissant les phases principales de son élaboration, vous aurez à cœur de l'aider en suivant les conseils qui vous seront prodigués. À ce propos, ne vous laissez surtout pas troubler par les pages qui mentionnent les maladies et autres complications liées à la grossesse. Ce sont avant tout des cas exceptionnels. Il faut néanmoins les signaler afin d'éviter des erreurs graves. Vous le savez bien, dans la majorité des cas, la grossesse et l'accouchement se déroulent tout à fait normalement, tout à fait naturellement.

En compagnie de votre « livre de bord », chaque jour, vous allez penser à votre bébé, vivre avec lui en communion physique mais également mentale, et faire de votre grossesse une succession de moments fabuleux.

La durée de la grossesse

Les statistiques montrent que la grossesse a une durée variable. En théorie, elle dure en moyenne 280 jours à partir du 1er jour des dernières règles, c'est-à-dire 266 jours à partir du moment de la fécondation. Ces 266 jours représentent approximativement 9 mois du calendrier, soit 38 semaines. Cela correspond à l'âge réel du bébé. La durée de la grossesse est donc calculée de deux façons :

• **en semaines d'aménorrhée**, c'est-à-dire sans règles, comptées à partir du 1er jour des dernières règles constatées ;

• **en semaines de grossesse réelle** : cette dernière débute au commencement de la 3e semaine d'aménorrhée, à la fécondation. C'est donc le nombre de semaines d'aménorrhée moins 2 semaines.

Les deux formules sont correctes et sont employées de manière indifférente dans la pratique courante. Néanmoins, c'est le premier calcul qui est retenu comme convention internationale pour tout ce qui concerne les données de la grossesse ; c'est lui qui est toujours indiqué par votre gynécologue. Il est en effet plus fiable, car une femme connaît avec précision le jour de ses dernières règles, alors que l'ovulation peut ne pas avoir lieu au 14e jour du cycle.

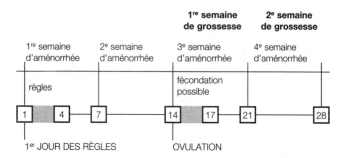

Comment connaître la date de votre accouchement ?

Des tables de calcul utilisées par les médecins indiquent rapidement le terme de la grossesse, qui est calculé à partir de la date des dernières règles. Vous pouvez également calculer cette date à l'aide d'une formule simple :

• écrivez la date du 1er jour de vos dernières règles. Par exemple : 4/10 pour le 4 octobre ;

• soustrayez 3 pour le mois. Par exemple : 10 – 3 = 7 ;

• ajoutez 7 au jour. Par exemple : 4 + 7 = 11.

Votre bébé naîtra le 11 juillet.

La date de votre accouchement dépend de nombreux facteurs. Elle sera correcte :

• si vous vous souvenez avec certitude du 1er jour de vos dernières règles ;

• si vous avez ovulé et conçu exactement 14 jours après ;

• si vous accouchez 266 jours après votre fécondation.

Dans le pire des cas, la date de votre accouchement pourra varier de 2 semaines, dans un sens ou dans un autre.

90 % environ des femmes accouchent à terme, soit entre le 276e et le 296e jour de leur grossesse – vers la fin de la 40e et le début de la 41e semaine d'aménorrhée. 7 % environ donnent naissance à des enfants prématurés, soit avant la 37e semaine. 3 % environ accouchent après le terme, soit après la 41e semaine.

Repérez d'un coup d'œil la date de votre accouchement grâce au tableau des pages 16 et 17. De toute façon, ne vous inquiétez pas, votre bébé sera là un jour !

1er jour de vos dernières règles

Date de votre accouchement

Janvier	1	2	3	4	5	6	7	8	9	10	11	12	13	14	15
Octobre	15	16	17	18	19	20	21	22	23	24	25	26	27	28	29

Février	1	2	3	4	5	6	7	8	9	10	11	12	13	14	15
Novembre	15	16	17	18	19	20	21	22	23	24	25	26	27	28	29

Mars	1	2	3	4	5	6	7	8	9	10	11	12	13	14	15
Décembre	13	14	15	16	17	18	19	20	21	22	23	24	25	26	27

Avril	1	2	3	4	5	6	7	8	9	10	11	12	13	14	15
Janvier	13	14	15	16	17	18	19	20	21	22	23	24	25	26	27

Mai	1	2	3	4	5	6	7	8	9	10	11	12	13	14	15
Février	12	13	14	15	16	17	18	19	20	21	22	23	24	25	26

Juin	1	2	3	4	5	6	7	8	9	10	11	12	13	14	15
Mars	15	16	17	18	19	20	21	22	23	24	25	26	27	28	29

Juillet	1	2	3	4	5	6	7	8	9	10	11	12	13	14	15
Avril	14	15	16	17	18	19	20	21	22	23	24	25	26	27	28

Août	1	2	3	4	5	6	7	8	9	10	11	12	13	14	15
Mai	15	16	17	18	19	20	21	22	23	24	25	26	27	28	29

Septembre	1	2	3	4	5	6	7	8	9	10	11	12	13	14	15
Juin	15	16	17	18	19	20	21	22	23	24	25	26	27	28	29

Octobre	1	2	3	4	5	6	7	8	9	10	11	12	13	14	15
Juillet	15	16	17	18	19	20	21	22	23	24	25	26	27	28	29

Novembre	1	2	3	4	5	6	7	8	9	10	11	12	13	14	15
Août	15	16	17	18	19	20	21	22	23	24	25	26	27	28	29

Décembre	1	2	3	4	5	6	7	8	9	10	11	12	13	14	15
Septembre	14	15	16	17	18	19	20	21	22	23	24	25	26	27	28

16	17	18	19	20	21	22	23	24	25	26	27	28	29	30	31	Janvier
30	31	1	2	3	4	5	6	7	8	9	10	11	12	13	14	Novembre

16	17	18	19	20	21	22	23	24	25	26	27	28				Février
30	1	2	3	4	5	6	7	8	9	10	11	12				Décembre

16	17	18	19	20	21	22	23	24	25	26	27	28	29	30	31	Mars
28	29	30	31	1	2	3	4	5	6	7	8	9	10	11	12	Janvier

16	17	18	19	20	21	22	23	24	25	26	27	28	29	30		Avril
28	29	30	31	1	2	3	4	5	6	7	8	9	10	11		Février

16	17	18	19	20	21	22	23	24	25	26	27	28	29	30	31	Mai
27	28	1	2	3	4	5	6	7	8	9	10	11	12	13	14	Mars

16	17	18	19	20	21	22	23	24	25	26	27	28	29	30		Juin
30	31	1	2	3	4	5	6	7	8	9	10	11	12	13		Avril

16	17	18	19	20	21	22	23	24	25	26	27	28	29	30	31	Juillet
29	30	1	2	3	4	5	6	7	8	9	10	11	12	13	14	Mai

16	17	18	19	20	21	22	23	24	25	26	27	28	29	30	31	Août
30	31	1	2	3	4	5	6	7	8	9	10	11	12	13	14	Juin

16	17	18	19	20	21	22	23	24	25	26	27	28	29	30		Septembre
30	1	2	3	4	5	6	7	8	9	10	11	12	13	14		Juillet

16	17	18	19	20	21	22	23	24	25	26	27	28	29	30	31	Octobre
30	31	1	2	3	4	5	6	7	8	9	10	11	12	13	14	Août

16	17	18	19	20	21	22	23	24	25	26	27	28	29	30		Novembre
30	31	1	2	3	4	5	6	7	8	9	10	11	12	13		Septembre

16	17	18	19	20	21	22	23	24	25	26	27	28	29	30	31	Décembre
29	30	1	2	3	4	5	6	7	8	9	10	11	12	13	14	Octobre

Semaines d'aménorrhée	Semaines de grossesse	Mois de grossesse
Les semaines d'aménorrhée, c'est-à-dire sans règles, se comptent à partir du 1er jour des dernières règles.		
1 2 Fécondation	 0	
3 4 5 6	1 2 3 4	 1 fin du 1er
7 8 9 10	5 6 7 8	 2 fin du 2e
11 12 13 14 15	9 10 11 12 13	 3 fin du 3e
16 17 18 19	14 15 16 17	 4 fin du 4e
20 21 22 23 24	18 19 20 21 22	 5 fin du 5e
25 26 27 28	23 24 25 26	 6 fin du 6e
29 30 31 32	27 28 29 30	 7 fin du 7e
33 34 35 36	31 32 33 34	 8 fin du 8e
37 38 39 40 41	35 36 37 38 39	 9 Naissance

Généralités

Avant votre bébé, il y a vous : tout est prévu pour donner la vie

Votre corps est conçu de façon à pouvoir créer. Savoir comment sont disposés et comment fonctionnent les organes nécessaires au développement d'une nouvelle vie va vous permettre de suivre l'évolution de votre corps, de surveiller votre grossesse et ainsi de réagir plus vite à la moindre anomalie.

Avec le vagin qui recueille la semence masculine, les ovaires et leur énorme réserve d'ovocytes, et avec les trompes de Fallope qui captent l'ovocyte émis et le font descendre jusqu'à l'utérus où il s'implantera, s'il est fécondé, pour se développer pendant 9 mois : tout est en place pour l'élaboration d'un être humain.

Les ovaires

Les ovaires sont les glandes sexuelles féminines. De la taille et de la forme de deux grosses amandes – de 4 cm de longueur et 2,5 cm de largeur environ –, ils sont situés à droite et à gauche de l'utérus, auquel ils sont attachés par un ligament souple. Un autre ligament les maintient aux trompes, à proximité du pavillon.

Le rôle des ovaires

• Les ovaires sécrètent les hormones sexuelles féminines – les œstrogènes et la progestérone –, qui sont indispensables au bon déroulement des cycles menstruels, de la grossesse, ainsi qu'au bon fonctionnement des organes génitaux et de la physiologie de la femme en général.

• Ils libèrent des ovocytes, également appelés ovules, qui sont les cellules reproductrices féminines.

À sa naissance, la petite fille possède la réserve considérable de 700 000 à 2 millions d'ovocytes. Un grand nombre d'entre eux vont dégénérer au cours de la petite enfance ; à l'âge de la puberté, il n'en restera plus que 300 000 à 400 000. La nature voit grand ! Parmi ceux-ci, seuls 300 à 400 arriveront à maturité et deviendront des ovocytes fécondables. À raison de 13 par an – un tous les 28 jours –, pendant les 30 ans que dure environ la période de fécondité de la femme. Bien qu'ils soient tous potentiellement fécondables, il y aura peu d'élus !

Les trompes de Fallope

Ce sont deux petits tubes creux et flexibles de 10 à 12 cm de longueur, dont le diamètre interne est à peine plus gros qu'un cheveu. Les trompes de Fallope partent de chaque côté du fond supérieur de l'utérus et se terminent au niveau d'un ovaire par un pavillon muni de franges mobiles destinées à capter l'ovocyte dès son émission par l'ovaire.

Une seule trompe en bon état suffit pour réussir une grossesse, à une condition toutefois : qu'elle soit placée du côté de l'ovaire quand il n'y en a qu'un.

Le rôle des trompes

• Les trompes de Fallope permettent le transit des spermatozoïdes vers le lieu de la fécondation, qui est situé dans le tiers supérieur de l'une d'entre elles.

• Elles permettent à l'ovocyte de gagner le lieu de la fécondation puis, si cette dernière n'a pas eu lieu, elles entraînent l'ovocyte vers l'utérus, d'où il sera évacué.

• Après la fécondation, elles assurent la survie et le transport de l'œuf vers l'utérus, où il s'implantera.

Le rôle des trompes de Fallope est donc extrêmement important.

L'utérus

Muscle épais et virtuellement creux, de la forme et de la taille d'une figue fraîche, l'utérus est grandement remanié au cours de la grossesse : il mesure 6 à 8 cm de hauteur, sur 3 à 4 cm de largeur ; au voisinage du terme, sa hauteur est de 30 cm ! Situé à l'extrémité du vagin, incliné normalement au-dessus de la vessie, il est retenu par des ligaments souples qui lui laissent une certaine flexibilité mais l'empêchent de descendre dans le vagin. Du fond du corps utérin partent de chaque côté les trompes de Fallope.

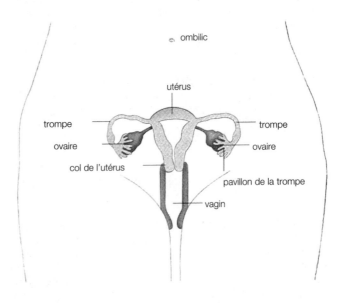

Les organes génitaux de la femme.

À l'intérieur, le muscle utérin est recouvert d'une muqueuse, appelée **endomètre**. Destinée à accueillir l'œuf fécondé, riche en vaisseaux sanguins et en glandes, cette muqueuse subit d'importantes variations en fonction de la période du cycle menstruel et de l'âge de la femme. C'est elle qui est périodiquement éliminée par le phénomène de la menstruation, ou règles, quand il n'y a pas eu de fécondation.

L'utérus est fermé à sa base par le **col**, un resserrement étroit et dur de 3 cm de longueur environ, que l'on peut sentir avec les doigts, au fond du vagin ; il présente au toucher une certaine mobilité. Le col est traversé en son milieu par un fin canal qui met en communication le corps de l'utérus et le vagin. C'est par ce canal que s'écoule le flux menstruel. C'est par lui également que les spermatozoïdes déposés dans le vagin passent dans l'utérus pour gagner les trompes, le lieu de la fécondation.

Les cellules qui tapissent l'intérieur du col se modifient au cours du cycle menstruel. Au moment de l'ovulation, elles sécrètent une substance visqueuse, qui est appelée **glaire cervicale** ; elle est indispensable aux spermatozoïdes pour monter dans l'utérus.

Chez une femme qui n'a pas eu d'enfant, le col de l'utérus est rond, à ouverture étroite ; chez celle qui a déjà accouché, l'ouverture est plus large, allongée transversalement.

La cellule : élément de base de l'individu

Tout être vivant est constitué de cellules, de milliards de cellules. De tailles et de formes différentes selon leur fonction, les cellules de même type s'associent entre elles pour former les tissus et les organes. Chaque cellule possède donc une spécialisation, et le travail de chacune d'entre elles aboutit à l'édification de l'organisme.

Excepté les cellules nerveuses, toutes les cellules se renouvellent régulièrement par division, leur durée de vie variant de 4 jours à 4 mois suivant les catégories cellulaires.

Toujours protégées par une membrane qui les entoure entièrement, les cellules sont constituées d'une substance protéique très hydratée : le cytoplasme. Le cytoplasme est parcouru par un ensemble de structures membranaires spécialisées, appelées organites, qui sont indispensables à la vie et au travail de la cellule. Comme autant de machines nécessaires au bon fonctionnement d'une usine.

Au centre de la cellule, isolé du cytoplasme par une double enveloppe, siège le noyau. Le noyau de la cellule est le centre de commandement de l'usine. C'est de là que sont donnés tous les ordres, les ordres de fabrication et de division. Le commandant en chef est l'ADN. C'est lui qui dirige l'ensemble des manœuvres.

L'ADN

L'ADN (acide désoxyribonucléique) est une longue molécule formée de deux brins complémentaires disposés en hélice. Il est associé à des protéines qui vont l'aider à s'enrouler sur lui-même, formant ce qu'on appelle la **fibre de chromatine**. Présent dans chaque cellule, l'ADN joue un rôle essentiel dans le maintien de la vie :

• décodé, il est à l'origine de la synthèse des protéines, dont la présence est capitale pour le développement, la croissance et l'entretien de la cellule, donc de l'organisme tout entier ;

• il est le gardien de l'hérédité grâce à la présence des gènes ;

• il a pour particularité de se répliquer identique à lui-même, de se dédoubler en quelque sorte. Il assure ainsi, dans toute nouvelle cellule issue du processus de division, le maintien et la transmission des caractères héréditaires.

Les gènes

Les caractères héréditaires sont déterminés par les gènes. Or un gène est tout simplement une portion d'ADN, une certaine séquence, qui contient l'information nécessaire pour coder, sous forme de message chimique, la synthèse d'un produit.

L'ensemble des synthèses réalisées au sein des cellules spécialisées, sous les ordres conjoints de plusieurs gènes, détermine finalement les caractères visibles. Par exemple, plus d'une vingtaine de gènes travaille ensemble, au même moment, pour déterminer la couleur des yeux de votre enfant.

Les chromosomes

Au cours de la division cellulaire – moment particulier du cycle de vie de la cellule –, le long filament d'ADN et de protéines que constitue la fibre de chromatine va s'enrouler de nombreuses fois sur lui-même. Ainsi raccourcie et épaissie, cette structure porte le nouveau nom de chromosome.

Chaque noyau cellulaire de la dizaine de milliards de cellules constituant un organisme humain possède 46 filaments de chromatine, soit 46 chromosomes associés par paires. Des 23 paires de chromosomes présentes dans chaque cellule, aucune n'est semblable à l'autre. De plus, 22 paires sont communes aux 2 sexes, alors qu'une paire est propre à l'homme ou à la femme : c'est la paire de chromosomes sexuels.

Chez la femme, la paire de chromosomes sexuels comprend deux grands chromosomes, appelés chromosomes X. Chez l'homme, cette paire comprend un chromosome X et un autre, beaucoup plus petit, qui a pour nom chromosome Y.

Formules chromosomiques
Femme : 44 chromosomes + XX
Homme : 44 chromosomes + XY

Chacun de ces chromosomes porte, dans chaque cellule, toujours au même endroit, la même séquence biochimique, c'est-à-dire le même gène capable de coder et donc de déterminer un caractère précis. Pour les 46 chromosomes, cela représente des milliards de gènes différents ; un très grand nombre d'entre eux ne seront jamais utilisés.

Deux cellules extraordinaires : l'ovocyte et le spermatozoïde

De tout l'organisme, seuls les gamètes, ou cellules sexuelles, c'est-à-dire les ovocytes et les spermatozoïdes, sont à 23 chromosomes.

Parmi les 23 chromosomes de chacune de ces cellules, il y a 22 chromosomes plus 1 chromosome sexuel, ce qui donne une seule sorte d'ovocyte et deux sortes de spermatozoïdes.

Ovocyte : 22 chromosomes + X
Spermatozoïdes : 22 chromosomes + X
et 22 chromosomes + Y

L'œuf né de la rencontre de l'ovocyte de la mère et du spermatozoïde du père sera de nouveau à 46 chromosomes avec, en héritage, les gènes portés par les 23 chromosomes du père et ceux portés par les 23 chromosomes de la mère.

L'ovocyte

L'ovocyte constitue la cellule la plus volumineuse de l'organisme humain : avec ses 150 millièmes de millimètre de diamètre, il est environ dix fois plus gros que n'importe quelle autre cellule de l'individu.

Issu de l'ovaire, l'ovocyte y est stocké sous une forme immature. Il est à noter que, dans le langage courant, le terme

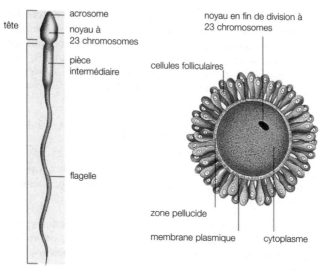

Spermatozoïde. **Ovocyte au moment de la ponte ovulaire.**

« **ovule** » est employé pour désigner la cellule sexuelle féminine. Selon son acception scientifique, le nom « ovule » ne devrait donc être donné qu'à l'ovocyte venant tout juste d'être fécondé. C'est au moment où un spermatozoïde commence à pénétrer dans l'ovocyte que ce dernier achève sa maturation et devient un ovule. Le stade ovule est très transitoire, puisque rapidement il y a fusion de son noyau avec celui du spermatozoïde.

Le spermatozoïde

Indispensable à la fécondation de l'ovocyte, la cellule sexuelle masculine, ou spermatozoïde, est la plus petite cellule humaine.

Les spermatozoïdes sont produits par les testicules, les glandes sexuelles masculines, en même temps que l'hormone mâle : la **testostérone**. Contrairement à la femme qui naît avec l'ensemble de sa réserve d'ovocytes, l'homme commence seulement à fabriquer des spermatozoïdes à l'âge de la puberté. Une production qui sera continue tout au long de son existence.

Les spermatozoïdes prennent naissance à partir des cellules qui tapissent les tubes séminifères – de très longs tubes filamenteux situés dans les testicules et embobinés les uns sur les autres. Ces cellules tout d'abord immatures vont subir une série de transformations successives qui vont aboutir à la cellule mobile que constitue le spermatozoïde.

Les spermatozoïdes vont s'échapper dans la lumière du tube séminifère et passer dans l'épididyme – un tube contourné qui recouvre le testicule. Stockés là, ils vont achever leur maturation avant de se masser dans les vésicules séminales, deux petites poches situées de part et d'autre de la prostate. Lors d'un rapport sexuel, ils seront éjectés dilués dans un liquide sécrété par les vésicules séminales et la prostate – le tout formant le **sperme**.

Déposés dans le vagin, les spermatozoïdes peuvent vivre de 2 à 4 jours dans les trompes où ils sont montés et donc attendre éventuellement l'émission de l'ovocyte pour le féconder. Non évacués, ils survivent chez l'homme une trentaine de jours avant de mourir et d'être remplacés par d'autres.

L'ovulation

▶ *Fin de la 2ᵉ semaine d'aménorrhée*

Période d'ovulation comptée à partir du 1ᵉʳ jour
des dernières règles :

- pour un cycle normal de 28 jours : le 14ᵉ jour ;
- pour un cycle long de 35 jours : le 21ᵉ jour ;
- pour un cycle court de 22 jours : le 8ᵉ jour.

Date du 1ᵉʳ jour des dernières règles :...............................
Date probable d'ovulation : ....

Vous terminez la deuxième semaine d'aménorrhée, c'est-à-dire sans règles. C'est une semaine capitale pour vous qui désirez un bébé, car l'un de vos ovaires va émettre un ovocyte qui ne demande qu'à être fécondé.

Le cycle de l'ovaire

Les ovaires sont le siège d'une activité périodique. Tous les 28 jours environ, depuis la puberté jusqu'à la ménopause, un ovocyte va être émis alternativement par l'un ou l'autre ovaire.

Le cycle ovarien comporte 3 phases bien distinctes, qui sont placées sous la dépendance directe des hormones émises par l'adéno-hypophyse, une petite glande appendue à la base du cerveau :

• **la FSH, ou hormone de stimulation folliculaire**, entraîne la maturation du follicule ovarien et régit le taux des œstrogènes sécrétés par l'ovaire ;

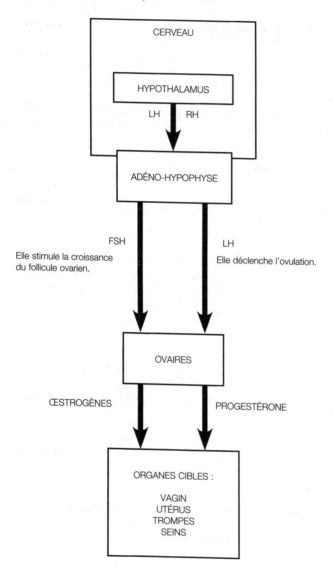

Le système hormonal féminin.

• **la LH, ou hormone lutéinique**, provoque la rupture du follicule, ce qui entraîne l'ovulation. Elle déclenche une forte sécrétion de progestérone par le corps jaune, qui apparaît ensuite par transformation du follicule.

Ces deux hormones hypophysaires sont elles-mêmes placées sous la dépendance d'une **neuro-hormone, la LH-RH**, qui est émise par une région très importante du cerveau : l'hypothalamus.

La phase folliculaire

Les 300 000 à 400 000 ovocytes qui sont présents dans les ovaires au moment de la puberté sont nourris et protégés du reste du tissu ovarien par une couche de cellules. Ce sont les follicules primordiaux.

Pendant la première partie du cycle – environ 14 à 15 jours comptés à partir du 1er jour des dernières règles –, un certain nombre de follicules sont activés sous l'action de l'hormone hypophysaire FSH. Quelques-uns d'entre eux arriveront à maturité, mais un seul libérera un ovocyte.

Tout d'abord disposées en une seule couche autour de l'ovocyte, les cellules folliculeuses se multiplient afin de former une assise cellulaire épaisse d'une dizaine de couches. Dans ce follicule encore dense, de petites cavités apparaissent et se remplissent de liquide folliculaire. Elles se rejoignent pour former une seule et grande cavité, qui repousse l'ovocyte en périphérie du follicule. Le follicule, qui gonfle par accroissement de sa cavité, forme, à la surface de l'ovaire, un petit renflement de la taille d'une groseille.

Sous l'influence de l'hormone hypophysaire FSH, les cellules de l'ovaire, qui sont situées autour du follicule ovarien en maturation, sécrètent des œstrogènes. La quantité d'œstrogènes augmente au fur et à mesure que le follicule grossit. Elle atteint un taux maximal 24 heures avant l'ovulation.

Le follicule qui, au début de la phase folliculaire, mesurait 25 millièmes de millimètre de diamètre, mesure 15 mm à la fin de cette phase. Il porte le nom de **follicule de De Graaf**.

L'ovulation

L'augmentation des œstrogènes dans le sang agit sur le complexe hypothalamo-hypophysaire et entraîne la libération massive de l'hormone LH par l'adéno-hypophyse. Sous l'action de cette hormone LH, la tension du liquide qui est contenu à l'intérieur du follicule augmente, et cela finit par provoquer sa rupture.

Tandis que le liquide folliculaire s'écoule lentement de l'ovaire, l'ovocyte se retrouve à sa surface par l'affaissement progressif de la paroi folliculaire : c'est la ponte ovulaire, ou ovulation. Encore entouré d'une couche épaisse de cellules, l'ovocyte est aussitôt aspiré par les franges du pavillon de la trompe de Fallope, qui balaient l'ovaire.

L'ovocyte, qui ne possède aucun moyen de locomotion propre, flotte dans le fluide de la trompe et avance lentement en direction de l'utérus grâce aux mouvements conjugués des parois musculeuses de la trompe de Fallope et des battements de cils vibratiles qui la tapissent à l'intérieur. Il va attendre là, dans la trompe de Fallope, de 12 à 24 heures au maximum, avant d'être fécondé. Passé ce délai, l'ovocyte non fécondé va dégénérer.

La phase luthéale, ou phase post-ovulatoire

Cette période qui précède les règles dure 12 à 14 jours environ.

Aussitôt après la ponte ovulaire, l'ovaire présente une plaie minuscule, qui se cicatrise rapidement. Très vite, le follicule ovarien se modifie sous l'influence de l'hormone LH, dont le taux est très élevé. Tandis que les parois du follicule rompu s'affaissent, des capillaires sanguins se développent afin de le vasculariser. Ainsi, le follicule se transforme en une véritable glande : en raison de sa pigmentation, cette glande est appelée **corps jaune**.

Le corps jaune élabore des œstrogènes, ainsi qu'une quantité importante de progestérone. La progestérone a pour rôle de préparer la muqueuse utérine à la nidation de l'œuf.

Très mince au début du cycle, la muqueuse utérine s'épaissit d'une manière considérable après l'ovulation, tout en se contournant en de nombreux replis. Cela a pour effet d'augmenter sa surface très riche en glandes et en vaisseaux sanguins.

Au 20e jour du cycle, l'utérus est prêt à recevoir l'œuf.

• **Si l'ovocyte a été fécondé** et qu'une grossesse s'installe, la couche cellulaire externe de l'œuf, implanté dans la muqueuse utérine 8 jours environ après la fécondation, sécrète une hormone, appelée la gonadotrophine chorionique (HCG), qui maintient le corps jaune en activité pendant 3 mois. Sous la dépendance directe de cette hormone, le corps jaune augmente de volume et sécrète de plus en plus d'hormones – des œstrogènes et surtout de la progestérone, qui assure la poursuite de la grossesse. Au-delà de cette période, le relais sera pris par le placenta, et le corps jaune régressera.

• **Si l'ovocyte n'a pas été fécondé,** il ne s'implante pas dans la muqueuse utérine. Le corps jaune cesse alors sa sécrétion de progestérone, puis dégénère. La chute brutale des hormones dans le sang provoque de petites contractions au niveau des vaisseaux sanguins de la muqueuse. Il s'ensuit une sorte d'asphyxie de la muqueuse, qui finit par se détacher en lambeaux, entraînant une succession de brèves hémorragies localisées.

L'ensemble de ces petites hémorragies de l'endomètre se traduit par un écoulement sanguin, qui va durer de 4 à 5 jours, avec un maximum du flux au 2e et au 3e jour. **Ce sont les règles**.

Comme la nature est très bien faite, dès l'instant où l'ovule non fécondé est évacué, un nouveau follicule commence sa maturation pour en libérer un autre 14 jours plus tard.

Un nouveau cycle de 28 jours commence. Il débute précisément le premier jour des règles.

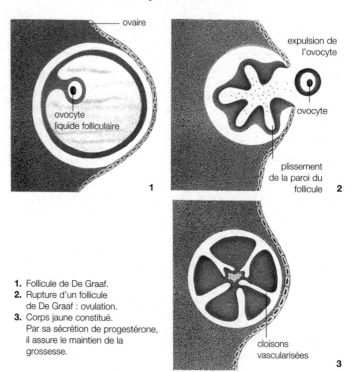

1. Follicule de De Graaf.
2. Rupture d'un follicule de De Graaf : ovulation.
3. Corps jaune constitué. Par sa sécrétion de progestérone, il assure le maintien de la grossesse.

La maturation du follicule,
ovulation et évolution en corps jaune.

Comment savoir si vous ovulez ?

L'ovulation peut être repérée à plusieurs signes :

• une tension des seins due à la production d'œstrogènes par le follicule ;

• une légère douleur au niveau de l'ovaire, à droite ou à gauche ;

• la présence, au niveau du vagin, d'un mucus incolore et inodore, produit par les cellules du col de l'utérus. Cette glaire cervicale, abondante du 10e au 14e jour, constitue un milieu d'accueil optimal pour les spermatozoïdes. Grâce à elle, ils peuvent pénétrer à l'intérieur de l'utérus et monter vers l'ovocyte pour le féconder ;

• un éventuel petit saignement.

Le test d'ovulation

Pour connaître votre période d'ovulation, vous avez à votre disposition une méthode extrêmement fiable : le test d'ovulation, qui est vendu librement en pharmacie. Il est basé sur l'élévation du taux de l'hormone LH, qui déclenche l'ovulation et qui est présente dans l'urine.

Le plus souvent, le test se présente sous la forme d'un bâtonnet possédant à son extrémité une tige absorbante qui reçoit l'urine, une fenêtre de lecture et une fenêtre de contrôle. Le test doit être commencé dès le 11e jour des règles – pour un cycle de 28 jours. Il sera répété tous les jours jusqu'à ce qu'une ligne bleu foncé apparaisse dans la fenêtre de lecture. Cette ligne indique que le pic de l'hormone LH est à son maximum. L'ovulation aura lieu dans les 24 ou les 36 heures qui suivent. Le taux de fiabilité du test d'ovulation est de 98 % environ.

À partir de tous ces signes et de ce que vous savez quant à la date de vos dernières règles, de la durée de vos cycles et de la fréquence de vos rapports, vous pouvez connaître avec la plus grande précision votre période d'ovulation, donc de fécondation.

Apprenez à repérer les signes qui indiquent une ovulation. Dès lors, vous pourrez mieux connaître la date de votre fécondation.

Si vous n'avez jamais eu la rubéole, faites-vous vacciner et prenez une contraception un mois avant et pendant les trois mois qui suivent.

Votre grossesse mois après mois

1er mois

Ce premier mois de grossesse est une période clé dans votre vie. Comme chaque mois, une petite cellule va apparaître à la surface de l'un de vos ovaires. Mais, cette fois, c'est différent, car elle va être fécondée ! Dès cet instant, un processus inéluctable s'amorce : vous allez devenir mère.

Dès le début, votre corps va se transformer. D'une manière imperceptible, en profondeur et à votre insu. L'absence de règles marque ce bouleversement. Le fonctionnement de votre organisme, qui était cyclique, devient continu, entièrement dirigé vers cette finalité : la création d'un nouvel être vivant.

Ces changements dans votre corps sont placés sous la dépendance étroite des hormones de la gestation. Libérées en grande quantité, elles seront la cause directe des nausées et autres petits malaises bien connus des femmes enceintes.

Acceptez ces ennuis en toute connaissance de cause, en gardant présent à l'esprit votre objectif : votre bébé. Au cours de ce premier mois, il va faire des progrès étonnants : de simple cellule il va devenir un être de quelques millimètres, avec un cœur qui bat.

L'histoire de votre bébé est si passionnante qu'elle vous fera oublier tous vos petits désagréments.

1er jour de votre bébé

▶ *Début de la 3e semaine depuis le premier jour de vos dernières règles*

▶ *Jour 1 de votre bébé : la fécondation a lieu entre 1 h 30 et 3 jours après la ponte ovulaire*

La fécondation est la rencontre des deux cellules essentielles, l'ovocyte et le spermatozoïde. Elle a lieu dans le tiers externe de la trompe qui a capté l'ovocyte.

Cette rencontre peut se faire le jour même de l'ovulation :

• soit parce que les spermatozoïdes déposés dans le vagin 1 ou 2 jours auparavant attendent déjà l'ovocyte dans les trompes ;

• soit parce qu'un rapport sexuel a lieu le jour même de la ponte ovulaire.

Elle peut être différée de 24 heures si, l'ovocyte étant émis, le rapport sexuel n'a lieu que 24 heures plus tard.

Lors de l'éjaculation, 2 à 5 cm³ de sperme sont déposés dans le vagin. Le sperme normal contient 30 à 100 millions de spermatozoïdes par cm³, ce qui fait environ 60 à 500 millions de spermatozoïdes déposés dans le vagin.

Mobiles, munis d'un long flagelle, les spermatozoïdes s'engagent dans la glaire cervicale et traversent le col de l'utérus en 2 à 10 min. Aidés par les contractions de l'utérus et guidés par les mouvements de godille et de vrille de leur flagelle, ils avancent dans l'utérus à la vitesse de 2 à 3 mm par minute. Ils atteignent la partie supérieure des trompes, le lieu de la fécondation, en 1 h 30 à 2 h. Au cours de ce voyage à l'intérieur des voies génitales féminines, les spermatozoïdes subissent,

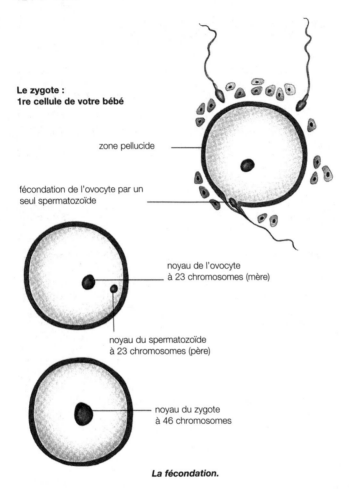

**Le zygote :
1re cellule de votre bébé**

zone pellucide

fécondation de l'ovocyte par un
seul spermatozoïde

noyau de l'ovocyte
à 23 chromosomes (mère)

noyau du spermatozoïde
à 23 chromosomes (père)

noyau du zygote
à 46 chromosomes

La fécondation.

au contact des sécrétions muqueuses, quelques modifications
qui leur assurent leur pouvoir fécondant.

Nombreux sont les spermatozoïdes qui ne parviendront pas
à destination. Seuls 100 à 200 au maximum arriveront dans
la trompe, au voisinage de l'ovocyte ; très mobiles, ils se
presseront autour de lui.

Sous l'effet d'une enzyme – une molécule chimique –, les cellules folliculaires toujours accrochées à l'ovocyte sont peu à peu détachées de la zone pellucide (voir la figure page 26). Plusieurs spermatozoïdes y pénètrent grâce aux enzymes contenus dans leur acrosome (voir la figure page 26). Par une réaction de surface de l'ovocyte, un seul d'entre eux peut franchir cette barrière. Il colle alors sa tête contre la membrane de l'ovocyte et, par fusion des membranes, les 2 cellules entrent en contact.

Aucun autre spermatozoïde ne pouvant plus pénétrer dans l'ovocyte, ils meurent progressivement sur place.

Dès sa pénétration dans l'ovocyte, le spermatozoïde perd son flagelle, qui dégénère, tandis que le noyau qui, présent dans sa tête, contient les chromosomes, augmente de volume. Quant à l'ovocyte, il se trouve activé, sort de son état d'inertie et devient apte à se lancer dans la grande aventure de la création ; son noyau augmente également de volume. Les deux noyaux, celui du père et celui de la mère, se rapprochent l'un de l'autre dans la région centrale de l'ovule, se touchent et fusionnent. **Un œuf, appelé zygote, est ainsi formé : cette première cellule est le début d'une nouvelle vie.**

Le zygote : la première cellule de votre bébé

Cette vie qui débute est celle de votre bébé.

Le zygote, c'est-à-dire cette cellule nouvellement constituée, porte dans son noyau, issu de la fusion des noyaux de l'ovocyte et du spermatozoïde, toutes les potentialités pour se développer et devenir un être humain.

Dans cette première cellule, à partir de laquelle dériveront toutes les autres, les chromosomes paternels et maternels se trouvent réunis. Ils sont porteurs de l'ensemble des **gènes**, ces chefs d'orchestre indispensables à la fabrication et à la coordination de l'intégralité des éléments du futur être. Toutes les caractéristiques de votre enfant sont inscrites là, dans les chromosomes animés de mouvements lents, au centre du zygote, des caractéristiques qui sont en partie héritées des vôtres et de vos ascendants, et en partie de celles du père et de ses ascendants.

Dès cet instant, tout est déjà déterminé pour votre bébé, et on ne peut plus rien changer : son sexe, ses particularités physiques telles que la couleur de ses yeux et de ses cheveux, la longueur de son nez, la forme de son visage, ainsi que ses traits mentaux fondamentaux sont d'ores et déjà programmés dans cette cellule unique que constitue le zygote.

Est-ce une fille ou un garçon ?

Dès ce stade de première cellule, le sexe de votre bébé est donc décidé. Le choix a été fait uniquement par le hasard, au moment de la fécondation : l'ovocyte, qui est toujours porteur d'un chromosome X, a été fécondé par un spermatozoïde qui possède soit un chromosome X, soit un chromosome Y. La formule chromosomique qui en résultera aboutira à la formation d'une fille ou bien d'un garçon (voir le schéma ci-contre).

Peut-on choisir le sexe de son enfant ?

Comme il naît autant de garçons que de filles – pour être vraiment précis, il naît 105 garçons pour 100 filles –, vous avez donc une chance sur deux environ d'avoir l'un ou l'autre. Mais est-il possible d'influencer le hasard et de choisir le sexe de son futur enfant ? La réponse est non. Même si, d'une manière expérimentale, on sait aujourd'hui trier les spermatozoïdes « filles » des spermatozoïdes « garçons » – mais cela n'est pas applicable en pratique courante, ne serait-ce que pour des raisons d'éthique ! Même s'il existe des méthodes traditionnelles, aléatoires, uniquement fondées sur l'empirisme et sans garantie de résultats, qui, de tous temps, ont cherché à forcer le hasard.

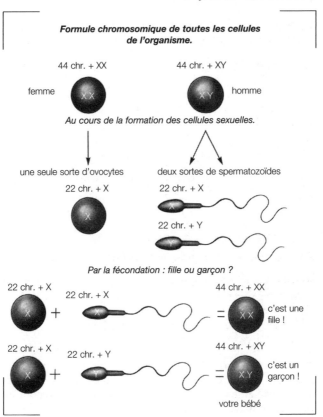

Formule chromosomique de toutes les cellules de l'organisme.

44 chr. + XX   44 chr. + XY

femme   homme

Au cours de la formation des cellules sexuelles.

une seule sorte d'ovocytes   deux sortes de spermatozoïdes

22 chr. + X   22 chr. + X

22 chr. + Y

Par la fécondation : fille ou garçon ?

22 chr. + X   22 chr. + X   44 chr. + XX

+   =   c'est une fille !

22 chr. + X   22 chr. + Y   44 chr. + XY

+   =   c'est un garçon !

votre bébé

Ces méthodes traditionnelles consistent à changer le taux d'acidité du milieu vaginal par une injection pratiquée avant le rapport sexuel et composée d'eau diluée de vinaigre si l'on désire une fille ou de bicarbonate de soude si l'on préfère un garçon. Une autre méthode, fondée sur un régime alimentaire différent selon le sexe voulu, pourrait être envisagée ; mais les contraintes qu'elle implique pour la mère et surtout

Laissez faire la nature. Elle vous offrira, de toute façon, le plus beau des cadeaux.

les risques de carences en vitamines et en minéraux qu'elle entraîne ne méritent pas qu'on s'y attarde.

La seule méthode qui pourrait être fiable pour avoir un enfant du sexe désiré serait la réimplantation dans l'utérus d'un embryon choisi après fécondation *in vitro*. Mais cette technique n'a pas d'application clinique car, de nouveau, elle est indéfendable sur le plan éthique.

La bonne question à se poser est peut-être celle-ci : pourquoi veut-on influencer le hasard et choisir le sexe de son enfant ? Un enfant n'est-il pas le plus beau des cadeaux que puisse offrir la nature ? Alors, laissons faire celle-ci...

À qui ressemblera votre bébé ?

Sans doute est-ce une question que vous vous posez.

Dans le zygote, cette première cellule de votre bébé, le noyau reconstitué porte de nouveau les 46 chromosomes de l'espèce : 23 chromosomes paternels face à 23 chromosomes maternels. Chaque chromosome porte, à un endroit donné, un gène qui va définir une caractéristique précise.

Dès à présent, votre futur enfant possède donc un capital génétique qui lui est propre, constitué pour moitié de celui de son père et pour moitié de celui de sa mère, donc pour un quart de celui de chacun de ses grands-parents, etc.

Dans le zygote, les chromosomes maternels et paternels vont, au hasard, s'associer par paires, et les gènes qui concernent la même particularité vont se retrouver face à face. Or, un même gène se présente sous deux formes : **une forme dominante et une forme récessive**. C'est le gène dominant qui s'exprimera.

Prenons un exemple : la couleur des yeux

D'une façon générale, un gène qui détermine une couleur foncée est toujours dominant sur un gène qui détermine une couleur claire. Dans ce cas, comment expliquer que des parents ayant tous les deux les yeux marron puissent avoir des enfants aux yeux bleus ? Du fait de la présence d'un même gène en deux exemplaires, les parents peuvent être porteurs de deux gènes dominants, ou bien d'un gène dominant et d'un gène récessif. Cela explique leurs yeux marron ; il suffit de voir s'il y a des yeux bleus parmi les ascendants ou les collatéraux.

Au cours de la fécondation, s'il y a rencontre des gènes maternels et paternels dominants, l'enfant aura les yeux sombres. S'il y a rencontre d'un gène dominant et d'un gène récessif, l'enfant aura les yeux sombres. S'il y a rencontre des deux gènes récessifs, l'enfant aura les yeux clairs (voir le schéma page 48). Si cela est la règle générale, **des modifications de gènes** peuvent intervenir d'une génération à l'autre, ce qui joue sur les caractères de coloration et n'exclut pas l'apparition d'un enfant aux yeux sombres dans une famille où tout le monde a les yeux bleus. De plus, la couleur de l'œil est régie par plus d'une vingtaine de gènes, ce qui explique les différentes variantes possibles ; la couleur des yeux d'un enfant est donc difficile à prévoir.

Un être unique

Au cours des générations se produit un gigantesque brassage des gènes. C'est la raison pour laquelle chaque individu est unique. Il est le résultat de la combinaison de milliards de gènes.

Dans ces conditions, un enfant peut très bien, au sein d'une famille, ne pas ressembler du tout à ses parents mais à ses grands-parents ou à ses oncles et à ses tantes. Au milieu de ses frères et de ses sœurs, il est également unique, car chaque gamète de ses parents – ovocyte et spermatozoïde – est, sur le plan génétique, différent de tous les autres.

Pour un organisme possédant n chromosomes, il y a production de 2^n gamètes différents. Dans l'espèce humaine, où n = 23, cela fait $2^{23} = 8,4 \times 10^6$ gamètes génétiquement différents – pour l'homme comme pour la femme. Ce qui est considérable.

La couleur de ses yeux : bleu ou marron ?

Le gène déterminant la couleur marron (m) est dominant. Le gène déterminant la couleur bleue (b) est récessif. C'est donc le gène marron qui s'exprime.

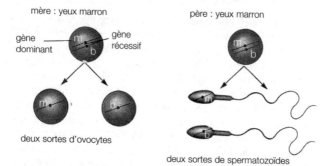

mère : yeux marron

gène dominant — gène récessif

deux sortes d'ovocytes

père : yeux marron

deux sortes de spermatozoïdes

Dans les cellules sexuelles, les chromosomes sont en un seul exemplaire. Par la fécondation, il y a réunion, au hasard, des chromosomes paternels et maternels.

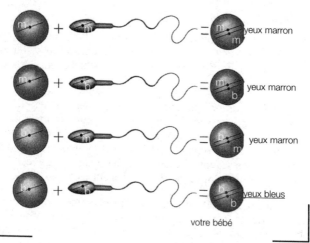

yeux marron

yeux marron

yeux marron

yeux bleus

votre bébé

Alors, à qui va ressembler votre bébé ? Cela est impossible à prévoir. C'est la petite surprise qu'il vous réserve pour le jour de sa naissance !

Et si c'étaient des jumeaux ?

Vous ne pouvez pas encore savoir si vous attendez des jumeaux. Pourtant, cela aussi est déjà décidé. Comme vous le savez, il existe deux variétés de jumeaux : les « faux » et les « vrais » (voir le schéma ci-dessous).

Les faux jumeaux

Ils proviennent de la fécondation simultanée, au cours du même rapport sexuel, de deux ovocytes différents par deux sperma-tozoïdes différents. Il en résulte deux zygotes différents, qui iront s'implanter l'un à côté de l'autre dans l'utérus. Les deux enfants pourront être de même sexe ou de sexe différent, selon

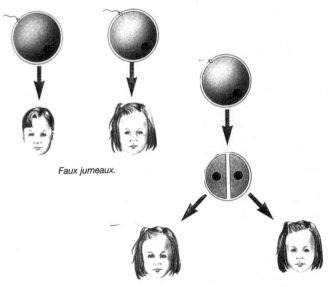

Faux jumeaux.

Vrais jumeaux.

la répartition au hasard des spermatozoïdes. Ils ne se ressembleront ni plus ni moins que des frères et sœurs.

Ces grossesses à deux zygotes représentent les 2/3 des cas de grossesses gémellaires.

Les vrais jumeaux

Dans un 1/3 des cas, un seul spermatozoïde féconde un seul ovocyte, ce qui aboutit à un œuf unique. Sous diverses influences mal expliquées, cet œuf unique va se scinder en deux parties égales qui vont chacune se développer. Absolument identiques, les deux œufs issus du partage vont donner naissance à deux enfants semblables car ayant reçu le même patrimoine génétique. Les vrais jumeaux sont toujours du même sexe et témoignent d'une ressemblance troublante.

❱ Pour votre information

L'assistance médicale à la procréation (AMP)

Parfois, la fécondation rencontre des difficultés pour des causes liées à la future mère ou au futur père ; en matière de stérilité, les raisons d'un échec de la conception sont 3 fois sur 10 féminines ; 2 fois sur 10 masculines et dans 50 % des cas, elles sont partagées. L'assistance médicale à la procréation est là pour vous aider. Deux techniques sont utilisées : la fécondation *in vitro* et l'insémination artificielle. L'AMP est prise en charge à 100 % par la Sécurité sociale après entente préalable demandée par le médecin. Pour bénéficier d'une FIVETE ou d'une insémination artificielle, il faut que le couple soit hétérosexuel, qu'il soit marié, pacsé, en concubinage ou en union libre – sans avoir à justifier de deux ans de vie commune au moins – et que la femme soit âgée de moins de 43 ans. À partir de 2011, l'implantation d'un embryon sera autorisée si le projet parental a été engagé, mais interrompu par le décès du père.

La fécondation *in vitro* et transfert d'embryons, ou FIVETE

La fécondation *in vitro* est réalisée à l'extérieur de l'organisme maternel – par opposition à la fécondation *in vivo,* la fécondation naturelle – avec l'ovocyte de la mère et les spermatozoïdes du père. Les indications d'une FIVETE sont notamment une altération des trompes – bouchées ou abîmées, en particulier après des grossesses extra-utérines –, une endométriose, le syndrome du Distilbène (voir page 211), les échecs d'une insémination artificielle et des grossesses multiples.

Par injection d'hormones, on provoque l'ovulation en stimulant la croissance de plusieurs follicules. Les ovocytes sont recueillis par ponction des follicules prêts à s'ouvrir ; cette dernière ne nécessite plus de cœlioscopie. Les spermatozoïdes sont recueillis par masturbation. Ils subissent un traitement qui leur donne leur pouvoir fécondant.

Plusieurs ovocytes et plusieurs milliers de spermatozoïdes sont mis en présence dans une éprouvette contenant un milieu adéquat ; ils sont placés dans une étuve à 37 °C pendant 48 heures. La fécondation puis les premières divisions ont lieu. Un embryon de 4 à 8 cellules est transféré chez la future mère : il est placé dans un tube très fin en plastique transparent, appelé cathéter, qui le libérera dans la cavité utérine après être passé naturellement par les voies génitales. Si tout va bien, l'embryon s'implantera dans la muqueuse utérine, où il pousuivra son développement.

L'évolution de l'œuf est suivie par des dosages hormonaux fréquents, puis par des échographies quand l'embryon commence à grossir. À partir du 3e mois, on estime que la grossesse évoluera jusqu'à son terme. Le taux de réussite de la FIVETE est en moyenne de 20 % en France ; selon les centres de procréation médicalement assistée, il varie entre 10 et 30 %.

Pour augmenter les chances d'une grossesse, plusieurs embryons peuvent être transférés, en général pas plus de 3 ou 4 afin d'éviter les risques de grossesse multiple. Pour éviter de recommencer la stimulation des ovaires et le prélèvement des ovocytes, plusieurs embryons sont conçus *in vitro*. Ils sont congelés et gardés en vue d'une implantation ultérieure, en cas d'échec – ce qui pose quelques problèmes éthiques.

Le GIFT, ou Gamete *Intra Fallopian Transfert*

Pratiquée sous cœlioscopie, cette technique est utilisée lorsque la trompe est bonne mais que son pavillon est incapable de capter l'ovocyte. Dans ce cas, on prélève l'ovocyte dans l'ovaire, puis on le place dans la trompe avec des spermatozoïdes préparés.

Le ZIFT, ou *Zygote Intra Fallopian Transfert*

Le petit embryon de 4 à 8 cellules obtenu par fécondation *in vitro* est directement placé dans la trompe, sous cœlioscopie. Il descend naturellement dans l'utérus où, quelques jours plus tard, il s'implantera dans la muqueuse.

L'ICSI, ou *Intracytoplasmique Spermatozoïde Injection*

Cette technique tend à remplacer la FIVETE. Après prélèvement des ovocytes obtenus à la suite d'une stimulation ovarienne, on introduit à l'aide d'une pipette un seul spermatozoïde, choisi parmi les plus mobiles, dans l'ovocyte. 2 ou 3 embryons nés de la fusion de ces deux cellules sont alors directement transférés dans l'utérus.

20 % des ICSI sont suivies de naissances. Ce chiffre est proche des conditions normales de procréation : on estime qu'un couple fertile âgé de moins de 30 ans a 25 % de chances par cycle d'obtenir une grossesse.

L'insémination artificielle (IA)

Elle est pratiquée quand la difficulté est liée au futur père : s'il souffre d'impuissance, ce qui ne signifie pas qu'il est stérile ; si son sperme, trop pauvre en spermatozoïdes, nécessite d'être concentré.

L'insémination artificielle consiste en l'introduction, dans les voies génitales de la femme, de spermatozoïdes recueillis par masturbation. Le sperme peut être recueilli en une fois si les spermatozoïdes y sont assez nombreux, ou en plusieurs fois dans le cas contraire. Ils sont concentrés et traités de façon à acquérir leurs propriétés fécondantes. Puis ils sont déposés à l'intérieur de la cavité utérine.

En cas d'échec, une nouvelle insémination aura lieu au cycle suivant. Avec du sperme frais, le taux de réussite est de 60 à 70 % dans les 6 mois. Avec du sperme congelé, il est de 50 à 55 %.

L'insémination artificielle avec donneur (IAD)

Dans le cas de stérilité du conjoint, l'insémination peut être pratiquée avec le sperme d'un donneur anonyme. Le couple désirant un enfant doit alors s'adresser à un CECOS, centre d'étude et de conservation des œufs et du sperme humains (voir en annexe les adresses utiles). Toujours anonyme, le donneur doit être âgé de moins de 45 ans, vivre en couple et avoir un enfant au moins. Les examens biologiques, sérologiques et génétiques qui contrôlent la normalité de son sperme sont gratuits. Son sperme sera congelé en attendant d'être utilisé.

Le don de sperme et d'ovocytes par une tierce personne

Il est réservé aux couples stériles ou à ceux qui présentent un risque de transmission d'une maladie grave. Le don de gamètes ne peut être effectué que par un couple ayant déjà un enfant. Il est anonyme et gratuit. Les gamètes ne seront utilisés qu'après congélation. Par acte signé devant un juge ou un notaire, le couple receveur reconnaît l'impossibilité d'établir tout lien de filiation avec le donneur. Il reconnaît aussi la filiation maternelle du fait de l'accouchement et ne peut contester la filiation paternelle. Les dons de sperme et d'ovocytes sont pratiqués uniquement dans les CECOS.

Pour un don de sperme, les délais d'attente sont de l'ordre de 12 à 18 mois ; pour un don d'ovocytes, il est de 3 ans.

Rappel de la législation

Sont interdits en France : le commerce de don d'ovocytes et de sperme, le recours aux mères porteuses – autorisé aux États-Unis, au Royaume-Uni et en Belgique –, la recherche sur l'embryon – autorisée seulement sur les embryons non utilisés après une période de 5 ans – et le clonage, y compris thérapeutique, qui consiste à créer des cellules souches pour remplacer les cellules malades – autorisé pour la recherche au Royaume-Uni.

Le diagnostic préimplantatoire (DPI)

Il consiste à sélectionner les embryons obtenus par fécondation in vitro. Il s'adresse aux familles ayant une anomalie génétique identifiée chez l'un des conjoints ou chez un frère ou une sœur de l'enfant à naître ; cela concerne quelques maladies héréditaires comme la myopathie, la mucoviscidose ou une anomalie liée au nombre de chromosomes.

Pris en charge par la Sécurité sociale, le DPI est actuellement réalisé dans trois centres : l'hôpital Arnaud-de-Villeneuve à Montpellier, l'hôpital Antoine-Béclère à Clamart et le centre médico-chirurgico-obstétrical (CMCO) à Schiltigheim.

La loi bioéthique du 6 août 2004 a élargi l'accès du DPI aux parents d'un enfant atteint de certaines maladies afin qu'un petit frère ou une petite sœur issu d'un embryon sain puisse aider à guérir l'aîné malade.

À savoir

Tous les cinq ans, afin de s'ajuster au développement des biotechnologies, une révision de la loi bioéthique est engagée. Avec un peu de retard, la loi de 2004 doit donc être réexaminée et révisée en 2011. Peu de changements sont à l'ordre du jour.

1re semaine de grossesse

▶ *3e semaine depuis le premier jour de vos dernières règles*

▶ *Jours 2 à 7 : segmentation, migration et nidation de l'œuf fécondé*

La segmentation : entre 30 à 50 heures après la fécondation

Peu de temps après la fécondation, la première cellule de votre bébé va se diviser : c'est la segmentation. Cette division aboutit à la formation de deux cellules de taille égale, appelées **blastomères**. Chacune de ces cellules va de nouveau se diviser en 4 vers la 50e heure, puis en 8 vers la 60e heure. À la division suivante, votre futur bébé est constitué d'une petite boule de 16 cellules, appelée **morula**, car elle ressemble à une mûre.

La migration : entre la 72e heure et le 4e jour

Tout en se divisant, l'œuf se déplace du tiers externe de la trompe, où a eu lieu la fécondation, vers la cavité utérine. Le voyage va durer 3 jours, 3 jours pendant lesquels les divisions se succèdent, augmentant le nombre de cellules dans la morula. À ce stade, le volume de la morula est le même que celui de l'ovocyte initial au moment de la fécondation ; ce n'est qu'après la 6e division cellulaire, au stade de 64 cellules, que l'œuf commence à augmenter de volume.

À ce stade de division, il existe déjà une différence visible entre les cellules de la morula. Les cellules périphériques, de petite taille, entourent des cellules centrales, plus volumineuses, qui seront à l'origine du bouton embryonnaire.

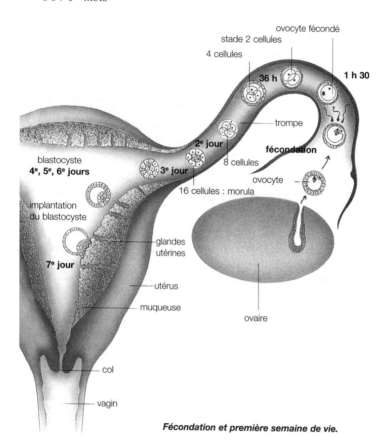

Fécondation et première semaine de vie.

D'ailleurs, cette petite sphère va se creuser en son centre et former une cavité remplie de liquide qui abrite l'amas de cellules que constitue le bouton embryonnaire. La morula est devenue un **blastocyste**.

Du bouton embryonnaire naîtra l'embryon, tandis que les cellules externes seront à l'origine de l'enveloppe qui le protégera. Une partie de cette enveloppe, appelée **trophoblaste**, contribuera à former le placenta (voir le dessin page 58).

À ce stade, le blastocyste mesure 250 millièmes de millimètre.

L'arrivée dans l'utérus : entre le 4e et le 5e jour

Au terme de sa migration, le blastocyste arrive dans la cavité utérine et y flotte librement le 4e et le 5e jour suivant la fécondation. À ce moment, la zone pellucide qui entourait l'œuf disparaît, et il s'accole par son pôle embryonnaire à la muqueuse utérine. Celle-ci s'est épaissie et les vaisseaux sanguins qui la parcourent se sont développés d'une manière considérable.

Les glandes chargées de glycogène se sont également multipliées. Elles vont servir à nourrir l'œuf dès son arrivée dans la muqueuse utérine, avant qu'apparaissent les premières ébauches du placenta.

Au niveau de l'ovaire, le corps jaune, édifié à partir du follicule qui a émis l'ovocyte, produit une quantité énorme de progestérone. Celle-ci empêche l'utérus de se contracter, comme il le fait au moment des règles, et assure donc la survie de l'œuf. Et comme tout est vraiment prévu, le trophoblaste sécrète pendant les premières semaines de la grossesse l'hormone gonadotrophine chorionique (HCG), qui va maintenir le corps jaune en activité.

La nidation : le 7e jour

Sept jours après la fécondation – c'est-à-dire 21 ou 22 jours après le début de vos dernières règles –, l'œuf fécondé va pénétrer entièrement dans la muqueuse utérine.

Les cellules externes de l'œuf commencent à s'insinuer entre les cellules de l'épithélium utérin. Ces travées de cellules, qui pénètrent en profondeur, marquent le début de l'implantation qui se déroulera effectivement pendant la deuxième semaine de grossesse.

Vos règles ont seulement une semaine de retard. Votre futur bébé, qui s'installe peu à peu, en a déjà trois !

4e, 5e jour : l'œuf flotte librement dans la cavité utérine

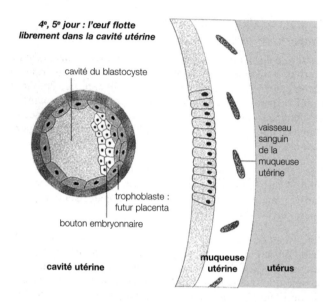

cavité du blastocyste

vaisseau sanguin de la muqueuse utérine

trophoblaste : futur placenta

bouton embryonnaire

cavité utérine

muqueuse utérine

utérus

7e jour : début d'implantation de l'œuf dans la muqueuse utérine

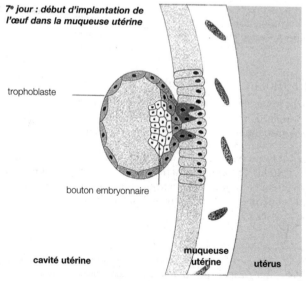

trophoblaste

bouton embryonnaire

cavité utérine

muqueuse utérine

utérus

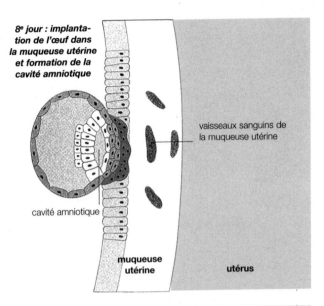

8ᵉ jour : implantation de l'œuf dans la muqueuse utérine et formation de la cavité amniotique

vaisseaux sanguins de la muqueuse utérine

cavité amniotique

muqueuse utérine

utérus

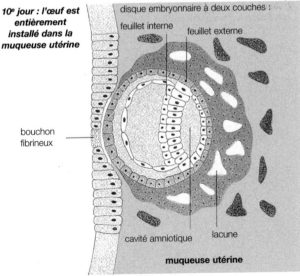

10ᵉ jour : l'œuf est entièrement installé dans la muqueuse utérine

disque embryonnaire à deux couches :

feuillet interne

feuillet externe

bouchon fibrineux

cavité amniotique

lacune

muqueuse utérine

2e semaine de grossesse

▶ *4e semaine depuis le premier jour de vos dernières règles*

▶ *1er mois de grossesse*

À votre insu, votre bébé s'installe. Il est vrai qu'il va rester là, en vous, pendant 9 mois.

Votre bébé à naître

Le 8e jour qui suit la fécondation, le blastocyste – cette petite sphère creuse contenant en son centre le futur embryon (voir page 56) – continue de pénétrer dans la muqueuse utérine.

Le 9e jour, le blastocyste a entièrement pénétré dans la muqueuse. Au 10e jour, la brèche formée par son introduction est refermée par un bouchon fibrineux provisoire, en attendant que de nouvelles cellules viennent reconstituer la paroi (voir le dessin page 59).

Au tout début de cette 2e semaine, certaines cellules du **bouton embryonnaire** vont former une couche aplatie, et le blastocyste, petite balle creuse, va peu à peu prendre la forme d'un disque. Le disque embryonnaire est constitué tout d'abord de deux couches de cellules : un feuillet interne, qui apparaît le premier, et un feuillet externe, duquel dérivera au début de la 3e semaine de grossesse le feuillet médian. Le disque embryonnaire à 2 couches possède une longueur totale de 0,1 à 0,2 mm.

Le miracle de la vie est là. Il y a d'abord eu le zygote, cellule unique, issu de la fusion des gamètes parentaux, tel un micro-ordinateur dont le cerveau est l'ADN. Le programme était déjà tout prêt. Les innombrables séquences de l'ADN que sont les gènes vont être décodées les unes après les autres, tandis que les éléments ouvriers de la cellule travailleront à partir des ordres donnés.

À la division des cellules succéderont les différenciations qui vont déterminer l'ensemble des types cellulaires avec leurs fonctions précises. Organisés en tissus et en organes, ils édifieront ce nouvel être humain qu'est votre bébé.

Les annexes embryonnaires

Pour se développer, votre bébé a besoin de votre corps. C'est de vous qu'il recevra la nourriture et l'oxygène, c'est en vous qu'il rejettera les déchets dus au métabolisme de ses cellules. Ces échanges mère-enfant sont possibles grâce à un système complexe, les annexes embryonnaires. Ces annexes, que constituent le placenta, le cordon ombilical et la cavité amniotique remplie de liquide et à l'intérieur de laquelle flotte le

disque embryonnaire à deux couches à l'origine des tissus :

feuillet interne   feuillet externe

cavité utérine

épithélium utérin reconstitué après la pénétration de l'œuf

cavité amniotique

muqueuse utérine

vaisseaux sanguins s'ouvrant dans les lacunes : ébauche du placenta

13e jour : l'œuf est entièrement inclus dans la muqueuse utérine. C'est le début de la formation des annexes.

bébé, ne font partie ni de la mère ni de l'enfant. Elles sont là d'une façon transitoire, pendant tout le temps de la grossesse, puis seront éliminées après la naissance de l'enfant.

Le placenta

Le placenta est une structure dont le rôle majeur est de permettre les échanges nutritifs et gazeux entre le sang maternel et celui du bébé. Avant d'être un organe différencié, il passe par des stades progressifs. Au 9e jour, le trophoblaste, la couche de cellules la plus externe de l'œuf, se dissocie en deux couches de cellules. Dans l'une d'entre elles, des vacuoles apparaissent, grossissent et enfin confluent pour former des lacunes.

12 jours après la fécondation, les capillaires – les très petits vaisseaux sanguins qui irriguent la muqueuse utérine –, érodés par les cellules de la couche profonde du trophoblaste, se rompent, et du sang maternel remplit les lacunes qui fusionnent au 13e jour. Un contact entre le blastocyste et la circulation maternelle est ainsi établi : c'est l'ébauche du placenta. L'autre couche de cellules issues du trophoblaste finit par entourer entièrement l'œuf et prend le nom de chorion, tandis que la muqueuse utérine dans laquelle le blastocyste a pénétré complètement devient la caduque, car elle sera entièrement éliminée après la naissance.

L'œuf, qui, en se développant, fera de plus en plus saillie dans la cavité utérine, se trouve recouvert de deux couches de tissus : la caduque et le chorion.

La cavité amniotique

Plus couramment appelée « **poche des eaux** », la cavité amniotique est le lieu dans lequel vivra votre bébé pendant 9 mois. Parallèlement aux premiers remaniements, elle se forme au 8e jour, par l'éloignement du bouton embryonnaire et du trophoblaste – la couche externe de l'œuf. Les jours suivants, elle s'agrandira progressivement. La cavité amniotique est limitée par une membrane, appelée amnios.

Vous, la future maman

Vous ne savez toujours pas si vous êtes enceinte. Vous l'espérez, c'est tout. À la fin de cette semaine, vous devriez avoir vos règles. Viendront-elles ? Si vous ne pouvez vous résoudre à attendre, dès le 1er jour de retard de règles, **faites chez vous un test de grossesse.** Vendus en pharmacie, non remboursés, les tests sont fiables à 99 % ; ils sont basés sur une réaction immunologique entre l'hormone HCG (voir page 33) et un réactif. Choisissez un test sensible à 50 UI/litre, car ceux qui réagissent à un taux plus bas peuvent donner de faux espoirs. Faites-le le matin au lever, après avoir évité de boire la veille au soir après 20 heures, afin que vos urines soient plus concentrées.

Il peut arriver que le résultat soit faussé par un traitement contre la stérilité. Le test peut également indiquer un résultat positif 3 semaines après une fausse couche ou un avortement médicamenteux. Et si vous avez pris la pilule du lendemain, attendez 17 jours avant de pratiquer un test de grossesse.

Si vous avez été fécondée, vous ne présentez encore aucun signe, même présomptif, de grossesse. Pourtant, votre corps s'organise.

Au niveau de l'ovaire, le corps jaune, placé sous la dépendance directe de l'hormone gonadotrophine chorionique (HCG) sécrétée par le trophoblaste, augmente de volume et produit de plus en plus d'œstrogènes et de progestérone, assurant ainsi une nidification parfaite et la poursuite de la grossesse. En réponse à l'implantation du blastocyste et avant qu'apparaissent les ébauches du placenta, les cellules de la muqueuse utérine deviennent plus volumineuses ; chargées de réserves, elles nourrissent la petite boule de cellules qu'est pour le moment votre bébé.

> Vous ignorez si vous êtes ou non enceinte. Aussi, ne commettez pas d'imprudence. Attention aux rayons X, aux médicaments, à la respiration de produits chimiques. Ils peuvent handicaper gravement le futur petit être.

❱ Conseils

Vous ignorez si vous êtes enceinte. Ne commettez pas d'imprudence pour autant. À ce stade précoce de développement qu'est le disque embryonnaire, les cellules germinales qui le composent sont très sensibles aux agents pouvant provoquer des anomalies.

Attention aux rayons X

Refusez tout examen radiologique, car une exposition aux rayons X peut avoir des conséquences graves sur le futur embryon ; selon la dose de rayons émis et selon le moment de la grossesse, elle peut entraîner des malformations. Le risque est plus grand au cours du premier trimestre.

Prenez garde aux médicaments

Ne recourez pas à l'automédication comme le font 20 % des femmes enceintes. Mais si un traitement vous est prescrit, suivez-le strictement, le bénéfice ayant été pris en considération du risque encouru, notamment pour une pathologie grave ; à sa naissance, votre bébé fera l'objet d'une prise en charge particulière.

Des médicaments d'usage courant sont à proscrire : à partir du deuxième trimestre de grossesse, les **antalgiques** de la classe des anti-inflammatoires non stéroïdiens, comme l'aspirine et l'ibuprofène, sont susceptibles d'entraîner des atteintes rénales ou cardiaques chez votre bébé ; à la fin de la grossesse, les **somnifères** et les **tranquillisants** de la famille des benzodiazépines risquent de perturber les mécanismes d'adaptation respiratoire et alimentaire du nouveau-né ; 20 à 30 % des bébés dont les mères ont pris des antidépresseurs présentent des signes d'agitation, d'irritabilité et des troubles du tonus musculaire et de la succion.

Ne prenez pas de médicaments contre le rhume, car ils contiennent des vasoconstricteurs, pouvant provoquer une hypertension, voire un retard de croissance fœtale, et des **anti-**

histaminiques, qui endorment la mère et le fœtus. N'utilisez pas de sirop contre la toux, souvent à base de **morphiniques** et d'antihistaminiques. Si vous êtes enrhumée, faites des lavages du nez avec du sérum physiologique ou une préparation à l'eau de mer ; si vous avez de la fièvre, consultez votre médecin.

Ne manipulez pas de produits chimiques

N'utilisez pas de solvants, colles, détachants, teintures, peintures et, d'une façon générale, tout produit chimique en bombe pulvérisatrice, pouvant être facilement inhalé. N'utilisez pas de diffuseur de parfum d'ambiance. Réduisez l'emploi des produits d'entretien ; utilisez de préférence des produits naturels tels que le vinaigre blanc ou des produits d'entretien biologiques. Aérez tous les jours vos pièces.

Par ailleurs, de plus en plus d'études mettent en garde contre certains additifs contenus dans des produits courants tels que cosmétiques, crèmes hydratantes, gels douche, shampooings, teintures pour cheveux… S'ils sont transmis par la mère au début de la grossesse, ils présentent un risque pour le développement du fœtus. Dans la mesure du possible, évitez tout produit de beauté contenant des **éthers de glycol** : lisez attentivement la composition chimique qui figure sur l'étiquette.

Gare aux tiques et à la maladie de Lyme

Évitez de vous promener sous les arbres ou dans les hautes herbes pour ne pas risquer d'être piquée par une tique. En effet, les tiques peuvent être infectées par une bactérie qui communique la maladie de Lyme. Cette dernière se manifeste par de la fièvre, et ses conséquences sont encore mal connues sur le fœtus ; on pense qu'il pourrait exister une incidence cardiaque. Si vous avez été piquée, la tique est fichée dans votre peau par son rostre et forme une petite boule noire. Anesthésiez-la avant de la retirer avec une pince à épiler, en vérifiant que le rostre vienne avec le reste du corps. **Signalez tout de suite cet incident à votre médecin.**

▶ Pour votre information

Attention aux maladies infantiles

Sans tomber dans la paranoïa, la prudence conseille d'éviter tout contact avec un enfant malade. En effet, de nombreux virus de maladies infantiles risquent d'avoir des conséquences graves, provoquant des avortements ou induisant des malformations.

La varicelle

De loin la plus fréquente des maladies infantiles, la varicelle est transmissible 14 jours avant l'éruption cutanée et jusqu'à la cicatrisation. Outre le risque d'entraîner une fausse couche, la varicelle est préoccupante au premier trimestre, période de formation des organes, et à l'approche de l'accouchement. La mère qui a contracté la maladie près du terme peut se trouver en détresse respiratoire, tandis que son bébé peut développer une varicelle très grave, les anticorps de la mère n'apparaissant qu'au 5e jour de l'éruption et alors que son système immunitaire est encore immature.

Que faire si l'un de vos enfants a la maladie ? Si votre grossesse est au deuxième ou au troisième trimestre, vous ne risquez rien. Si vous êtes au premier trimestre, consultez votre médecin, qui fera une demande de recherche d'anticorps. Si le résultat est négatif, signe que vous n'êtes pas immunisée, toutes les précautions sont à prendre : ne touchez pas les lésions de votre enfant et lavez-vous les mains très souvent ; des échographies répétées s'assureront du bon développement du fœtus.

> **À signaler à votre médecin :**
> – une piqûre de tique,
> – un contact avec un rubéoleux,
> – une douleur abdominale de côté persistante.
>
> Attention à la varicelle.

Heureusement, la varicelle présente cependant moins de complications que la rubéole. Parmi les bébés de mères contaminées, moins de 1 % souffrira d'hypotrophie ou de malformations, contre 1 bébé sur 2 dans le cas de la rubéole.

À noter : après le vaccin ROR (rougeole, oreillons, rubéole) recommandé pour les nourrissons de moins de 2 ans, un vaccin contre la varicelle est disponible en France depuis 2004 ; la recommandation systématique pour tous les enfants n'a pas été retenue par le Conseil supérieur d'hygiène publique.

La rubéole

La rubéole est une maladie assez bénigne qui se traduit par de petites taches roses sur le visage et aux plis de flexion du corps. Mais ses effets sont très graves pour le futur enfant lors d'une contamination de la mère pendant les trois premiers mois de la grossesse. Si l'infection a lieu à la 6e semaine de grossesse, elle provoque une anomalie oculaire, la cataracte ; à la 9e semaine, de la surdité ; entre la 5e et la 10e semaine, des malformations cardiaques ; entre la 6e et la 9e semaine, des malformations dentaires.

La prévention impose de vacciner, avant toute grossesse, les femmes qui ne sont pas immunisées. Une contraception rigoureuse doit être appliquée un mois avant et pendant les 3 mois suivant la vaccination.

Si vous venez d'être en contact avec un rubéoleux, vous ne craignez rien si vous avez été vaccinée pendant votre adolescence. Si vous avez déjà eu la maladie antérieurement, vous ne risquez pas plus. Dans un cas comme dans l'autre, vous êtes immunisée. Si vous n'êtes pas sûre de l'être, faites faire un sérodiagnostic, remboursé par la Sécurité sociale.

Si vous êtes immunisée, vous possédez dans votre sang des anticorps, qui sont la réponse de votre organisme à l'agent infectant que constitue le virus de la rubéole. Les anticorps vous protègent contre une nouvelle infection.

Si vous n'êtes pas immunisée et si vous êtes en contact avec un rubéoleux, ce qui est fréquent si vous travaillez dans l'enseignement, **signalez-le immédiatement à votre médecin.** En effet, la période d'incubation, c'est-à-dire le temps entre le contact avec le malade contagieux et l'éruption, est de 15 jours. Cela signifie que si vous ne prenez aucune mesure, vous risquez d'avoir la maladie deux semaines plus tard, une période essentielle pour votre bébé puisqu'il sera en train de former ses organes. Pour éviter cela, votre médecin vous prescrira des immunoglobulines qui agiront pendant la période d'incubation et bloqueront le développement de la maladie.

Dans le cas où une rubéole est reconnue d'une façon incontestable au cours des 4 premiers mois, une interruption médicale de grossesse est autorisée.

La grossesse extra-utérine

La grossesse extra-utérine (GEU) est l'implantation et le développement de l'œuf en dehors de la cavité utérine. La forme la plus courante est la grossesse tubaire, c'est-à-dire dans la trompe. L'ovocyte, fécondé dans le tiers externe de la trompe, est entraîné normalement vers la cavité utérine. S'il rencontre un obstacle, il va s'arrêter là et s'implanter dans la muqueuse de la trompe. Il va poursuivre son développement sur place pendant 2, 3, voire 4 semaines, jusqu'à ce que la trompe hyperdistendue finisse par se rompre, entraînant une grave hémorragie interne. L'obstacle dans la trompe peut être dû à une anomalie congénitale ; le plus souvent, c'est le résultat d'une infection des trompes ayant laissé des adhérences cicatricielles.

Étant donné la recrudescence des maladies sexuellement transmissibles, les salpingites – inflammation des trompes – aiguës et chroniques qui en résultent sont en nette progression : aujourd'hui, en France, 2 % des grossesses sont extra-utérines ; depuis une dizaine d'années, leur fréquence a fortement augmenté. Le tabagisme constitue un facteur de risque important. Considérée comme une urgence chirurgicale, la grossesse extra-utérine est la première cause de mortalité maternelle au cours du premier trimestre.

Si l'absence de règles et le dosage sanguin de l'hormone gonadotrophine chorionique (HCG, voir page 33) indiquent une grossesse, **une douleur pelvienne brutale**, persistante doit faire penser à une grossesse extra-utérine. **Voyez tout de suite votre médecin**. Dans ce cas, il y a intervention d'urgence. Une échographie de l'utérus est pratiquée afin de vérifier s'il contient ou non un œuf ; comme il peut y avoir à la fois grossesse intra- et extra-utérine, l'examen est complété par une cœlioscopie qui a pour but d'examiner les trompes. Selon l'avancée de la grossesse et l'état de la trompe, on pourra extraire l'œuf ou administrer localement une substance qui le résorbera.

Dans le cas où la trompe très abîmée doit être retirée, une future maternité ne sera pas compromise, puisqu'une seule trompe suffit pour assurer une grossesse. Néanmoins, la nouvelle grossesse sera particulièrement surveillée, car le risque de récidive est important. L'usage ultérieur du stérilet sera proscrit afin d'éviter tout risque d'infection pouvant endommager la trompe restante.

3ᵉ semaine de grossesse

▶ *5ᵉ semaine depuis le premier jour de vos dernières règles*

▶ *1ᵉʳ mois de grossesse*

Votre bébé n'est plus un œuf. C'est un embryon qui a déjà des battements cardiaques !

Votre bébé à naître

Cette semaine est capitale pour lui. Tout d'abord, sa taille augmente d'une façon vertigineuse, passant de 0,2 mm à 1,5 mm grâce aux divisions cellulaires qui s'accélèrent. De plus, les différenciations cellulaires se précisent et aboutissent à la formation des lignées cellulaires, qui seront à l'origine de tous les organes.

À ce stade du développement, le disque embryonnaire n'est encore constitué que de deux couches : le feuillet interne et le feuillet externe. Du 15ᵉ au 17ᵉ jour qui suivent la fécondation, le feuillet externe s'épaissit selon un axe qui va délimiter la tête et la queue. Cette étroite rainure présentant des renflements est la ligne primitive à partir de laquelle se différencie le feuillet médian. Le disque embryonnaire est donc constitué à présent de trois couches de cellules. Il mesure 1,5 mm de longueur totale. Ces trois couches de cellules sont très importantes, car c'est à partir d'elles que dériveront toutes les autres cellules, donc tous les organes de votre bébé à naître.

Du **feuillet interne** résulteront les organes de l'appareil digestif : l'estomac, l'intestin et la vessie, avec les glandes qui s'y rattachent telles que le foie et le pancréas, ainsi que les organes de l'appareil respiratoire. À partir du **feuillet**

externe seront formés le système nerveux, les organes des sens et les tissus de revêtement – la peau, les ongles, les poils et les cheveux. Le **feuillet médian** sera à l'origine du sque-lette, excepté le crâne, des muscles, du système circulatoire, du cœur et des vaisseaux, et des glandes sexuelles – les testi-cules ou les ovaires.

Au milieu de la 3e semaine, c'est-à-dire du 17e au 19e jour du développement, l'extrémité crâniale de la ligne primitive se renfle pour former un épaississement de cellules à partir duquel sera édifié le système nerveux central. D'abord cor-don cellulaire plein, il se creuse secondairement en gouttière. La partie frontale de ce tube se fermera ensuite pour créer un cerveau primitif.

Autre performance de votre bébé : à la fin de la 3e semaine, **il a un cœur**, certes très imparfait, mais qui bat ! En effet, à partir de la ligne primitive, dans la région située près de la tête, se différencie, du 19e au 21e jour, une ébauche cardiaque sous la forme de deux tubes. Très rapidement, ces tubes sont animés de battements rythmiques. Ces contractions se pro-duisent avant même l'apparition des cellules contractiles spé-cialisées et avant toute innervation des tubes cardiaques.

Les premiers vaisseaux sanguins font leur apparition. Les battements rythmiques de cette ébauche de cœur mettent en mouvement le liquide des vaisseaux. Ils ne contiennent pas encore de globules rouges mais des cellules primitives, mères de la lignée des cellules sanguines. Néanmoins, **le groupe sanguin de votre bébé est génétiquement défini depuis le zygote**, sa première cellule. À partir du feuillet médian, des blocs de tissus, appelés somites, apparaissent par paires. Les muscles, les ligaments, le cartilage, la peau et quelques os dériveront de ces somites. Les premières cellules germinales qui, après une longue maturation, abou-tiront aux cellules sexuelles, sont déjà là. Très vite, votre bébé se structure. Alors que vous avez encore des doutes sur sa présence !

Le placenta

Depuis que votre bébé mesure 1,5 mm de longueur, il est trop grand pour être alimenté par l'intermédiaire de votre sang qui circule uniquement dans les lacunes du trophoblaste. Il lui faut désormais **un système sanguin plus élaboré**, qui lui apporte ses nutriments et le débarrasse de ses déchets ; il faut que s'élabore une structure permettant des échanges entre votre sang et le sien. Pour cela, dès la fin de la 2e semaine du développement, les cellules du trophoblaste poussent en formant des excroissances très fines et ramifiées, appelées villosités. Pendant ce temps, les lacunes contenant le sang maternel fusionnent, formant des petites chambres entre les villosités.

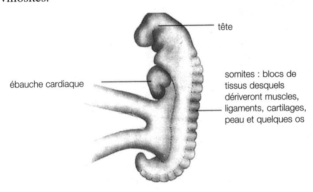

tête

ébauche cardiaque

somites : blocs de tissus desquels dériveront muscles, ligaments, cartilages, peau et quelques os

Votre bébé à la fin de sa 3e semaine (une semaine de retard des règles).

Vous, la future maman

Le début de cette nouvelle semaine est marqué par un événement d'une importance majeure : **l'absence de vos règles**.

L'absence de règles n'est pas en soi une preuve de grossesse, mais si vous avez habituellement des cycles réguliers et si vous avez fait ce qu'il faut pour avoir un bébé, il y a de fortes présomptions pour que vos espoirs se réalisent.

En revanche, si vous avez des saignements, n'éliminez pas l'éventualité d'être enceinte. Ils peuvent être provoqués par l'érosion des vaisseaux sanguins de la muqueuse utérine pendant l'implantation de l'œuf.

Les petits **signes cliniques** qui commencent à apparaître confirment vos doutes :

• vos seins sont gonflés et tendus ;

• au lever, vous commencez à ressentir quelques nausées ;

• dans le cours de la journée, vous vous sentez fatiguée ;

• vous êtes nerveuse, irritable.

Il s'agit là des signes caractéristiques d'une grossesse débutante mais déjà bien installée. La production d'hormones par le corps jaune de l'ovaire et par le trophoblaste de l'embryon, pour son maintien dans votre muqueuse utérine, en sont directement la cause.

▶ Conseils

Faites de nouveau un test de grossesse

Faire chez vous un test de grossesse, en cette fin de 5e semaine depuis le 1er jour de vos dernières règles, est tout à fait judicieux (voir page 64).

Prenez rendez-vous chez votre gynécologue

Bien que votre première visite médicale obligatoire soit fixée par la Sécurité sociale au 2e mois, n'attendez pas pour vous faire examiner par votre médecin. Il vous prescrira des examens de laboratoire, dont les résultats gagnent à être connus dès le début de la grossesse pour une meilleure surveillance. Dès aujourd'hui, demandez donc un rendez-vous pour la semaine prochaine.

Repensez votre hygiène de vie

À présent que vous attendez un bébé, vous devez agir en pensant à lui. C'est au cours des deux premiers mois de grossesse que se constitue l'ensemble de ses organes. C'est par conséquent une période à haut risque pour lui. Il mérite que vous fassiez quelques sacrifices en vous montrant attentive à tout ce qui, dans votre conduite, pourrait lui nuire.

Arrêtez de fumer

Pendant la grossesse, le tabagisme de la mère accroît les risques de retard de croissance *in utero* ; après la naissance, il augmente la fréquence des troubles bronchio-pulmonaires de l'enfant, ainsi que le **risque de mort subite du nourrisson** – le risque est multiplié par 2 ou 3 selon le nombre de cigarettes fumées. De plus, les bébés de fumeuses naissent plus souvent prématurément ou se présentent par le siège au moment de l'accouchement.

Si vous séjournez dans une atmosphère polluée par la fumée de tabac, vous serez presque autant imprégnée que les fumeurs eux-mêmes par les substances toxiques contenues dans la fumée. Alors, **attention au tabagisme passif**.

Pour vous aider dans votre démarche, tournez-vous avant tout vers des méthodes d'accompagnement psychologique ; des consultations d'aide au sevrage tabagique existent dans la plupart des hôpitaux. **Parlez-en à votre médecin et ne restez pas seule** (voir en annexe les adresses utiles). Arrêtez de fumer : c'est le moment. Pensez à votre bébé, et pensez à vous. Et si votre compagnon fume, persuadez-le d'arrêter avec vous.

Votre test de grossesse est positif : vous commencez à élaborer un être humain. Donnez toutes ses chances à votre bébé :
– arrêtez de fumer ;
– diminuez le café ;
– supprimez toute boisson alcoolisée.

Diminuez le café

À partir de 5 tasses par jour, la consommation de café a les mêmes conséquences néfastes sur l'évolution de votre bébé que celles du tabac.

Supprimez toute boisson alcoolisée

L'alcool traverse le placenta et perturbe gravement le métabolisme cellulaire de l'embryon, d'autant plus que son foie n'est pas en mesure de le dégrader.

Même si elle reste faible ou occasionnelle, la consommation d'alcool présente des risques importants pour votre futur enfant : des retards de croissance *in utero*, une naissance prématurée, puis des troubles cognitifs.

Une consommation importante et régulière est responsable de malnutrition, de retards dans le développement – l'alcool est la première cause non génétique de retard mental chez l'enfant – et de malformations graves, en particulier cardiaques.

Un enfant né d'une mère alcoolique se reconnaît à la naissance : il présente un faciès particulier, avec le front bombé, le menton fuyant et le nez écrasé. Très agité les jours qui suivent la naissance, ce nouveau-né est en réalité en manque d'alcool. Ce handicap de départ le suivra pendant toute son existence. Au retard physique s'ajoutera un retard intellectuel. Ce tableau dramatique est celui d'un enfant dont la mère a bu deux litres de vin ou six whiskies par jour pendant le temps de sa grossesse, ce qui n'est pas si rare puisque, selon les régions, 1 à 3 nouveau-nés sur 1 000 souffrent du syndrome d'alcoolisation fœtale (SAF).

Pour en revenir à vous, si vous buvez un verre de vin ou un apéritif, ce qui représente peu de grammes d'alcool pour une femme d'une cinquantaine de kilos, c'est en revanche considérable pour un embryon de quelques grammes qui ne peut pas le détruire.

Abstenez-vous donc entièrement d'alcool. Votre bébé en vaut la peine. Plusieurs organismes viennent en aide aux malades alcooliques : les associations d'anciens buveurs et les centres d'hygiène alimentaire et d'alcoologie (voir en annexe les adresses utiles).

À savoir

Depuis 2007, toutes les bouteilles de boissons alcoolisées portent sur leur étiquette soit un pictogramme – la silhouette barrée d'une femme enceinte –, soit un message sanitaire – la consommation de boissons alcoolisées pendant la grossesse, même en faible quantité, peut avoir des conséquences graves sur la santé de l'enfant.

Le problème de la drogue

Aucune drogue n'est anodine, tout le monde le sait. Qu'il s'agisse d'une drogue dite douce ou d'une drogue dite dure, elle passe systématiquement de la mère à l'enfant pendant la grossesse et, plus tard, pendant l'allaitement.

Le haschisch et la marijuana entraînent chez l'embryon puis le fœtus un état de réponse immédiate à la drogue, compliqué d'une accoutumance.

Les drogues telles que l'héroïne, la cocaïne, la morphine et les amphétamines ont des conséquences dramatiques sur la grossesse. Non seulement les infections maternelles et les complications au cours de la grossesse augmentent considérablement, mais l'enfant à naître est évidemment très touché : de poids et de taille inférieurs à la normale, il naît le plus souvent prématurément et en état de détresse respiratoire importante. Avec l'héroïne en particulier, 48 heures après la naissance, il ne dort toujours pas, est pris de tremblements incoercibles et pousse des cris aigus. Ce syndrome de manque disparaît par l'administration d'une solution à base d'opium. Le sevrage devra être mené très progressivement et s'étaler sur 6 semaines.

Le LSD provoque 2 fois plus d'avortements et de malformations congénitales, en particulier des malformations des membres. Avec le LSD, la cocaïne et les amphétamines apparaissent des retards psychiques et moteurs graves et irréversibles.

Future maman qui vous droguez, vous avez là une chance inespérée pour essayer de vous débarrasser de l'emprise de la drogue et redevenir vous-même. Vous attendez un bébé. Faites pour lui ce que vous n'avez pas pu faire pour vous. Et même si c'est très difficile, pensez que votre bébé va sérieusement vous aider.

Vous ne serez pas laissée seule dans cette phase de sevrage. Votre médecin vous orientera vers des organismes spécialisés, qui vous soutiendront sur le plan médical et psychologique (voir en annexe les adresses utiles).

▶ Pour votre information

Les groupes sanguins

Tout comme la couleur de sa peau ou de ses yeux, le groupe sanguin de votre bébé est défini dans la première cellule qu'est le zygote. Il est inscrit dans les gènes transmis par ses parents. Le groupe sanguin de votre bébé dépendra donc du vôtre et de celui de son père.

Les groupes sanguins sont déterminés par un gène qui se présente sous trois formes : LA, LB et l. Les chromosomes paternels et maternels étant appariés à partir du zygote, il y aura à chaque fois deux formes seulement du gène en présence.

LA et LB sont tous les deux dominants sur l, qui est donc récessif. Rappelons que c'est le gène dominant qui s'exprime (voir page 46).

• Si vous ou le père êtes du *groupe A,* vos chromosomes sont porteurs des gènes :

  ou

• Si vous ou le père êtes du *groupe B,* vous portez :

  ou

• Si vous ou le père êtes du *groupe AB,* vous portez :

• Si vous ou le père êtes du *groupe O,* vous êtes double récessif et portez :

Le groupe sanguin de votre bébé dépend des gènes présents dans les gamètes, c'est-à-dire les cellules sexuelles.

Exemple :

Si vous êtes du *groupe A,* vous pouvez avoir :

• une seule sorte d'**ovocytes** :

si vous êtes $\dfrac{LA}{LA}$

• ou deux sortes d'ovocytes :

si vous êtes $\dfrac{LA}{l}$

Si le père est du *groupe O,* il a :

• une seule sorte de **spermatozoïdes** :

Par la **fécondation,** il y a 2 possibilités :

Votre enfant sera du groupe A

ou :

Votre enfant sera du groupe O

Sur le plan biologique, chaque groupe sanguin est caractérisé par la présence de deux substances :

• l'une est située sur la membrane de surface qui entoure les globules rouges, c'est l'**agglutinogène** ;

• l'autre est présente dans le sérum, un milieu qui contient les globules rouges. C'est l'**agglutinine**, qui a la propriété d'agglutiner, c'est-à-dire de détruire les globules rouges qui possèdent l'agglutinogène correspondant.

• L'agglutinogène A est détruit par l'agglutinine anti-A.

• L'agglutinogène B est détruit par l'agglutinine anti-B.

Il va de soi qu'on ne possède pas dans son sang l'agglutinine et l'agglutinogène correspondant, sous peine de détruire ses propres globules rouges.

Groupe	Agglutinogène à la surface des globules rouges	Agglutinine dans le sérum
A	A	anti-B
B	B	anti-A
AB	A et B	aucune
O	aucun	anti-A et anti-B

Lors d'une transfusion sanguine, il faut toujours considérer le sang du receveur pour que ses agglutinines ne détruisent pas les globules rouges du donneur. Ainsi, une personne du groupe A ne peut pas recevoir de sang du groupe B, et inversement.

La personne du groupe AB, n'ayant pas d'agglutinines, peut recevoir tous les sangs. C'est le **receveur universel**.

La personne du groupe O, n'ayant pas d'agglutinogènes, peut donner son sang à tous les autres. C'est le **donneur universel**.

Le facteur rhésus

Les groupes sanguins sont plus complexes que le système ABO décrit précédemment. À la surface des globules rouges, il existe, dans la plupart des cas, un **agglutinogène D**. La personne qui le possède est dite **rhésus positif**, ou Rh+. Celle qui ne l'a pas est dite **rhésus négatif**, ou Rh–.

Chacun d'entre nous est donc caractérisé par son groupe sanguin et par son rhésus. Lors d'une transfusion sanguine, il faut, bien entendu, respecter les règles de compatibilité sanguine dans le système ABO et dans le système rhésus.

• Quand du sang Rh– est transfusé à un sujet Rh+, il ne se passe rien.

• Quand du sang Rh+ est transfusé à un sujet Rh– pour la première fois, il ne se produit pas d'accident, mais ce sujet Rh– réagit en fabriquant des **agglutinines anti-D**. Si l'on transfuse à nouveau du sang Rh+ à ce même sujet Rh–, les globules rouges Rh+ du donneur seront agglutinés par les agglutinines anti-D du receveur. Ce qui provoque de graves accidents pour ce dernier.

L'incompatibilité fœtomaternelle

L'importance du facteur rhésus intervient au cours de la grossesse.

• Si la mère et le père sont tous les deux Rh+, l'enfant est Rh+. Tout va bien.

• Si la mère et le père sont tous les deux Rh–, l'enfant est lui-même Rh–, et il n'y a là encore aucune incidence.

• Si la mère est Rh+ et le père Rh–, l'enfant a 1 chance sur 3 d'être Rh–, comme son père. Mais, étant donné que son sang n'est pas en contact direct avec celui de sa mère, cela n'a pas d'importance.

• **Si la mère est Rh– et le père Rh+, il y a risque d'incompatibilité fœtomaternelle.** Ce risque existe quand l'enfant est lui-même Rh+ comme son père, ce qui est possible 2 fois sur 3.

Dans ce cas précis de mère Rh– et de bébé Rh+ – soit 15 % de la population –, il ne se produit aucun accident au cours de la première grossesse. Cependant, des globules rouges fœtaux Rh+ vont passer dans la circulation maternelle au cours des remaniements placentaires qui ont lieu vers 4 mois et demi, et surtout au moment de la délivrance, quand le placenta se décolle. À ce moment, l'agglutinogène D porté par les globules rouges de l'enfant Rh+ va provoquer, dans le sang de la mère, la formation d'agglutinines anti-D. Cela n'a aucune conséquence sur la santé de la mère ni celle du bébé.

Si rien n'a été signalé, le problème apparaît lors d'une deuxième grossesse, avec un nouvel enfant Rh+. Au cours de cette deuxième grossesse, des globules rouges fœtaux Rh+ vont à nouveau passer dans la circulation maternelle, faisant augmenter le taux des agglutinines anti-D. Ces agglutinines anti-D vont traverser le placenta et se fixer sur les globules rouges du bébé, provoquant leur altération. C'est l'origine de la **maladie hémolytique du nouveau-né**, qui se traduit par une anémie sévère, une atteinte grave du foie et de la rate, qui aboutissent souvent à la mort du fœtus ou du nouveau-né.

Il existe aujourd'hui un **traitement préventif de l'incompatibilité fœtomaternelle**. Il consiste à injecter à la mère, 72 heures après le premier accouchement, des gamma-globulines portant des agglutinines anti-D. Ces agglutinines vont agglutiner les globules rouges Rh+ de l'enfant passés dans le sang maternel, qui se trouve ainsi exempt de toute substance pouvant nuire à un futur bébé. Cette immunisation doit bien sûr être répétée à chaque nouvelle grossesse, et également après un avortement spontané ou une interruption volontaire de grossesse (IVG).

La conduite à tenir

• Vous devez connaître votre facteur rhésus, ainsi que celui du père de votre enfant. Si vous êtes Rh– et si le père est Rh+, vous devez le signaler au médecin qui va suivre votre grossesse afin que cela soit inscrit dans votre dossier. Vous serez ainsi efficacement surveillée tout au long de votre grossesse. À la naissance de votre bébé, on vérifiera son rhésus. S'il est Rh+, vous serez immunisée par l'injection de gammaglobulines, et vous n'aurez aucun problème pour votre deuxième bébé. Chaque mois, on recherchera l'existence dans votre sang d'anticorps anti-rhésus.

• Si, avant votre grossesse, vous avez subi une transfusion sanguine pour une raison quelconque, vous devez également le signaler à votre médecin. En cas d'erreur – qui est toujours possible –, si vous avez reçu un sang Rh+, vous possédez déjà des agglutinines anti-D, dangereuses pour votre bébé ; aussi les recherchera-t-on par un examen de laboratoire. Dans ce cas, vous faites partie des grossesses à risque et vous serez particulièrement surveillée.

> **!** **À signaler à votre médecin :** si vous êtes rhésus négatif.
>
> Dans ce cas, vous devez absolument préciser si vous avez déjà subi une transfusion sanguine.

4e semaine de grossesse

▶ *6e semaine depuis le premier jour de vos dernières règles*

▶ *1er mois de grossesse. Vos règles ont deux semaines de retard*

Votre bébé a maintenant la forme d'un petit haricot ! Sa croissance est telle qu'en une semaine il va plus que doubler. Au 21e jour, sa longueur est de 1,5 mm ; au 22e jour, elle est déjà d'environ 2 mm et au 28e jour elle est de 5 mm !

Votre bébé à naître

L'évolution de votre bébé amorce un tournant décisif. C'est le début de son organogenèse, c'est-à-dire de la mise en place de ses principaux organes. Certes, il s'agit d'organes primitifs, mais qui commencent néanmoins à assurer une fonction.

La forme générale de l'embryon va changer rapidement. Composé des trois couches de tissus, le disque embryonnaire évolue : il s'enroule sur lui-même pour devenir un cylindre avec un pli marqué pour la tête et un autre pli pour la queue.

Accompagné du phénomène de courbure, ce développement rapide entraîne l'accroissement de la cavité amniotique. Celle-ci est remplie du **liquide amniotique**, qui, à ce stade, est constitué d'eau provenant des cellules de l'amnios, la membrane qui la délimite. La cavité suit l'embryon dans sa courbure et finit par l'entourer entièrement (voir le dessin page 86).

À la fin de cette 4e semaine comptée depuis sa conception, votre bébé est bien délimité. Il se retrouve au milieu de la

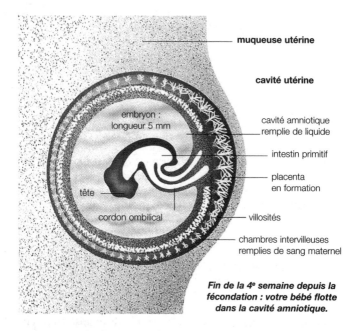

muqueuse utérine

cavité utérine

embryon : longueur 5 mm

cavité amniotique remplie de liquide

intestin primitif

placenta en formation

tête

cordon ombilical

villosités

chambres intervilleuses remplies de sang maternel

Fin de la 4ᵉ semaine depuis la fécondation : votre bébé flotte dans la cavité amniotique.

cavité amniotique et y flotte, relié à la partie externe de l'œuf par le cordon ombilical en cours de formation.

Ce qui caractérise surtout cette 4ᵉ semaine, ce sont l'**apparition des bourgeons des membres** ainsi que l'ébauche de nombreux organes internes. Ce sont les bourgeons des membres supérieurs – c'est-à-dire les bras – qui se manifestent les premiers. Quant à ceux des membres inférieurs – c'est-à-dire les jambes –, ils seront présents un peu plus tard.

Le 22ᵉ jour, les deux tubes cardiaques primitifs fusionnent en un seul, qui possède par endroits des dilatations séparées par des rétrécissements. Ces dilatations représentent les oreillettes et les ventricules primitifs.

De plus, le tube cardiaque, parce qu'il se développe dans un espace qui, lui, ne s'agrandit pas, va se tordre sur lui-même

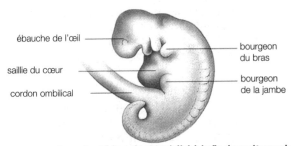

ébauche de l'œil

saillie du cœur

cordon ombilical

bourgeon du bras

bourgeon de la jambe

Aspect extérieur de votre bébé à la fin de sa 4e semaine.

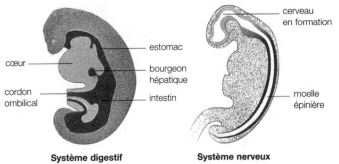

cœur

cordon ombilical

estomac

bourgeon hépatique

intestin

cerveau en formation

moelle épinière

Système digestif　　**Système nerveux**

Les organes de votre bébé à la 4e semaine de son développement.

en forme de S, donnant ainsi l'aspect caractéristique du système cardiaque.

Pendant la mise en place du tube cardiaque, les vaisseaux sanguins de votre bébé se développent et rejoignent le réseau vasculaire des annexes externes. En particulier, ils entrent en rapport avec les vaisseaux qui parcourent les villosités destinées à assurer, par l'intermédiaire du cordon ombilical, les échanges entre le sang du bébé et le sang maternel.

Dès ce moment, tous les éléments sont en place pour la mise en contact, par l'intermédiaire des villosités, des circulations maternelle et embryonnaire. Les artères et les veines maternelles s'ouvrent dans les chambres intervilleuses, permettant un flux sanguin dans lequel baignent les extrémités des villosités placentaires qui sont maintenant fonctionnelles. La circulation fœtoplacentaire est ainsi établie. Tous les échanges entre vous et votre bébé se font désormais par un processus simple de diffusion à travers la paroi des villosités.

Un mouvement circulaire du sang se met en route : du cœur, il va aux artères, puis dans les annexes, dans les veines et à nouveau au cœur. Les globules sanguins présents dans les villosités sont ainsi entraînés dans toute la circulation et, dès lors, les vaisseaux sanguins de votre bébé renferment du sang.

Seulement quatre petites semaines après votre fécondation, à deux semaines de retard de règles, votre bébé a un cœur qui bat et du sang qui circule. L'auriez-vous cru ?

Parallèlement à l'organisation de la circulation fœtomaternelle, tous les principaux organes de votre futur bébé se mettent progressivement en place.

Le système nerveux central continue de s'élaborer avec la formation de trois bulbes au niveau du tube nerveux apparu à la fin de la 3e semaine de développement. Le cerveau définitif dérivera de ces bulbes. La moelle épinière est déjà là ! Très longue, elle se prolonge jusqu'à l'extrémité de la queue.

L'ensemble de ce matériel nerveux, qui se trouve sur la partie dorsale de l'embryon, se développe beaucoup plus vite que le matériel situé sur la partie ventrale. Cette croissance en spirale explique la forme particulière de virgule de votre futur bébé à ce stade de son développement.

Toujours dans la région frontale, les organes des sens commencent peu à peu à s'élaborer avec les **ébauches de l'oreille interne et de l'œil**, tandis que des bourgeons primitifs annoncent les futures mâchoires. Et le **bourgeon de la langue** est là, lui aussi !

Dans la région moyenne, à partir d'un tube qui parcourt l'embryon sur toute sa longueur et qui constitue une sorte d'intestin primitif, vont se former par bourgeonnement tous les **organes de la digestion**. Une légère dilatation annonce le futur estomac, au-delà duquel apparaissent les ébauches du foie, du pancréas et de la vésicule biliaire, déjà visible vers le 25ᵉ jour.

L'ébauche laryngo-trachéale destinée à développer l'ensemble de l'arbre respiratoire est également présente, ainsi que les bourgeons des glandes de la **thyroïde** et de l'**hypophyse**.

Vers l'extrémité caudale de l'embryon, la dilatation d'un petit diverticule correspond à la future **vessie**. Dans le même temps, les cellules primordiales qui, après maintes transformations, aboutiront aux cellules sexuelles, commencent à migrer vers le site de développement des testicules ou des ovaires.

Vous, la future maman

Vos règles ont déjà 2 semaines de retard ! Le test de grossesse que vous avez fait la semaine dernière était positif : désormais, vous êtes sûre d'être enceinte.

Les **signes cliniques** apparus la semaine dernière s'accentuent et se précisent. Ils vous confirment votre état.

• **Vos seins** ont augmenté de volume. Ils sont gonflés et douloureux. La peau tendue laisse voir le réseau veineux. Vous avez parfois des sensations de picotement au niveau du mamelon. Ce dernier est d'ailleurs beaucoup plus saillant au centre de l'aréole qui l'entoure. L'aréole elle-même se modifie : elle est plus bombée, plus large et plus sombre. Les petites glandes qui la parsèment, appelées tubercules de Montgomery, prennent du relief.

• **L'utérus** se modifie également. Il a légèrement augmenté de volume, et le col devient moins dur au toucher. Avant la fécondation, il avait la forme et la taille d'une figue fraîche ; 4 semaines après la fécondation, il ressemble à une grosse mandarine. Sous l'effet des hormones de la gestation qui ont été libérées, la glaire cervicale s'est coagulée au niveau du col pour former ce qu'on appelle le **bouchon muqueux**, qui obture complètement l'entrée de la cavité utérine.

• Les **sécrétions vaginales** augmentent en volume tout en s'acidifiant, protégeant la zone vaginale d'une éventuelle invasion microbienne. Malheureusement, cette acidité vaginale favorise le développement de champignons microscopiques, qui sont à l'origine des indésirables mycoses.

• Parce qu'il a changé de taille, votre utérus va tirer sur les ligaments qui le maintiennent. C'est la raison pour laquelle vous souffrez éventuellement de **tiraillements** un peu douloureux dans le bas-ventre.

Dues à une surproduction d'hormones, les **modifications générales** se retrouvent d'une façon constante chez la plupart des femmes.

• **Votre température matinale** est toujours supérieure à 37 °C. Elle le restera jusqu'au 4e mois.

• **Les nausées** sont plus nombreuses, surtout le matin au réveil. Elles peuvent aller jusqu'au vomissement. D'une manière générale, vous manquez d'appétit et vos digestions sont pénibles. Ces désagréments peuvent parfois être soulagés par la prise d'un remède léger prescrit par votre médecin. Pour tenter d'atténuer ces nausées, levez-vous doucement le matin, sans vous stresser, mangez tranquillement, par petites quantités, évitez les saveurs et les odeurs trop fortes, ne sautez jamais de repas, ne restez pas trop longtemps allongée, bougez à votre rythme et fuyez les lieux enfumés.

• Vous souffrez de **troubles du sommeil**. Vous avez des insomnies ou des envies irrépressibles de dormir au cours de la journée.

• Vous êtes **fatiguée** et sans entrain. Faites régulièrement des pauses, asseyez-vous, allongez-vous dès que possible. Et si vous en avez la possibilité, accordez-vous une sieste.

• Vous avez de **fréquentes envies d'uriner** dues à la pression de l'utérus sur la vessie. Ces envies disparaîtront dans quelque temps, quand l'utérus se développera vers le haut.

• Et puis, chose inexplicable, alors que vous désiriez tellement fort ce bébé, vous avez soudain des idées moroses. C'est le *mummy blues*, qui touche plus de 13 % des femmes enceintes. Parlez-en sans honte à votre médecin et laissez tout doucement votre organisme s'habituer à ce nouvel état, à ces bouleversements dans son organisation. Voyez plus loin que ce moment, pensez à la future présence de votre bébé.

Ne vous faites pas de soucis. Tout cela est parfaitement normal. Votre corps change, votre bébé s'installe.

▶ Conseils

Faites un nouveau test de grossesse chez vous.

Voyez votre gynécologue.

En cas de test positif, votre médecin confirmera votre grossesse par un **examen clinique** : au toucher, il sentira les modifications de l'utérus et s'assurera ainsi que l'œuf est placé normalement dans l'utérus et non pas dans une trompe, comme cela se produit quelquefois, ce qui entraîne de graves complications (voir page 69). Pour confirmer son diagnostic, il pourra demander un dosage hormonal sanguin, qui est beaucoup plus précis que la simple détection dans l'urine.

Cette consultation précoce est importante, dans la mesure où, en plus de vous examiner, votre gynécologue pourra vous rassurer en répondant à toutes les questions qui vous assaillent. Par ailleurs, si tous les tests sont positifs, vous pouvez d'ores et déjà envisager avec lui la conduite à tenir pour le suivi de votre grossesse et votre futur accouchement. Mais oui ! Certains services réputés, en particulier à Paris, sont si surchargés qu'il faut s'y inscrire pratiquement avant même de connaître le diagnostic de grossesse. Ne perdez donc pas de temps et décidez avec votre médecin du lieu où vous accoucherez.

▶ Pour votre information

Où allez-vous accoucher ?

• Vous pouvez bien sûr décider d'accoucher **chez vous**. Si rien ne s'y oppose, il faut cependant en connaître tous les risques. Même dans le cas d'une grossesse extrêmement bien surveillée, des problèmes peuvent surgir au dernier moment et, de minimes, devenir très graves. Dans tous les cas, il faut pouvoir pratiquer en urgence une anesthésie, une intervention chirurgicale et une réanimation. Et, en général, ce n'est pas chez soi qu'on peut le faire.

• Dans une grande ville, vous avez le choix entre les services des **centres hospitaliers** régionaux ou universitaires, les **hôpitaux généraux** et les **cliniques privées**, qu'elles soient agréées ou bien conventionnées. Dans une ville moyenne, vous avez un choix plus restreint, entre l'hôpital général et la clinique privée.

Ce qui doit guider votre décision est avant tout la compétence du personnel soignant et l'équipement médical : Qu'y a-t-il de prévu dans le cadre de la préparation à la naissance ? Pratique-t-on l'anesthésie sous péridurale ? Le père aura-t-il le droit d'assister à l'accouchement ? Y a-t-il un bloc opératoire avec un anesthésiste, un chirurgien ? Le bébé sera-t-il placé jour et nuit dans votre chambre, ou y a-t-il une pouponnière ? Combien de temps dure le séjour ? Y a-t-il une couveuse ? Dans le cas contraire, où sera transféré un bébé prématuré ? Et comment ? Avec l'aide du Samu pédiatrique ou en ambulance équipée d'une couveuse et avec une infirmière spécialisée ?

Autant de questions que vous devez poser avant de vous inscrire quelque part. Ainsi, le jour venu, vous entrerez à la maternité en totale confiance, en sachant que tout sera fait pour vous et pour votre bébé.

Sur le plan financier

• Si vous choisissez l'hôpital ou une clinique conventionnée, vous n'aurez rien à payer. Cependant, dans une clinique conventionnée, un dépassement d'honoraires est autorisé au médecin accoucheur. Ce dépassement n'est pas remboursé par la Sécurité sociale, mais il l'est quelquefois par une mutuelle. Les suppléments tels qu'une chambre particulière, le téléphone ou la télévision seront naturellement à votre charge.

• Si vous préférez une clinique qui est seulement agréée par la Sécurité sociale, vous devrez avancer l'ensemble des frais qui vous seront ensuite remboursés en partie, c'est-à-dire à 70 % du tarif fixé par la convention.

• Dans une clinique non agréée, rien ne vous sera remboursé : ni les honoraires ni les frais médicaux, ni les frais de séjour.

• Si vous accouchez chez vous, votre caisse de Sécurité sociale peut, après accord du contrôle médical, vous rembourser d'une part les honoraires et d'autre part les frais pharmaceutiques, selon les tarifs fixés (voir en annexe les remboursements de l'assurance maternité pour la mère).

À vous maintenant de faire votre choix en toute connaissance de cause, pour une venue au monde de votre bébé en toute sécurité.

RÉCAPITULATIF DU 1ER MOIS DE VOTRE BÉBÉ

Observations générales	Jour 1	Jour 2 à 7	2e semaine	3e semaine	4e semaine
Sa taille	Taille de l'ovocyte : 150 millièmes de mm	0,1 mm	0,2 mm	1,5 à 2 mm	2 à 5 mm
Son poids					Multiplié par 10 000
Son développement	Conception de votre bébé par fécondation, c'est-à-dire par fusion d'un ovocyte et d'un spermatozoïde.	Migration de l'œuf dans l'utérus et implantation dans la muqueuse utérine.	Formation du disque embryonnaire à plusieurs couches cellulaires, qui seront à l'origine de tous les tissus.	• Renflement pour la future tête. • Cœur primitif qui bat.	• Début de l'organogenèse. • Tête et queue distinctes. • Apparition des bourgeons des membres. • Ébauche de nombreux organes internes. • Début de circulation sanguine. • Ébauche de l'oreille interne, de l'œil, de la langue. • Présence de la moelle épinière.
Observations générales			Votre bébé n'est plus un œuf mais un embryon.	Courbure de l'embryon.	• La circulation fœtomaternelle est établie. • Votre bébé flotte dans la cavité amniotique.

RÉCAPITULATIF DU 1ᴱᴿ MOIS DE VOTRE GROSSESSE

Âge de la grossesse	Fin de la 2ᵉ semaine d'aménorrhée	3ᵉ semaine d'aménorrhée 1ʳᵉ semaine de grossesse (jours 2 à 7)	4ᵉ semaine d'aménorrhée 2ᵉ semaine de grossesse	3ᵉ semaine de grossesse	4ᵉ semaine de grossesse
Observations générales	• Ovulation. • Fécondation : un de vos ovocytes fusionne avec un spermatozoïde.	• Votre muqueuse utérine, modifiée par la progestérone émise par le corps jaune (transformation du follicule qui contenait l'ovocyte), est prête à accueillir l'œuf. • L'utérus a la taille d'une figue.	Le trophoblaste (couche externe de l'œuf) sécrète l'HCG, qui maintient en activité le corps jaune.	Absence de règles.	L'aréole des seins est plus large et plus sombre. Elle est parsemée de petites glandes en relief.
Symptômes possibles				En cas de douleur de côté persistante dans le bas-ventre, voir le médecin en urgence : une grossesse extra-utérine est possible.	Température supérieure à 37 °C. Seins tendus. Nausées. Envies de dormir. Besoins fréquents d'uriner.
Précautions à prendre				Attention aux : rayons X, médicaments, malades contagieux, manipulations de produits chimiques.	• Supprimez : le tabac, l'alcool. • Diminuez le café.
Précautions à prendre	Faites chez vous un test de grossesse.			Faites chez vous un nouveau test de grossesse.	
Démarches			Votre bébé n'est plus un œuf mais un embryon.	Courbure de l'embryon.	Prenez RDV chez le médecin. Inscrivez-vous dans une maternité.

2e mois

L deuxième mois de vie qui débute pour votre bébé va voir s'accélérer sa croissance : en l'espace de 4 semaines, sa taille va passer de 5 mm à plus de 3 cm !

Le processus d'organogenèse déjà amorcé va poursuivre son programme : tous les organes de votre bébé seront définitivement mis en place durant ces 4 semaines. Votre bébé réalise des merveilles : ses bras et ses jambes poussent ; son visage se forme avec la bouche, les yeux et les oreilles. À chaque instant du jour et de la nuit, de nouvelles cellules apparaissent, s'assemblant en nouvelles structures. La vie avance vite. À la fin de ce 2e mois, votre bébé ressemblera vraiment à un bébé humain.

Pensez sans cesse à ce privilège qui est le vôtre : vous êtes en train de fabriquer une nouvelle vie.

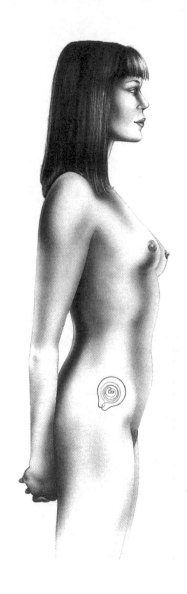

Vous, 5 semaines après votre fécondation.

5e semaine de grossesse

▶ *7e semaine depuis le premier jour de vos dernières règles*
▶ *Début du 2e mois de grossesse*

Les yeux et les oreilles de votre bébé sont là, à l'état d'ébauches. Les bras et les jambes aussi, sous la forme de petites palettes.

Votre bébé à naître

À la fin de ce premier mois de développement, votre bébé mesure maintenant 5 à 7 mm de longueur, et sa courbure est très prononcée.

Pour le mesurer, il existe deux méthodes standard :

• au début de la grossesse, il est d'usage de mesurer la longueur prise entre un repère supérieur qui correspond au sommet de la tête, appelé **vertex**, et un repère inférieur qui est le sommet de la courbure de la queue, appelé **repère lombaire**.

• après le 2e mois, le repère inférieur sera soit le coccyx soit les talons, selon le stade de développement.

> VL = du vertex au repère lombaire.
> VC = du vertex au coccyx.
> VT = du vertex aux talons.

À *noter* : les mensurations données sont sujettes à des variations individuelles qui dépendent de facteurs génétiques ou nutritionnels.

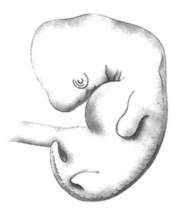

Votre bébé à 5 semaines : il mesure 7 mm.

La tête de votre bébé est encore très courbée sur la poitrine mais, cette semaine, son aspect extérieur va se modifier grandement. Tout d'abord, son volume va augmenter d'une manière considérable, car le cerveau se développe rapidement. Le renflement du tube neural a poursuivi son développement, ce qui aboutit maintenant à la formation des hémisphères cérébraux. Du tissu cartilagineux primitif, appelé précartilage, apparaît dans les bourgeons des membres ainsi que dans les premiers éléments de ce qui formera les vertèbres.

À la fin de ce 1ᵉʳ mois, 5 bourgeons faciaux primordiaux vont être définitivement mis en place. Une fossette, appelée bouche primitive, se forme, comprenant les bourgeons de la mandibule, c'est-à-dire de la mâchoire inférieure et du maxillaire supérieur.

Pendant ce temps, les bourgeons qui seront à l'origine de l'odorat apparaissent, puis se creusent sous la forme de fossettes entourées par les bourgeons nasaux. Les ébauches des yeux et des oreilles sont devenues très visibles. Tout cet ensemble participe au modelage du visage qui se poursuivra pendant les deux semaines à venir.

En ce qui concerne les organes, le cœur de votre bébé s'est tellement développé qu'il ne tient plus dans l'espace interne. Il forme une proéminence ventrale, une sorte de petite bosse qui bat à son rythme et qu'on perçoit très bien à l'échographie. Le cœur doit encore doubler de volume pendant cette semaine.

Le système digestif continue son élaboration. La dilatation annonçant le futur estomac s'accentue, tandis que le foie et le pancréas poursuivent leur croissance. À l'extrémité postérieure, l'intestin qui s'est affiné et l'appareil urinaire primitif se rejoignent en une zone commune située vers l'extrémité de la queue et appelée cloaque.

Un premier diverticule respiratoire bourgeonne dans la région antérieure de l'embryon, à partir de ce même intestin primitif qui peu à peu évolue.

Comme vous le voyez, votre futur bébé travaille vite et bien !

Vous, la future maman

Tandis que vos seins s'épanouissent, votre utérus s'oriente vers l'avant.

L'hormone HCG atteint un taux maximal dans votre sang (voir page 33). Cela explique tous vos petits malaises, qui persistent. Ils vont continuer ainsi jusqu'à la fin de ce 2e mois pour régresser peu à peu, avant de disparaître complètement au cours du 3e mois. Vous n'avez pas faim ; vous souffrez de ballonnements ; vous ressentez des brûlures d'estomac ; vous dormez mal, bien que vous soyez très fatiguée ; vos nausées vous gâchent la vie… Tout cela ajoute à votre anxiété et à votre manque d'entrain.

Acceptez ces quelques inconvénients. Ils sont là pour vous rappeler que vous êtes la principale actrice d'un phénomène quasi miraculeux. Vous suivez la formation et l'évolution de votre bébé en vous. N'est-ce pas merveilleux ? Cela devrait vous donner tous les courages. À ces maux peuvent s'en ajouter d'autres. Vous pouvez souffrir :

• de **petits malaises**, le plus souvent en fin de matinée ou 3 heures après un repas : vous êtes probablement en hypoglycémie ; ne restez pas à jeun ;

• d'une **salivation excessive**, qui cessera spontanément vers le 5ᵉ mois ;

• de **constipation**, due à une paresse générale des muscles lisses de l'appareil digestif ;

• d'une **mauvaise circulation du sang**, avec la sensation d'avoir les jambes lourdes. Cela peut apparaître dès le début de la grossesse parce que votre débit sanguin est accéléré par la nécessité d'alimenter votre bébé. La masse sanguine ainsi augmentée freine la circulation de retour des membres inférieurs. Ce phénomène va s'intensifier au cours des mois à venir. Faites chaque jour une marche de 30 minutes environ : c'est excellent pour régulariser à la fois la circulation sanguine et la fonction intestinale ;

• de **fourmillements**, fréquents la nuit, notamment dans les bras. Dans ce cas, faites quelques mouvements pour activer la circulation sanguine et changez de position, car ces fourmillements sont dus à la compression d'une racine nerveuse ;

• de **crampes**, qui sont le fait d'une petite carence en vitamines du groupe B ou en magnésium.

▶ Conseils

Comment atténuer vos problèmes digestifs ?

Les nausées

Excepté celles qui sont déclenchées par les odeurs ou par la vue d'aliments qui vous dégoûtent, les nausées surviennent surtout le matin à jeun et, en général, quand votre estomac est vide. Aussi est-il préférable de :

• prendre son petit déjeuner au lit, tranquillement, puis de rester allongée un petit moment avant de se lever ;

• faire des repas plus légers mais plus fréquents.

Ne prenez aucun remède contre les nausées sans l'avis de votre médecin.

L'aérophagie et les brûlures d'estomac

Évitez de trop manger et supprimez plus particulièrement :

• les aliments trop riches en graisse telles que les fritures ;

• les aliments qui fermentent comme les choux et les légumineuses ;

• les aliments difficiles à digérer tels que les plats en sauce.

Préférez les grillades, le poisson, les légumes verts cuits, les fruits et tous les laitages. Ils vous apporteront les éléments de base dont vous avez besoin, vous et votre bébé.

La constipation

• Veillez à ce que votre alimentation soit riche en légumes verts à la fois crus et cuits, en fruits, également crus et cuits, et en laitages du genre yaourts. Préférez le pain complet ou au son au pain blanc.

• Au cours de votre petit déjeuner, si vous ne souffrez pas de brûlures d'estomac, buvez un verre de jus de fruits frais : orange, raisin ou, mieux, pruneaux.

• Buvez beaucoup d'eau.

• Ne prenez pas de laxatif sans l'avis de votre médecin.

Précautions beauté-santé

La grossesse n'est pas une maladie. Seulement un changement d'état temporaire qui s'accompagne de désagréments plus ou moins nombreux selon l'état physiologique de chacune. Après neuf mois, vous allez retrouver votre état antérieur. Cependant, vous ne serez plus tout à fait la même ; vous aurez vécu une aventure qui restera à jamais gravée dans votre mémoire.

Faites en sorte qu'elle ne soit pas gravée également dans votre corps. Il doit en sortir épanoui, pas amoindri. Pour cela, un minimum de précautions sont à prendre tout au long de votre grossesse.

Les seins

Dès le début de la grossesse, vos seins ont commencé à augmenter de volume. Ce sont les glandes mammaires qui se développent en vue de leur finalité : l'allaitement de votre bébé.

Cet alourdissement temporaire des seins ne doit pas avoir de conséquences sur leur beauté ultérieure. Étant donné qu'ils sont maintenus au buste uniquement par la peau et par quelques ligaments, il faut éviter le relâchement de celle-ci sous l'effet du poids. Pour cette raison, vous devez :

• porter impérativement un soutien-gorge bien adapté, qui maintient sans comprimer. Si vos seins sont vraiment lourds, gardez votre soutien-gorge également la nuit ;

• éviter les bains très chauds dans lesquels la peau se ramollit ;

• pratiquer des douches légères et fraîches sur les seins pour tonifier la peau ;

• appliquer une crème hydratante destinée à entretenir l'élasticité de la peau.

La peau

Pour le moment, en cette période d'adaptation, vous avez un teint un peu brouillé. Mais, dans quelque temps, quand tout rentrera dans l'ordre, votre teint deviendra éclatant en partie grâce aux hormones qui vous imprègnent.

Néanmoins, vous devez prendre quelques précautions, car votre peau va être sollicitée de plusieurs façons.

Le visage

La peau de votre visage devient plus sèche sous l'action des hormones. Si vous avez habituellement la peau grasse, c'est plutôt un atout, mais si vous avez déjà tendance à avoir une peau fragile et sèche, elle risque de se marquer par de fines ridules. Aussi, nourrissez bien votre visage avec une crème hydratante de bonne qualité, de jour comme de nuit.

Le **masque de grossesse** est fréquent chez les femmes enceintes mais il n'est pas constant. Il se manifeste par des plaques pigmentées irrégulières sur le front, le nez, la lèvre supérieure, le menton ou les joues. Étant lié à l'état hormonal, il disparaîtra au fil des mois qui suivront l'accouchement.

Un seul conseil : protégez-vous avec une crème écran total et évitez de vous exposer au soleil qui accentue beaucoup ces plaques.

Les vergetures

Les vergetures sont bien sûr le souci majeur des femmes enceintes. Elles apparaissent là où la peau est distendue, c'est-à-dire surtout sur les seins et sur le ventre. Ce sont tout d'abord des lignes rouge sombre, un peu violacées, qui deviendront ensuite blanches et nacrées. Elles sont indélébiles car elle correspondent à une cassure du tissu élastique de l'épiderme. Les vergetures dépendent directement de la qualité de la peau, de la prise de poids et également de l'âge de la future mère. Après 24 ans et à moins d'attendre des jumeaux, le risque de vergetures diminue. Pour prévenir les vergetures :

• veillez à avoir une prise de poids régulière. Méfiez-vous surtout du 3e mois, où soudain vous allez retrouver gaiement un appétit perdu au début de votre grossesse ;

• améliorez la résistance de votre peau par des crèmes hydratantes et nourrissantes. Prévenez ou diminuez les vergetures
sur les zones menacées : le ventre, les seins et le haut des
cuisses. Vous assouplirez ainsi la peau, qui résistera mieux
aux bouleversements entraînés par la grossesse.

Les cheveux

Vos cheveux sont plus beaux que d'ordinaire, plus brillants
et plus épais.

Les dents

Contrairement à la croyance populaire, un enfant ne coûte
pas une dent. Si vous vous alimentez correctement, l'édification de votre bébé ne se fera pas à votre détriment. Vous ne
serez ni déminéralisée ni décalcifiée.

Au tout début de votre grossesse, faites vérifier l'état de vos
dents, car une carie insoupçonnée peut s'aggraver et provoquer un abcès. Par ailleurs, 20 % des naissances préma-
turées seraient imputables à des maladies de gencives non
traitées et aux réactions inflammatoires qu'elles entraînent.
En effet, les mêmes bactéries pathogènes présentes dans les
poches paradontales de la mère ont été retrouvées dans le
liquide amniotique. Autre conséquence possible : un bébé
de faible poids.

Il n'existe aucune contre-indication à l'arrachage d'une dent,
si ce n'est la proscription absolue d'un anesthésique local
contenant de l'adrénaline. Aussi, avant toute intervention,
prévenez votre dentiste de votre état.

Les yeux

En modifiant le rayon de courbure du cristallin, les hormones
de la grossesse changent l'acuité visuelle. Dans ce cas, la
myopie a tendance à s'aggraver.

Si vous êtes myope, vous devez vous faire surveiller par votre ophtalmologiste au cours de votre grossesse et, surtout, vous devez **le signaler au médecin** qui vous accouchera. En effet, les efforts de l'expulsion peuvent provoquer un décollement de rétine. Prévenu, le médecin pourra ainsi limiter le temps d'expulsion.

L'hydratation de la cornée est également moins bonne pendant la grossesse. Vous produisez moins de larmes et, de ce fait, vos yeux sont moins humides. Si vous portez des lentilles de contact, vous risquez quelques problèmes d'irritation. Pendant le temps de votre grossesse, portez de préférence des lunettes.

▶ Pour votre information

La garde de votre bébé

Une femme qui travaille doit penser le plus tôt possible au mode de garde de son bébé. Si vous choisissez une employée de maison ou une assistante maternelle, vous pourrez vous en occuper après la naissance de votre enfant. Si vous préférez la formule de la crèche, vous pouvez vous en préoccuper dès maintenant.

La garde à domicile

• **L'employée de maison, ou auxiliaire parentale**, peut travailler à temps plein ou partiel. Qu'il s'agisse d'une jeune fille au pair, française ou étrangère, d'une baby-sitter ou de toute autre personne, il vous revient de la recruter, de lui établir un contrat de travail et des fiches de paie, et de vous inscrire à

Sous l'effet de la progestérone, vos cheveux sont plus brillants et plus épais, car les chutes quotidiennes de cheveux se raréfient.

Consultez votre dentiste.

l'Urssaf comme employeur. Sauf si vous bénéficiez d'une aide de la CAF, vous pouvez la rémunérer par le chèque emploi-service universel (CESU), qui permet à un particulier employeur de déclarer des activités de services à la personne effectuées à domicile ; les démarches administratives sont simplifiées. Renseignez-vous auprès de votre banque ou de l'Urssaf.

• **Individuel ou partagé avec une autre famille**, ce mode de garde est le plus confortable, le plus souple pour les horaires et en cas de maladie de votre enfant ; il est aussi le plus coûteux – le salaire d'une employée de maison est au moins égal au Smic. Vous pouvez, selon certaines conditions de ressources, bénéficier du complément de libre choix du mode de garde (voir en annexe les prestations de la Caisse des allocations familiales).

La garde à l'extérieur

L'assistante maternelle, ou nourrice, accueille à son domicile 1 à 3 enfants âgés de moins de 3 ans. Pour exercer cette profession, elle a obtenu un agrément délivré par la PMI (Protection maternelle et infantile) et reçu une formation. Les modalités pratiques et financières sont les mêmes que pour une auxiliaire parentale. Les enfants sont gardés dans un cadre familial et sont suivis par le médecin de la PMI. Vous obtiendrez les coordonnées des assistantes maternelles dans les centres de PMI.

L'accueil collectif

• **Les crèches collectives** sont créées et gérées par des collectivités ou des établissements, ou des services, régis par le droit public. Une crèche collective accueille entre 15 et

---

Si vous travaillez, pensez dès à présent à la garde de votre futur bébé.

Si vous désirez le mettre à la crèche, commencez à vous renseigner sur les structures existantes.

80 enfants âgés de 2 mois à 3 ans. Elle est dirigée par une infirmière puéricultrice et animée par des professionnels de la petite enfance, auxiliaires de puériculture et éducatrices. Pour certaines mamans, ce cadre professionnel et la présence de petits camarades pour leur enfant est rassurant. En cas de fièvre ou de maladie, votre enfant ne sera pas admis ; il faudra alors prévoir un autre mode de garde.

Ce mode de garde est le moins coûteux – 10 % environ du revenu imposable du foyer, pour tous les types d'accueil collectif. Renseignez-vous à la mairie ; la liste des crèches proches de votre domicile vous sera fournie.

L'inscription provisoire dans une crèche municipale se fait au 6e mois de grossesse ; elle doit être complétée par une inscription définitive prise après la naissance et sur avis favorable du médecin de la crèche. À ce moment, vous devrez présenter le carnet de santé de l'enfant, un justificatif de domicile et les bulletins de salaire du foyer, car le tarif dépend du revenu familial. Il existe peu de places en crèches : moins de 1 enfant sur 10 est gardé en crèche.

• **Les micro-crèches** ont été créées à titre expérimental en 2007 : accueillant de 3 à 6 enfants de moins de 6 ans, elles sont gérées par trois professionnels de la petite enfance et sont installées dans un appartement ou un local mis à disposition par la mairie. En général, le tarif varie selon les revenus de la famille.

• **Les crèches familiales** sont un compromis entre l'assistante maternelle et les crèches collectives : votre enfant est gardé au domicile d'une assistante maternelle, qui dépend d'une crèche. Dirigée par une infirmière puéricultrice, une équipe professionnelle assure le suivi médical, éducatif et psychologique. Le matériel est prêté par la crèche. 1 à 2 fois par semaine, les enfants sont accueillis dans la crèche.

• **Les crèches parentales**, ou « établissements à gestion parentale », ont été créées, à la ville comme à la campagne, pour pallier le manque de place en crèche. Gérées par les parents, ce sont de petites structures qui accueillent les enfants jusqu'à 3 ans ; certaines ne les acceptent qu'à partir de 6 mois, ou plus. Réunis en une association, les parents assurent le fonctionnement de la crèche et, à tour de rôle, font une permanence une demi-journée par semaine ; d'année en année, ce sont eux qui décident du recrutement des nouveaux parents. La crèche parentale est dirigée par une éducatrice de jeunes enfants et animée par des professionnels de la petite enfance.

• **Les crèches d'entreprise**, situées sur le lieu de travail, tendent à se développer. Depuis quelques années, une dizaines d'éco-crèches se sont ouvertes en France dans des bâtiments labellisés HQE (haute qualité environnementale).

Décrié par la majorité des professionnels de la petite enfance et des parents, le décret sur la réforme des crèches a été publié en 2010 : il accroît la capacité d'accueil, selon les établissements, de 10 à 20 % et favorise l'emploi de personnels moins qualifiés, mais disposant d'une expérience de terrain.

• **Les haltes-garderies** constituent une garde ponctuelle, occasionnelle ou régulière, allant de quelques heures à plusieurs demi-journées par semaine, avec ou sans repas. Qu'elles soient municipales ou associatives, elles accueillent les enfants jusqu'à 3 ou 6 ans ; certaines ne les prennent qu'à partir de 6 mois, voire plus tard.

• **Les jardins maternels** accueillent à plein temps une vingtaine d'enfants âgés de 2 à 3 ans. Réservés à ceux qui n'ont jamais connu de mode de garde collectif, ils préparent à l'entrée en maternelle. L'inscription se fait à partir du 1er anniversaire de votre enfant.

• **Les jardins d'enfants** accueillent à plein temps les enfants à partir de 2-21/2 ans, et jusqu'à 4 ou 6 ans.

À savoir

Pour les frais de garde de votre enfant, vous bénéficiez d'un crédit d'impôt correspondant à 50 % des dépenses prises en compte. Les plafonds fixés dépendent du mode de garde – à domicile, seul ou en garde partagée, ou bien à l'extérieur ou en crèche. Actifs ou non, tous les parents y ont droit.

6ᵉ semaine de grossesse

▶ *8ᵉ semaine depuis le premier jour de vos dernières règles*

▶ *2ᵉ mois de grossesse*

Votre bébé pourrait vous tirer la langue : il en a une !

Votre bébé à naître

Votre bébé mesure maintenant 10 à 14 mm et pèse 1,5 g. C'est toujours un embryon, dont la croissance est très rapide. Ses cellules sont en constante différenciation pour donner de nouvelles structures.

Le volume de sa tête augmente encore et devient très important en comparaison avec le reste du corps. Elle est toujours très penchée sur la poitrine.

Le visage continue de s'élaborer rapidement par la confluence des bourgeons des mâchoires et des bourgeons nasaux. Tandis que la bouche ouverte laisse voir une petite **langue**, les yeux situés sur les côtés de la tête commencent à se rapprocher. Le nerf optique s'ébauche. Dans les mâchoires se met en place une **lame dentaire**, qui donnera naissance aux bourgeons des futures dents.

Les bras et les jambes s'allongent également. Leur extrémité en forme de palette est maintenant séparée du reste du membre par un rétrécissement qui représente le poignet ou la cheville. Quatre sillons séparent cinq régions plus épaisses qui esquissent les futurs doigts. Votre bébé aura bientôt des mains et des pieds !

Jusqu'à présent, toute la surface de son corps était recouverte d'une seule couche de cellules. Celles-ci commencent à se diviser pour se superposer en plusieurs couches, édifiant ainsi l'**épiderme**.

Votre bébé possède un aspect général encore très courbé. Cependant, ses vertèbres en cours de formation se mettent en place autour de la moelle épinière afin de constituer la colonne vertébrale. L'ensemble est maintenu par des **muscles dorsaux** nouvellement formés.

Le ventre de votre bébé est soulevé par le cœur et le foie, qui occupent une place considérable dans ce petit corps. Le cordon ombilical, qui est également très gros, prend pratiquement toute la place restante ; il se réduira au fur et à mesure que votre bébé grandira.

Encore minuscules, tous les autres organes continuent leur croissance et leur mise en place. À la fin de la 6ᵉ semaine depuis la fécondation, l'**estomac** possède sa forme définitive, tandis que l'ébauche pulmonaire se précise. Quant à l'**appareil urinaire**, il est déjà présent, avec la formation des reins et des systèmes de tubes qui s'y rattachent.

Les **cellules sexuelles** primitives sont maintenant en place aux endroits où se développeront plus tard les glandes génitales – les ovaires ou les testicules. Le sexe de votre futur bébé est encore indifférencié : rien n'indique s'il s'agit d'une fille ou d'un garçon, bien que cela soit défini sur le plan génétique depuis le début de sa première cellule.

L'œuf à l'intérieur duquel flotte votre bébé grossit et fait une saillie de plus en plus importante dans la cavité utérine.

Les villosités qui l'entourent disparaissent peu à peu, sauf au niveau de l'implantation dans la paroi utérine, où elles se développent au contraire beaucoup, élaborant ainsi le futur placenta (voir la figure page 128).

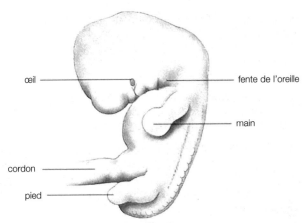

œil — fente de l'oreille

main

cordon

pied

Votre futur bébé mesure 10 à 14 mm.

Vous, la future maman

Vous avez encore des nausées ? Vous êtes encore fatiguée ? C'est parfait ! C'est le signe que votre corps réagit d'une manière normale, donc que votre grossesse se déroule tout à fait bien.

▶ Conseils

Prévention de la fausse couche

Attention au surmenage

N'en faites pas trop. Cette fatigue qui est soudain la vôtre est directement liée à votre état de grossesse. C'est une fatigue physiologique que vous ne devez surtout pas négliger. Si votre travail est trop fatigant, parlez-en à votre employeur et essayez d'envisager avec lui un aménagement temporaire de vos horaires. Reposez-vous dès que possible en pensant à votre bébé.

Attention aux gros efforts

Les efforts physiques favorisent la contraction de l'utérus ; l'embryon, encore mal arrimé dans la paroi de l'utérus par ses villosités-crampons, risque d'être expulsé.

Dans cette optique, ce n'est pas le moment de déménager, car cela signifie des visites fatigantes avec des escaliers à monter, des colis à porter et un surmenage dû à la nouvelle installation. Pour faire tout cela, attendez d'avoir franchi le cap du 3e mois.

De la même façon, ne programmez pas de voyage lointain pour le moment, car cela suppose des transports fatigants, des conditions d'hygiène peut-être précaires et une nourriture sans doute mal adaptée aux besoins d'un enfant en formation.

Vous découvrez du sang dans votre slip

Ne vous affolez pas. Cela peut provenir d'une petite fissure anale ou d'une varice vulvaire. Pour en être sûre, tamponnez ces zones avec des cotons différents. S'ils ne sont pas tachés, c'est que le sang vient de l'intérieur.

Consultez rapidement votre gynécologue, qui verra facilement si le sang vient du vagin ou du col de l'utérus :

• il peut être dû à une petite infection, qui sera guérie par un traitement approprié ;

(!) À signaler à votre médecin : les pertes de sang.

Même s'ils ne sont pas importants, les saignements sont toujours suspects. Si vous constatez des pertes, consultez immédiatement votre médecin.

• il peut également apparaître, pendant les 3 premiers mois de la grossesse, à la date qui aurait été celle des règles.

Si vous avez du sang et des douleurs dans le bas-ventre

Téléphonez immédiatement à votre médecin et allongez-vous en l'attendant. Vous commencez peut-être une fausse couche, mais ce n'est pas certain. Tant que vos seins restent tendus et douloureux et que vos nausées persistent, la grossesse continue. Le médecin vous prescrira des antispasmodiques pour supprimer les contractions et demandera le dosage quantitatif des hormones chorioniques (HCG, voir page 33). Ce premier renseignement pourra être complété par une échographie.

L'embryon est décelable à l'échographie à la fin de la 3ᵉ semaine de développement. L'enregistrement des mouvements cardiaques indique que la grossesse se poursuit. Si le col de l'utérus est ouvert, le médecin vous prescrira un repos allongé absolu en plus des antispasmodiques. Si le développement de l'embryon est normal, tout rentrera dans l'ordre, à condition de prendre des précautions.

L'échographie peut fournir des renseignements sur les **causes de vos saignements**.

L'élimination d'un second œuf

À côté de l'œuf en développement, il peut en exister un autre, tout petit, sans battements cardiaques enregistrables : il s'agit d'un jumeau qui ne s'est pas développé et qui est en cours d'élimination. Cela étant fait, il n'y aura aucune conséquence sur l'œuf sain, qui poursuivra normalement sa croissance.

La présence d'un œuf clair

À l'échographie, on peut voir dans l'utérus un sac ovulaire vide, contenant seulement quelques débris : la grossesse est arrêtée, et l'œuf va s'éliminer spontanément.

L'emplacement du placenta

Si le placenta est situé assez bas, non loin de l'orifice interne du col, des contractions utérines peuvent tirer sur le col, faisant saigner un petit endroit du placenta. Cette partie finit par s'éliminer d'elle-même et tout rentre dans l'ordre, à condition de prendre des précautions. Le repos est indispensable.

▶ Pour votre information

Les causes de la fausse couche

La malformation de l'embryon

Les fausses couches sont assez fréquentes au cours du premier trimestre ; 70 % d'entre elles se produisent avant la fin du 2ᵉ mois et sont dues à des malformations de l'embryon d'origine génétique. Le défaut accidentel dans l'embryogenèse empêche le développement normal de l'embryon, qui s'élimine de lui-même. Cette fausse couche est alors un accident heureux : elle évite la venue au monde d'un enfant malformé.

Souvent incriminé, l'âge de la mère n'est pas seul en cause. L'âge du père compte aussi. Une équipe de l'Inserm a démontré que le risque de fausse couche augmente de 30 % environ quand l'homme est âgé de plus de 35 ans. Cela est dû au fait que les spermatozoïdes contiennent davantage d'anomalies chromosomiques.

Un utérus mal adapté

La cavité utérine est quelquefois trop étroite, et l'embryon qui se développe vite se trouve étriqué. Des saignements apparaissent avant le rejet de l'œuf. Si cela peut être le cas lors d'une première grossesse, cela ne compromet pas les grossesses suivantes.

Une insuffisance hormonale

Elle est due à une déficience du corps jaune, une glande située sur l'ovaire. Les hormones qu'il sécrète assurent le maintien de la grossesse jusque vers le 4e mois, moment où le placenta suffisamment développé prendra son relais.

Une infection

La grossesse peut avoir été interrompue par une infection de la future mère telle que la toxoplasmose, le cytomégalovirus ou une simple infection vaginale non traitée.

La première consultation obligatoire

Vous avez 7 consultations obligatoires au cours des neuf mois de votre grossesse. La première doit avoir lieu avant la fin de la 14e semaine de grossesse, c'est-à-dire à la fin du 3e mois. Les examens prescrits lors de cette première consultation sont eux aussi obligatoires pour bénéficier des avantages sociaux en matière de maternité. Une 8e visite médicale obligatoire aura lieu après l'accouchement. N'attendez pas ce 3e mois pour effectuer cette première visite. C'est maintenant qu'il faut y penser et prendre rendez-vous. La fin du 2e mois est la bonne période pour se faire examiner soigneusement et pour subir les examens de laboratoire dont les résultats gagnent à être connus le plus tôt possible pour un bon déroulement de la grossesse.

Cette première consultation obligatoire se déroulera à la maternité que vous avez choisie pour accoucher. Votre dossier va être constitué ; il vous suivra jusqu'au jour de votre accouchement. Vous pouvez également décider de vous faire suivre par votre gynécologue, qui transmettra ensuite votre dossier à la maternité.

Ce premier examen médical peut être fait soit par un médecin, soit par une sage-femme, habilité à surveiller l'ensemble de la grossesse. Si celle-ci se déroule normalement, vous n'avez pas besoin de voir le médecin systématiquement ; il interviendra en cas de problème. L'essentiel est que votre dossier soit établi et conservé à l'endroit où vous accoucherez. Il est également important que se crée une relation de confiance entre vous et l'équipe soignante, car ce ne sera pas nécessairement le médecin ou la sage-femme qui aura suivi votre grossesse qui vous accouchera.

Lors de ce premier examen médical, vous allez subir un interrogatoire, un examen général, un examen gynécologique et recevoir une prescription d'examens de laboratoire.

Un interrogatoire

Votre âge

Si vous avez moins de 18 ans ou plus de 40 ans, vous vous trouvez dans une catégorie à risques plus grands pour vous et votre bébé. Aussi bénéficierez-vous d'une surveillance spéciale.

Vos antécédents personnels et familiaux

Votre médecin vous demandera quelles ont été vos maladies, petites et grandes. Avez-vous eu la rubéole étant enfant ? Avez-vous été vaccinée contre cette maladie ? C'est important de le savoir car vous n'ignorez pas les dangers de la rubéole durant les trois premiers mois de la grossesse (voir page 68).

Signalez à votre médecin l'existence des points faibles de votre famille. Vos parents sont-ils diabétiques, cardiaques, tuberculeux ? Existe-t-il, dans votre famille ou dans celle de votre compagnon, des maladies héréditaires d'origine génétique telles que l'hémophilie ou la myopathie ?

Votre médecin demandera la recherche de votre groupe sanguin ; si vous savez que vous êtes rhésus négatif, dites-le-lui dès à présent. Précisez-lui si vous avez déjà subi une transfusion sanguine. Le sang transfusé était-il bien Rh– comme le vôtre ? En cas de grossesse antérieure et si votre mari est Rh+, vous a-t-on injecté des gammaglobulines après l'accouchement ? En cas de fausse couche ou d'interruption volontaire précédant cette grossesse, avez-vous reçu des gammaglobulines (voir page 84) ?

Tout cela est très important car, selon votre réponse, vous faites partie des grossesses à risque et vous devrez faire l'objet d'une surveillance particulière.

Vos habitudes de vie

Quelles sont vos conditions de travail ? de transport ? Avez-vous l'habitude de boire ? de fumer ?

Autant de questions qui aideront l'équipe médicale à suivre attentivement votre grossesse et à prévenir d'éventuels problèmes.

Un examen général complet

Cet examen comprend une pesée, la mesure de la dimension du bassin, la prise de la tension artérielle et une auscultation cardiaque et pulmonaire complète.

Un examen gynécologique

Il comprend un examen des seins, du col et du corps utérin, ainsi qu'un prélèvement des sécrétions vaginales en vue d'analyses.

La prescription d'examens de laboratoire

• La recherche dans les urines de sucre et d'albumine.

• La recherche dans le sang d'agglutinines anti-D, si vous êtes Rh– (voir pages 78-84) ; d'anticorps de l'hépatite B, de la toxoplasmose, de la syphilis, éventuellement du sida – ce dernier examen vous sera proposé ; vous serez libre de l'accepter ou non –, du cytomégalovirus, de la varicelle et de la rubéole.

• La recherche dans les sécrétions vaginales de streptocoques du groupe B. Cette bactérie étant dangereuse pour le fœtus, des prélèvements vaginaux seront effectués à chaque visite pour examen.

À la fin de cette première consultation, votre médecin vous remettra :

• une déclaration de grossesse à envoyer à la Sécurité sociale et aux Allocations familiales ; elle vous permettra de recevoir le guide de surveillance médicale mère et nourrisson (voir page 147) ;

• un certificat médical destiné à votre employeur si vous faites un travail pénible ; sachez toutefois que vous n'êtes pas tenue de l'informer, à ce stade, de votre état de grossesse.

Les examens de laboratoire
Ils sont obligatoires.

La recherche dans les urines

Le sucre

En général, on trouve dans l'urine de la femme enceinte un sucre particulier, le lactose, dont la présence n'est pas significative.

S'il y a une réaction positive avec le glucose, on fera une recherche plus approfondie de son taux dans le sang. Parmi les femmes enceintes, 2 à 3 % ont un peu de diabète à partir du 5ᵉ ou du 6ᵉ mois de grossesse ; dans la grande majorité des cas, cela se traduit par une légère anomalie de filtration au niveau des reins, qui est directement liée à la grossesse. Tout rentrera dans l'ordre dans les jours qui suivront l'accouchement.

Pour prévenir les fausses couches, évitez le surmenage : reposez-vous le plus souvent possible.

Évitez également les gros efforts qui favorisent la contraction de l'utérus.

L'albumine

On ne doit pas trouver d'albumine dans les urines. Si la réaction est positive, votre médecin cherchera si vous n'avez pas une infection urinaire ou rénale.

La recherche dans le sang

Les maladies recherchées sont plutôt rares et concernent seulement une fraction de la population ; étant donné qu'elles sont très dangereuses pour l'enfant à naître, elles sont systématiquement dépistées. Cela ne doit donc pas vous inquiéter.

L'hépatite B (l'antigène HBS)

Maladie très dangereuse pour le nouveau-né, l'hépatite B, dont l'agent est un virus, est transmise le plus souvent par le sang, en contamination directe ou par l'intermédiaire de rapports sexuels, et parfois par des aliments souillés. 10 % de la population est concernée par cette maladie, avec risques de cirrhose ou de cancer du foie. La vaccination contre l'hépatite B, actuellement controversée, reste l'affaire de chacun, en accord avec son médecin.

Lorsque la mère est atteinte par le virus de l'hépatite B, celui-ci peut traverser le placenta et atteindre le foie du bébé. C'est la raison pour laquelle un dépistage sérologique est systématiquement fait en début de grossesse. Selon son résultat, différentes précautions seront alors envisagées pour la mère comme pour l'enfant.

En prévention contre l'hépatite B :

• évitez de consommer des huîtres, des moules et des crustacés ;

• buvez de préférence de l'eau minérale ;

• lavez très soigneusement les légumes et les fruits.

La toxoplasmose

La toxoplasmose est une maladie fréquente en France, car elle est liée à des habitudes alimentaires. En effet, le parasite responsable se trouve dans la viande de mouton et de porc insuffisamment cuite. 84 % des futures mères ont déjà été atteintes par la maladie, sans le savoir, et sont donc immunisées.

La recherche d'anticorps de la toxoplasmose fait partie de l'examen prénuptial : si vous êtes mariée, vous savez donc si vous avez déjà eu la maladie et si par conséquent vous êtes immunisée.

Bénigne pour la mère, la toxoplasmose passe souvent inaperçue. Elle se manifeste par un peu de fièvre, des ganglions dans le cou et un peu de fatigue, avec des douleurs musculaires ou articulaires.

L'examen sérologique consiste à rechercher dans le sérum de la future mère la présence d'anticorps. S'il n'y en a pas, c'est qu'elle n'a jamais été contaminée et qu'elle n'est donc pas immunisée.

Parmi les 16 % de femmes non immunisées, seules 4 à 5 % seront contaminées par le toxoplasme pendant leur grossesse. Et, dans ce cas, il n'y a que 40 % de risques pour que l'enfant soit atteint. Ce qui est relativement peu – heureusement, étant donné la gravité de la maladie pour l'enfant.

Au premier trimestre, le toxoplasme traverse assez rarement le placenta. Quand il y parvient, cela aboutit à la mort de l'œuf et donc à une fausse couche. C'est surtout à partir du 5ᵉ mois que la maladie est grave, car le placenta est traversé ; le toxoplasme sera alors responsable de malformations cérébrales ou oculaires. En fin de grossesse, la contamination de l'enfant est plus fréquente, car le placenta est davantage perméable ; mais les conséquences sont moins graves.

Quand une toxoplasmose est détectée, un traitement efficace à base d'antibiotiques est entrepris.

Si vous n'êtes pas immunisée contre la toxoplasmose :

• faites un sérodiagnostic toutes les 4 à 5 semaines afin de détecter une éventuelle contamination ;

• ne mangez ni viande crue ni viande saignante. *À noter :* le parasite est tué par la congélation ;

• consommez des fruits et des légumes de préférence cuits ou très bien lavés ;

• évitez la présence d'animaux domestiques, en particulier les chats qui sont porteurs du toxoplasme et le rejettent dans leurs excréments.

La syphilis

Non obligatoire, le dépistage de la syphilis fait partie des examens prénuptiaux. Un test reste obligatoire dans les trois premiers mois de la grossesse, car cette maladie grave peut se transmettre à l'enfant à partir du 5e mois.

Si les résultats sont positifs, on traite la future mère à la pénicilline, et l'enfant naîtra en bonne santé. Si la mère n'est pas soignée à temps, c'est-à-dire avant le 5e mois, elle n'a que 35 % de chances de mettre au monde un enfant normal et sain. Cette maladie est devenue très rare chez le nouveau-né.

Le sida

Que signifie le terme « sida » ? « Sida » est l'abréviation de syndrome d'immuno-déficience acquise. Lorsque le sida évolue chez un malade, celui-ci présente un ensemble de troubles (syndrome) dus à l'affaiblissement de ses défenses immunitaires (immuno-déficience), cette incapacité à se défendre ayant été (acquise) au contact du virus.

L'organisme atteint est privé d'une partie de ses globules blancs, essentiels à la défense de l'organisme, qui sont détruits par le virus. Il est alors la proie de multiples infections qui mettent le malade en danger de mort.

Que signifie être « séropositif » ? Le sida est le résultat de la contamination par un virus : le VIH (virus de l'immuno-déficience humaine) ou, en anglais, HIV (*Human Immuno-deficiency Virus*). Un test sérologique permet de savoir si l'on est ou non porteur de ce virus.

En cas de contamination par le virus, l'organisme réagit et fabrique des anticorps. La personne qui possède ces anticorps est dite séropositive à l'égard de ce virus.

Une personne séropositive peut :

• développer la maladie, car les anticorps sont inefficaces ;

• ne pas avoir la maladie ; dans ce cas, elle est dite « porteur sain ».

Dans tous les cas, elle peut transmettre le virus.

Le virus se transmet uniquement de sang à sang. Aussi, un porteur du virus peut-il le transmettre lors :

• de **relations sexuelles**, car dans le sperme et les sécré-tions vaginales se trouvent des globules blancs qui sont infectés par le virus, d'où la nécessité absolue d'utiliser des préservatifs ;

• d'**échange de seringues** chez les toxicomanes ;

• d'une **transfusion de sang contaminé**, d'où une sur-veillance stricte du sang en Europe depuis 1985.

Une mère porteuse du virus peut le transmettre à son enfant au cours de la grossesse. Aujourd'hui, grâce à la multithéra-pie, les risques encourus par l'enfant d'être réellement atteint par la maladie sont aux environs de 5 %.
Tous les enfants de mères séropositives sont séropositifs à la naissance, car les anticorps anti-HIV de la mère sont passés à travers le placenta :

• chez certains enfants, les anticorps disparaîtront dans les 8 à 9 mois suivant la naissance, car il s'agit uniquement des anticorps de la mère ;

• chez d'autres – 5 % des cas –, le taux d'anticorps ne baissera pas avec le temps, car il s'agit de leurs propres anticorps : cela signifie qu'ils ont été infectés.

Plus de la moitié de ces bébés mourront avant l'âge de 2 ans ; les autres présenteront des complications nerveuses graves et le risque, toujours existant, de développer un jour la maladie.

Les femmes enceintes séropositives ont la possibilité, si elles le désirent, de recourir à une interruption médicale de grossesse (IMG) avant la 10e semaine d'aménorrhée. Au-delà de ce délai, l'interruption de grossesse est toujours possible, car elle entre dans un cadre thérapeutique.

Il s'agit là d'un choix extrêmement difficile pour la future maman qui aura besoin, dans tous les cas, d'un soutien psychologique (voir en annexe les adresses utiles).

Le cytomégalovirus

Le cytomégalovirus est un virus en général inoffensif, dont l'infection passe inaperçue, provoquant de la fatigue ou de la fièvre, mais parfois sans symptôme. Cependant, le virus reste latent dans l'organisme et peut se réactiver lors d'un affaiblissement physique ou psychologique ; cela est sans conséquence. Mais il en va tout autrement quand la première rencontre avec le virus survient lors d'une grossesse.

Chaque année, 2 à 3 % des femmes enceintes non immunisées contractent le virus. En France, le dépistage n'est pas systématique. Aussi, si vous êtes en contact avec des enfants en bas âge, vous pouvez vérifier si vous êtes immunisée par une simple prise de sang, qui permettra de détecter la présence d'anticorps.

Quand la mère contracte le cytomégalovirus pendant sa grossesse, 30 à 40 % des bébés sont à leur tour infectés ; les risques de séquelles sont plus importants si la contamination a lieu dans la première moitié de la grossesse. Si, dans 90 % des cas, le bébé est indemne, 5 % des nouveau-nés en bonne santé présentent un risque ultérieur de surdité. Dans 10 % des cas, les bébés peuvent développer à la naissance des séquelles neurosensorielles parfois graves.

En cas de suspicion de la maladie de la femme enceinte, un diagnostic de cytomégalovirus peut être réalisé par amniocentèse. Un suivi par échographie dans un centre spécialisé et une IRM cérébrale du fœtus permettent d'évaluer les risques pour le bébé.

Qui est exposé au cytomégalovirus ?

• les mères de jeunes enfants, notamment de ceux qui vont en crèche ;

• les femmes enceintes qui travaillent dans une crèche ou une école maternelle ; un quart des tout-petits excrètent ce virus qui se propage très vite.

Le cytomégalovirus se transmet par la salive, les larmes et les urines.

Comment se protéger du cytomégalovirus ?

• lavez-vous souvent les mains, en particulier après le change d'un bébé ;

• ne sucez pas la cuillère d'un bébé ;

• évitez le contact avec sa salive, larmes et sécrétions nasales ;

• ne prenez pas de bain avec un bébé ;

• n'utilisez pas ses ustensiles de toilette ou de repas.

La varicelle

Voir le 1er mois, pages 67-68.

La rubéole

Voir le 1er mois, pages 68-69.

7ᵉ semaine de grossesse

> *9ᵉ semaine depuis le premier jour de vos dernières règles*

> *2ᵉ mois de grossesse*

Vous ne le savez pas encore, mais votre bébé bouge !

Votre bébé à naître

Votre bébé travaille comme un petit fou : il se construit à toute vitesse et a pratiquement doublé sa taille depuis la semaine dernière !

Il mesure maintenant 17 à 22 mm. Sa tête, encore très volumineuse, plus grande que le reste du corps, en est désormais séparée par le **cou** qui s'est formé. Si la tête est encore penchée sur la poitrine, le corps, dans son ensemble, est moins courbé. À l'autre extrémité, la queue commence à régresser.

Les bras et les jambes continuent de s'allonger. Depuis le début de leur formation, les bras sont en avance par rapport aux jambes. Ils se courbent au coude, tandis que les mains se plient légèrement au niveau du poignet. Les os de ces membres sont au stade de cartilage primitif, alors que les **muscles** se mettent en place. Les **doigts** et les **orteils** commencent à se former.

Le visage de votre futur bébé poursuit son élaboration. Les yeux se rapprochent, tandis que les **paupières** se dessinent, que les **fosses nasales** se mettent en place et que les mâchoires se consolident. Recouvrant la mâchoire supérieure, la **lèvre** est maintenant présente. Dans les mâchoires, les bourgeons dentaires s'installent.

L'œil est déjà tout à fait remarquable. Du cerveau primitif ont poussé deux prolongements : les ébauches des yeux ; ils s'épanouissent en corolle pour former les rétines. La peau située devant s'épaissit tout en devenant transparente pour se transformer en cette lentille grossissante qu'on appelle le **cristallin**. Ce dernier commande l'apparition de la cornée. Le

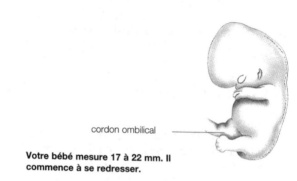

cordon ombilical

Votre bébé mesure 17 à 22 mm. Il commence à se redresser.

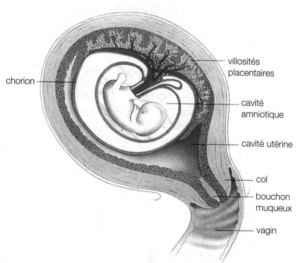

chorion

villosités placentaires

cavité amniotique

cavité utérine

col

bouchon muqueux

vagin

Votre bébé en vous, 7 semaines depuis votre fécondation.

nerf optique étant entièrement terminé, votre bébé pourrait déjà presque voir !

En ce qui concerne les organes internes, la **glande thyroïde** prend sa place définitive, accolée à la trachée. Le cœur commence à se cloisonner en **cœur droit** et en **cœur gauche**. Inlassablement, il bat au rythme de 80 battements par minute.

À l'extrémité postérieure du corps, le cloaque se divise en deux. À l'arrière apparaît le canal ano-rectal et, vers l'avant, le canal uro-génital primitif.

Les glandes sexuelles sont toujours indifférenciées. Selon ce qui est inscrit au niveau des gènes, elles se différencieront en testicules ou en ovaires.

Tous les autres organes poursuivent leur différenciation et leur croissance en vue d'atteindre leur forme fonctionnelle définitive. Cette **croissance rapide des organes** peut aller plus vite que le développement des cavités intérieures. Tel est le cas du cœur et du foie, qui forment une proéminence énorme à la surface du thorax. Tel est également le cas de l'intestin, dont les anses qui s'allongent trop vite sortent de la cavité abdominale trop petite et se replient provisoirement dans le cordon ombilical.

Et l'incroyable se produit enfin : **votre bébé bouge !**

Il se retourne sur lui-même, mais ces mouvements sont purement réflexes car les muscles ne sont pas encore innervés et ne sont donc pas commandés par le cerveau.

Ces mouvements se passent au plus profond de votre corps et malheureusement ne parviennent pas jusqu'à vous. Vous ne les percevez pas. Pourtant, ils sont bien réels puisqu'ils sont visibles à l'échographie. Vous sentirez votre bébé bouger seulement au 4e mois. Encore un peu de patience !

Vous, la future maman

L'hormone HCG, qui peut être détectée très rapidement après la conception et qui indique que vous êtes enceinte (voir page 33), atteint maintenant un taux maximal dans votre corps. Cela explique vos nausées, votre fatigue et les différents petits malaises. Courage, c'est bientôt fini !

▶ Conseils

Mangez sain et équilibré

Votre bébé a grandi d'une manière spectaculaire depuis le début de sa conception : il a presque doublé sa taille chaque semaine. La multiplication rapide de ses cellules, qui entraîne la construction de ses tissus et de ses organes, suppose qu'elles disposent de tous les nutriments nécessaires à leur croissance. Ces nutriments de base sont apportés jusqu'à elles par le sang. Étant donné qu'il ne s'alimente pas directement lui-même, il puise ce dont il a besoin dans votre propre sang. C'est la raison pour laquelle votre alimentation est si importante pour lui.

Il ne s'agit pas, comme on le pensait autrefois, de manger pour deux mais de se nourrir correctement et intelligemment de façon à apporter à votre organisme et au sien tous les éléments nécessaires.

Ne pas sauter de repas, manger des produits sains qui se digèrent facilement et sont rapidement assimilables, veiller à un apport suffisant de calories, de nutriments indispensables, de vitamines…, sont des règles simples mais essentielles et qu'il faut respecter.

Dans la mesure du possible, consommez des aliments issus de l'agriculture biologique, en particulier les fruits et les légumes. En effet, les résidus de pesticides sont extrêmement nocifs pour votre bébé – et pour vous-même. Même si vous pelez soigneusement les fruits et les légumes, ils en contiendront encore. De nos jours, la plupart des grandes surfaces proposent des produits biologiques.

Buvez !

Durant votre grossesse, votre masse sanguine augmente, vos reins filtrent davantage : en plus de vos déchets, vous avez ceux de votre bébé à éliminer. Vous devez donc boire suffisamment : 1 litre et demi à 2 litres de liquide par jour.

Préférez l'eau à toute autre boisson. Cependant, n'oubliez pas de boire du lait, qui est considéré comme un aliment et fait donc partie de la ration alimentaire, ainsi que du jus de fruits frais, pour les vitamines. Limitez votre consommation de café et de thé et abstenez-vous entièrement de boissons alcoolisées (voir page 76).

▶ Pour votre information

L'alimentation de la femme enceinte

Les nutriments de base sont les **glucides**, ou sucres, les **lipides**, ou corps gras, et les **protéines**, qui vont donner les acides aminés, matériaux élémentaires pour la construction de la matière vivante. Pour le bon fonctionnement de la machine humaine, tous ces éléments doivent être associés selon des proportions définies. C'est la base de toute alimentation équilibrée.

Les besoins en calories

Chaque type de nutriment dégage lors de sa combustion, au cours de la digestion, un certain nombre de calories par gramme. Ces calories fournissent l'énergie indispensable à la vie. Le minimum vital est de 1 500 calories par jour. Ce sont les calories utilisées uniquement pour le fonctionnement des organes et pour le maintien d'une température constante à 37 °C. Ce minimum vital varie en fonction du sexe, du poids, de la taille et de l'âge.

Pour une femme enceinte ayant une activité moyenne, une alimentation équilibrée doit comporter pour 100 calories :

• 15 à 20 calories d'origine protéique,

• 30 à 35 calories d'origine lipidique,

• 50 à 55 calories d'origine glucidique.

Ce qui correspond, pour une dépense énergétique de 2 500 calories, à l'absorption quotidienne de :

• 80 à 90 g de protéines, moitié animales, moitié végétales ;

• 80 g de lipides ;

• 300 g de glucides.

Tout mouvement ou tout effort que nous effectuons nécessite des calories supplémentaires apportées par l'alimentation. Plus le travail est fatigant, plus la dépense d'énergie, donc de calories, est grande. Au contraire, si nous mangeons trop par rapport à nos dépenses énergétiques, le surplus de calories ingérées se transforme inéluctablement en graisse.

Le corps de la future mère travaille davantage : aussi a-t-elle besoin de calories supplémentaires, mais pas énormément.

Si vous êtes une femme d'activité moyenne, votre besoin quotidien est d'environ 2 000 calories ; enceinte, vous avez besoin de 2 200 à 2 500 calories par jour.

Cependant, dans quelques cas particuliers, les apports alimentaires devront à peu près rester les mêmes mais être particulièrement bien équilibrés selon les besoins :

• si vous avez moins de 20 ans et si, par conséquent, vous n'avez pas terminé votre propre croissance, vous devrez veiller à un apport exceptionnel en calcium ;

• si vous exercez un travail très fatigant physiquement, votre ration quotidienne doit être enrichie en protéines ;

• si vous avez déjà eu plusieurs enfants ;

• si vous attendez des jumeaux, vous devrez naturellement augmenter votre apport calorique, au cours de la seconde moitié de la grossesse, par une consommation plus importante de protéines.

Les bases d'une bonne alimentation

Avoir son quota de calories ne suffit pas si l'on ne considère pas leur provenance, qui est capitale. Il doit exister un juste équilibre dans l'alimentation entre tous les nutriments de base qui, en plus des calories, vont apporter à l'organisme les matières premières nécessaires à son entretien – c'est votre cas – et à sa croissance – c'est le cas de votre bébé.

Vous devez donc ingérer régulièrement, sous peine de carences graves, des produits contenant des protéines, des lipides et des glucides, ainsi que des vitamines, des minéraux et des oligoéléments.

Les protéines

Elles construisent et renouvellent tous les tissus de l'organisme. C'est la raison pour laquelle elles doivent occuper une place importante dans l'alimentation.

Votre futur bébé consomme 9 g de protéines au cours du 1er mois, puis 9 g par semaine au 3e mois, enfin 9 g par jour en fin de grossesse.

Les protéines d'origine animale se trouvent dans la viande, le poisson, les œufs, le lait et ses dérivés. À poids égal, le poisson fournit autant de protéines que la viande. De même, deux œufs valent un bifteck de 100 g.

Les protéines d'origine végétale sont présentes dans les céréales (le riz, les pâtes, le pain…), les légumineuses (les lentilles, les haricots, les pois...) et les oléagineux (les noix, les noisettes, les amandes...).

Un bon équilibre entre les protéines d'origine animale et les protéines d'origine végétale est à respecter.

Les lipides

Énergétiques comme les sucres mais également plastiques, les lipides participent d'une manière active à l'élaboration des organes. Ils sont essentiels, en particulier, à la construction du système nerveux. Ils ne doivent pas apporter plus de 30 % des calories de la ration alimentaire quotidienne.

Les graisses animales se trouvent dans la viande, le poisson gras, le jaune d'œuf, le lait, la charcuterie, le beurre, la margarine. N'abusez pas des graisses animales ; préférez-les sous leur forme crue, plus digeste : le lait, le beurre, le fromage.

Les graisses végétales sont présentes avant tout dans les huiles et les fruits oléagineux tels que les cacahuètes, les noix, les noisettes et les amandes.

Les glucides

Surtout énergétiques, les glucides sont présents dans le sucre de table, le miel, la confiture, les pâtes et le riz, les fruits secs, les légumineuses ou encore les fruits frais.

Si vous avez tendance à grossir, diminuez votre ration de glucides, sauf en ce qui concerne les fruits frais, qui sont très riches en vitamines. Diminuez également les lipides au profit des protéines, dont le rôle dans l'édification du corps est si important.

Les vitamines

Ces molécules chimiques complexes qu'on appelle vitamines déclenchent toutes les réactions biochimiques nécessaires à l'élaboration de la matière vivante ainsi qu'au maintien et au bon fonctionnement de l'organisme. La cuisson à la vapeur permet de conserver un maximum de vitamines. Utilisez l'eau de cuisson des légumes : elle renferme plein de vitamines.

À savoir

Avant la conception et tout au long de la grossesse, le rôle de la vitamine B9, ou acide folique, est crucial. Consommez sans modération de la levure alimentaire, des salades et des légumes verts. Attention à une trop forte cuisson des légumes, car l'ébullition détruit l'acide folique.

Les minéraux

Ce sont notamment le calcium, le sodium, le magnésium, le potassium, le phosphore. Ils doivent être maintenus à un taux constant dans l'organisme sous peine d'entraîner des troubles. Or, pendant tout le temps de votre grossesse, vos besoins seront largement accrus.

Les oligoéléments

Ce sont des minéraux dont la présence, en quantité infime, est essentielle pour le maintien d'une bonne santé. Il s'agit, entre autres, de l'iode, du zinc, du cuivre, du fer, du fluor, du manganèse, du sélénium.

À savoir

Il convient de distinguer le fer héminique – présent dans la viande, la volaille et le poisson – et le fer minéral – présent dans les céréales, les oléagineux et la levure alimentaire. C'est le premier qu'il convient de privilégier. Tandis que les aliments riches en vitamine C stimulent l'absorption du fer, d'autres, à l'opposé, réduisent cette absorption : les aliments riches en tanins, en fibres ou en zinc, ainsi que le thé, le café, le jaune d'œuf et le son de blé. Tout au long de votre grossesse, augmentez votre consommation d'aliments riches en fer ; si besoin, votre médecin vous prescrira une supplémentation.

Les vitamines

Nom	Rôle	Source alimentaire
Vitamine A	• Essentielle pour la croissance et la vue. Sa carence entraîne des troubles de la vision. • Indispensable pour la formation de l'émail des dents, des cheveux et des ongles. • Nécessaire à la formation de la glande thyroïde. • Protège la peau et les muqueuses. • Permet de résister aux infections.	Lait entier et ses dérivés, beurre frais, jaune d'œuf, poisson, huile de foie de poisson, foie, rognons. Légumes verts, notamment persil, épinards, laitue, tomates. La carotte contient du bêtacarotène, précurseur de la vitamine A.
Vitamine B1	• Indispensable pour la constitution du bébé, notamment de ses nerfs et de ses yeux. • Nécessaire pour la lactation. • Favorise la digestion en stimulant l'estomac et l'intestin. • Son besoin est accru dans le cas d'une maladie infectieuse.	Cuticule des céréales. Pour cette raison, préférer riz et pain complets, graines entières, noisettes, germe de blé, levure de bière. Légumineuses, pomme de terre. Abats : cœur, foie, rognons. Fruits.
Vitamine B2	• Essentielle lors de la fécondation et dans les 1ers jours du développement de l'embryon. • Prévient les problèmes de peau.	Graines entières, germe de blé, levure de bière, légumes verts, lait, œufs, foie.
Vitamine B3	• Aide à la construction des cellules nerveuses. • Protège des infections et des saignements de gencives.	Graines entières, germe de blé, levure de bière, cacahuètes, légumes verts, œufs, poisson, foie, rognons.

Nom	Rôle	Source alimentaire
Vitamine B5	• Essentielle pour la multiplication cellulaire, obligatoire pour le maintien de l'intégrité tissulaire. • Rôle important dans la fabrication des globules rouges.	Cuticule des céréales, graines entières, cacahuètes, œufs, fromages, foie, cœur, rognons.
Vitamine B6	• Aide à l'assimilation des graisses et des acides gras nécessaires à la production des anticorps. • Sa déficience cause des troubles nerveux et de l'anémie.	Germe de blé, levure de bière, pomme de terre, champignons, banane, légumineuses, foie, cœur, rognons.
Vitamine B9 (ou acide folique)	• Importance capitale dans la synthèse des protéines, la multiplication cellulaire, le bon fonctionnement de la moelle osseuse, siège de la fabrication du sang. • Empêche les malformations du tube neural comme le *spina-bifida*. • Essentielle pour un bon développement du système nerveux central du bébé.	Légumes verts : laitue, cresson, endive, pissenlit, poireau. Toutes les sortes de choux : chou-fleur, chou de Bruxelles, chou rouge, chou vert, brocoli. Noix, agrumes, c'est-à-dire orange, citron, pamplemousse. Foie d'agneau et de poulet. Fromages affinés.
	Une carence en acide folique peut provoquer des hémorragies, entraînant un avortement en début de grossesse, un retard dans la croissance *in utero* du bébé et des malformations fœtales, surtout neurologiques. Cette carence peut être due à la malnutrition, à l'alcoolisme, aux anti-épileptiques. Une grossesse gémellaire et le fait d'avoir déjà eu plusieurs enfants sont des facteurs aggravants. Chez ces femmes présentant un facteur de risque, un apport médicamenteux en supplément à l'alimentation est nécessaire. Chez les autres, il est recommandé, avant la conception et pendant le premier trimestre de la grossesse, mais surtout, l'alimentation doit être équilibrée en conséquence.	

Nom	Rôle	Source alimentaire
Vitamine B12	• Essentielle pour la formation et la protection des globules rouges. • Indispensable pour la formation du système nerveux central du bébé.	Germe de blé, levure de bière, graines entières, poisson, foie.
Vitamine C	• Permet de lutter contre la fatigue et augmente la résistance aux infections. • Participe à l'élaboration d'un placenta solide. • Favorise l'absorption du fer par l'intestin. • Rôle important dans la réparation des fractures et la cicatrisation. Les besoins en vitamine C sont variables suivant qu'il y a stress, fièvre ou infection.	Les fruits frais, notamment le citron, l'orange, la mandarine, le pamplemousse, le kiwi. Les légumes verts, surtout crus. La vitamine C est détruite par la cuisson. 2 oranges suffisent pour assurer la ration quotidienne.
Vitamine D	• Permet l'absorption du calcium par l'intestin et son incorporation par les cellules osseuses. Elle est par conséquent indispensable à votre bébé pour la construction d'un squelette solide. • C'est la vitamine de l'antirachitisme.	Lait, beurre, jaune d'œuf, poisson, huile de foie de morue. L'organisme fabrique lui-même la vitamine D grâce aux rayons solaires qui activent une provitamine présente dans la peau. Si votre grossesse a lieu en hiver, votre médecin vous prescrira sans doute une ampoule de vitamine D vers le 6e mois et une autre au début du 9e.
Vitamine E	• Pour une bonne fertilité. • Pour le maintien de l'intégrité des membranes cellulaires.	Germe de blé, salades vertes et la plupart des aliments.
Vitamine K	• Pour la coagulation du sang.	Légumes verts crus. La vitamine K est également fabriquée dans l'intestin à partir d'une bactérie.

Les principaux minéraux

Nom	Rôle	Source alimentaire
Calcium	• Essentiel pour la formation du squelette et des dents de votre bébé. Si vous ne lui en apportez pas en quantité suffisante, il puisera dans vos propres réserves, entraînant pour vous une décalcification.	Lait et ses dérivés : yaourts et fromages, les plus concentrés en calcium étant ceux à pâte cuite comme le gruyère et le cantal. Œufs, pain complet, quelques légumes verts comme épinard, choux, endive, cresson. Son de blé, poisson et crustacés, légumineuses, oléagineux.
	Le calcium n'est fixé par les os qu'en présence de vitamine D, que l'on retrouve, elle aussi, dans l'alimentation.	
Magnésium	• Bon équilibre neuro-musculaire.	Amandes, noix, noisettes, abricots secs, flocons de céréales complètes, germe de blé, chocolat.

Quelques règles à respecter

• Ne passez pas votre temps à peser vos aliments et à calculer vos calories.

• Composez vos repas selon vos habitudes, vos goûts et vos moyens.

• Chaque aliment contenant, la plupart du temps, plusieurs types de nutriments, de vitamines et de minéraux, variez vos menus. Faites alterner les types de viande et de poisson, que vous pouvez consommer grillés ou bouillis. N'oubliez pas les œufs qui, contrairement à leur réputation, ne font pas mal au foie, les laitages et les fromages ; prenez un produit laitier à chaque repas. Veillez à manger à chacun de vos repas des légumes verts, de la salade et un fruit ; ils contiennent beaucoup de minéraux et de vitamines ainsi que des fibres de cellulose, indispensables à un bon transit intestinal.

• Supprimez les plats en sauce et les ragoûts, les plats trop épicés, les graisses animales, la charcuterie, les fritures, les

Les principaux oligoéléments

Nom	Rôle	Source alimentaire
Fer	• Essentiel pour la formation et la bonne santé des globules rouges. Le fer est le composant essentiel de l'hémoglobine, pigment transporteur d'oxygène, qui donne leur couleur aux globules rouges.	Cresson, persil, légumineuses (lentilles, haricots blancs), jaune d'œuf, foie de génisse ou d'agneau, chocolat, viande.
	L'enfant en formation a besoin d'une quantité importante de fer pour la fabrication de ses propres globules rouges. Si l'alimentation de la mère est pauvre en fer, il puisera dans les réserves de celle-ci, entraînant une anémie.	
Zinc	• Aide à la synthèse des protéines et de nombreuses enzymes, protéines spéciales nécessaires aux réactions biochimiques. • Nécessaire à la libération de la vitamine A stockée dans le foie, dans la circulation sanguine.	Cuticule des céréales, riz et pain complets, germe de blé, flocons de céréales complètes, noisettes, œuf, foie, coquillages.
Iode	• Indispensable au bon fonctionnement de la glande thyroïde.	Coquillages, poisson. Sa présence dans le sel marin couvre les besoins de l'organisme pour une alimentation normalement ou peu salée.

poissons fumés, le gibier et les abats ; évitez les pâtisseries et les viennoiseries trop riches en graisse et en sucre.

C'est tout naturellement que vous augmenterez légèrement vos rations au cours de votre grossesse, car cela correspondra à un besoin accru de la part de votre bébé. Mais n'oubliez pas que tout ce qui ne sera pas utilisé sera stocké dans votre corps sous forme de graisse, peu mobilisable ensuite.

Dans le domaine de l'alimentation, adoptez une ligne de conduite et tenez bon :

• ne sautez jamais de repas ;

• équilibrez vos repas en quantité et en qualité ;

• faites 3 ou 4 repas : un petit déjeuner copieux, un déjeuner, un dîner et une collation le matin ou l'après-midi ;

• ne grignotez jamais entre les repas ;

• pour couper une fringale subite, croquez une pomme ou une carotte crue.

Surveillez votre poids

Ce qui va vous guider dans votre alimentation tout au long de votre grossesse est votre prise de poids. Vous devez vous peser régulièrement une fois par semaine pour vérifier que vous ne grossissez pas trop.

Il se peut, à ce moment de votre grossesse, que vos nausées soient très importantes et que vous ayez maigri de 1 ou 2 kg.

À signaler à votre médecin : une prise de poids excessive !

Sous prétexte que votre bébé grandit, ne vous laissez pas aller à la gourmandise. Tout ce qui ne sera pas utilisé par lui sera stocké chez vous sous forme de graisse.

Ce n'est pas grave, vous allez les reprendre au cours des mois suivants. Au 6e mois, de toute façon, vous aurez pris 6 kg – 1/3 sont pour votre bébé et 2/3 sont pour vous, sous forme de réserve graisseuse. Cette réserve physiologique commune à tous les mammifères est constituée dans le but ultérieur d'apporter l'énergie nécessaire à la fabrication du lait maternel.

À partir du 6e mois, votre prise de poids ne doit pas excéder 1 à 1,2 kg par mois. Si vous dépassez ce chiffre, vous devez réajuster votre régime alimentaire en diminuant les glucides et les lipides. Si votre prise de poids est importante, ne décidez surtout pas toute seule de faire un régime ; il serait totalement inapproprié. C'est **votre médecin**, et lui seul, qui vous conseillera.

Votre gain de poids total au cours de votre grossesse doit se situer entre 9 et 12 kg au maximum.

Pour éviter toute carence pour vous et votre bébé, mangez sain et équilibré.

8ᵉ semaine de grossesse

▶ *10ᵉ semaine depuis le premier jour de vos dernières règles*
▶ *2ᵉ mois de grossesse*

À la fin de cette 8ᵉ semaine, votre bébé va achever l'édification de la quasi-totalité de ses organes. Il lui reste encore beaucoup de chemin à parcourir avant de devenir un grand !

Votre bébé à naître

Son poids est de 2 à 3 g et sa taille atteint le cap des 3 cm. Prenez votre mètre de couturière et regardez ce que représentent 3 cm ! Et, pourtant, dans ces 3 cm du futur homme ou de la future femme, il y a déjà tout, ou presque : un cœur qui bat, des organes internes aux diverses fonctions et, dans la grosse tête qui commence à se redresser, le cerveau qui se construit peu à peu.

Le visage de votre futur bébé continue à se modeler : les **oreilles** externes, situées assez bas, presque sous la bouche, ainsi que le bout du nez sont maintenant bien visibles.

Les cavités de la bouche et du nez se rejoignent par la formation du **palais**, tandis que les bourgeons des dents provisoires sont bien implantés. Il y a 10 bourgeons par mâchoire, qui évolueront pour donner les 20 dents de lait de votre futur bébé.

Les yeux ne sont toujours pas recouverts par les paupières, en cours de formation.

Au niveau du cou, qui se redresse progressivement, se placent maintenant les **glandes salivaires**.

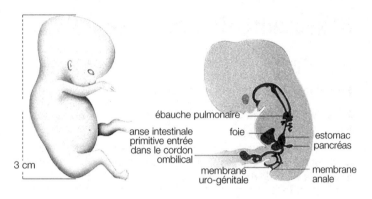

ébauche pulmonaire
anse intestinale primitive entrée dans le cordon ombilical
foie
estomac
pancréas
membrane uro-génitale
membrane anale
3 cm

Votre bébé, 8 semaines après votre fécondation.
Il mesure 3 cm et pèse 3 g.

Les mains et les pieds ont leur forme définitive, avec les **doigts** et les **orteils** qui sont bien constitués. Le pouce et l'index commencent à s'opposer.

Les organes internes poursuivent leur développement.

À la fin de cette 8e semaine de développement, le cœur et l'ensemble du système vasculaire sont entièrement achevés. Dès à présent, les battements du cœur de votre futur bébé peuvent être entendus grâce au doppler (voir page 154).

Le cœur est maintenant cloisonné en cœur droit et en cœur gauche.

Dans tout organisme autonome – ce que deviendra votre bébé quand il sera né –, le **côté gauche du cœur** possède pour fonction d'envoyer aux organes, en se contractant, du sang frais, c'est-à-dire du sang oxygéné au contact des alvéoles pulmonaires et chargé des nutriments qui sont apportés par l'alimentation.

Quant au **côté droit du cœur**, il remonte vers les poumons le sang chargé en gaz carbonique afin de l'en débarrasser.

L'**anse intestinale** primitive continue son allongement : elle prend des allures contournées dans le cordon ombilical où, par manque de place dans l'abdomen, elle a dû pénétrer.

Les canaux excréteurs sont fermés sur l'extérieur par une membrane : la membrane anale et la membrane uro-génitale. Entre les deux se situe le **périnée**, qui sera composé de nombreux muscles.

En cette 8e semaine de développement de votre futur bébé, les organes génitaux externes restent encore indifférenciés, c'est-à-dire qu'ils sont à la fois fille et garçon, mais les glandes sexuelles commencent à se former. Des cordons testiculaires apparaissent si votre bébé est, sur le plan génétique, un garçon, tandis que la zone centrale de l'ovaire commence à se dessiner si votre bébé est, sur le plan génétique, une fille.

Vous, la future maman

Vous commencez à vous habituer à votre état et vous supportez avec philosophie tous les petits désagréments qui apparaissent au cours de la journée. Certains d'entre eux tendent d'ailleurs à s'atténuer : vous ressentez peut-être moins de brûlures d'estomac et vous avez organisé votre alimentation de telle sorte que vous ne souffrez plus de constipation. Mais d'autres petits ennuis peuvent être survenus entre-temps. Connaissez-les afin de les accepter sans panique ni découragement et afin de vous en soulager ; ils disparaitront entièrement d'eux-mêmes, car ils sont heureusement transitoires.

Les malaises

Si vous avez tendance à avoir la tête qui tourne, à vous sentir mal, voire à perdre connaissance, ne vous affolez pas (voir page 102).

• Vous manquez peut-être de calcium ou de magnésium ; dans ce cas, repensez votre alimentation.

• Ces malaises sont peut-être le fait d'une tension artérielle basse, un phénomène normal chez la femme enceinte.

• Quoi qu'il en soit, **consultez votre médecin** et, pendant tout le temps où vous serez sujette à ce genre de petits malaises, évitez les stations debout prolongées, les endroits où il est impossible de s'asseoir, les lieux mal aérés et les longs trajets.

• En tant que femme enceinte, vous avez droit à une **carte de priorité**, n'hésitez pas à l'utiliser (voir page 150).

Les fourmillements
Voir page 102.

Les crampes
Voir page 102.

Des sensations douloureuses dans l'abdomen

• Au cours de ce 1er trimestre, l'utérus, en augmentant de volume, va se redresser et passer dans la cavité abdominale. Là, il comprime les organes voisins, l'intestin et la vessie, entraînant quelques spasmes, qui se traduisent par des douleurs diffuses au niveau de l'intestin, surtout en cas de constipation, et d'envies plus fréquentes d'uriner.

• Ces sensations douloureuses peuvent se situer dans le bas-ventre et être, dans ce cas, dues aux ligaments et aux muscles qui soutiennent l'utérus devenu plus lourd.

• Si les douleurs situées dans le bas-ventre ressemblent à celles ressenties au moment des règles, c'est qu'il s'agit de contractions de l'utérus. Si elles sont fortes et à répétition, couchez-vous et **appelez votre médecin**.

◗ Conseils

Déclarez votre grossesse

En ce 2ᵉ mois, l'obligation administrative la plus importante est de prévenir de votre grossesse les différentes administrations afin de pouvoir bénéficier des différents avantages auxquels vous avez droit. La venue au monde de votre bébé va occasionner des frais, qui vous seront en grande partie remboursés. Les avantages sont délivrés par deux organismes distincts :

• la **Caisse primaire d'assurance maladie de la Sécurité sociale**, qui accorde un congé de maternité (voir pages 359-361) ;

• la **Caisse d'allocations familiales (CAF)**, qui verse différentes prestations (voir en annexe les droits et démarches).

Pour bénéficier de tous les remboursements qui vous seront accordés au cours de la grossesse, vous devez :

• déclarer votre grossesse avant la 14ᵉ semaine auprès de votre Caisse d'assurance maladie et de votre Caisse d'allocations familiales ;

• passer les examens médicaux obligatoires, avant et après la naissance, tout d'abord pour vous et ensuite pour votre enfant.

La déclaration de grossesse est faite après le 1ᵉʳ examen prénatal obligatoire. Lors de cette visite, votre médecin vous remet un formulaire qui comporte trois volets numérotés.

• Envoyez, dès cette semaine, à votre Caisse d'assurance maladie le volet nº 3 du feuillet d'examen prénatal signé par votre médecin et accompagné de vos 3 derniers bulletins de salaire précédant la date du début de votre grossesse.

• Vous recevrez en retour, le plus souvent avec un certain délai, le guide de surveillance médicale mère et nourrisson, qui indique le calendrier des différents examens à réaliser.

• Envoyez en même temps que le volet n° 3 les volets nᵒˢ 1 et 2 à votre Caisse d'allocations familiales. Ils ouvrent les droits à la prestation d'accueil du jeune enfant (PAJE), qui est soumise à des conditions de ressources (voir en annexe les droits et démarches).

Le guide de surveillance médicale

Ce guide de surveillance médicale, ainsi que votre carte Vitale (pensez à la mettre à jour dans le point d'accueil de votre caisse primaire, à l'hôpital ou en pharmacie), devront être présentés au médecin traitant, au gynécologue ou à la sage-femme lors de tous les examens obligatoires, lesquels seront pris en charge à 100 % par la Sécurité sociale – ils sont gratuits dans les centres de PMI. Ces examens sont au nombre de 7 avant l'accouchement : le premier a lieu avant la fin du 3ᵉ mois, puis les 6 autres auront lieu chaque mois.

À la naissance de votre enfant, adressez à votre centre de paiement un extrait d'acte de naissance ou une copie du livret de famille. Vous recevrez alors un guide médical de surveillance enfant, qui vous indiquera les examens à effectuer : le premier concernera votre enfant et devra se faire dans les 8 jours suivant la naissance ; le deuxième devra se dérouler avant la fin du 1ᵉʳ mois et le troisième avant la fin du 2ᵉ mois. Quant à vous, vous devrez passer un examen médical avant la fin du 1ᵉʳ mois.

Si vous passez des visites supplémentaires, votre médecin remplira avec vous une feuille de maladie ordinaire en vue du remboursement au taux habituel de la Sécurité sociale.

Si vous êtes atteinte d'une maladie particulière et si vous devez suivre un traitement, c'est votre médecin traitant qui assurera la coordination entre les divers spécialistes.

La reconnaissance officielle du père

Parce que le rôle du père auprès de son enfant est tout aussi important que celui de la mère, certaines mesures ont été prises, voici quelques années déjà, par le ministère chargé de la Famille et de l'Enfant. Elles sont destinées à assurer l'exercice solidaire de l'autorité parentale, quelle que soit la situation des parents, mariés, pacsés ou vivant en union libre.

• Le père est mentionné dès la déclaration de grossesse.

Les formulaires de déclaration de grossesse à envoyer à la Caisse d'assurance maladie et à la Caisse d'allocations familiales associent le père de l'enfant. En effet, outre les renseignements concernant la mère, des informations relatives au père sont demandées – identité, adresse, date et lieu de naissance, profession.

• Le livret de paternité.

À la suite de la déclaration de grossesse et au cours du 5e mois, la Caisse d'allocations familiales envoie au futur père un livret de paternité. Chaque père y trouvera toutes les informations juridiques et pratiques concernant ses droits et ses devoirs de parent :

– sur la filiation (déclaration de naissance, reconnaissance) ;

– sur l'exercice de l'autorité parentale ;

– sur les prestations familiales ;

– sur les congés auxquels il a droit.

Un chapitre concerne les droits et les devoirs de l'enfant.

Pour bénéficier de tous vos droits, prenez contact avec votre organisme d'assurance maladie.

Pour un bon suivi de la grossesse, 3 échographies suffisent. Toute échographie supplémentaire doit être justifiée sur le plan médical.

La carte nationale de priorité

Délivrée en même temps que le guide de surveillance médicale mère et nourrisson, à la condition toutefois d'en faire la demande, cette carte vous assure un droit de priorité aux bureaux et aux guichets des administrations et des services publics, ainsi que dans les transports en commun.

Faites une première échographie

La 10ᵉ semaine de grossesse, c'est-à-dire la 12ᵉ semaine d'aménorrhée, est la période la plus propice pour faire une échographie ; elle apportera au praticien qui vous suit de précieuses informations sur vous et sur votre bébé.

Cette première échographie le renseignera sur plusieurs éléments tels que l'âge de votre grossesse, la croissance du futur bébé, le nombre d'embryons et le bon déroulement des choses ; au deuxième et au troisième trimestre, les échographies suivantes permettront d'observer au mieux le développement de chaque organe.

L'âge de votre grossesse

La première échographie permet de déterminer l'âge de la grossesse, ce qui est important quand il existe plusieurs inconnues :

• la date de vos dernières règles est incertaine ;

• vos cycles menstruels sont irréguliers ;

• votre grossesse suit directement l'arrêt de la pilule ; vous ne connaissez donc pas avec précision l'âge de votre grossesse, ce qui est le cas d'un quart des femmes enceintes en France.

Tous les embryons de 6 à 11 semaines ont, pour le même âge, sensiblement la même taille ; par conséquent, la mesure par échographie de la longueur tête-fesses d'un embryon permet de connaître son âge à 4 jours près. La date de l'accouchement peut ainsi être précisée.

La croissance de votre futur bébé

À partir de la 11ᵉ semaine de grossesse, il est possible de mesurer :

• le diamètre bipariétal (BIP), c'est-à-dire le diamètre de la tête pris au-dessus des oreilles ;

• le diamètre abdominal ;

• la longueur du fémur ;

• les battements cardiaques, dont la fréquence se situe autour de 80 battements par minute, sont également contrôlés ;

• dès cette première échographie est mesurée l'épaisseur de la nuque : c'est la **mesure de la clarté nucale**. Très importante, cette observation fait apparaître qu'une nuque dont l'épaisseur est supérieure à 3 mm, à la 13ᵉ semaine, constitue un signal d'alerte pour la **trisomie 21**. Une échographie réalisée dans de bonnes conditions permet de déceler 60 % environ des trisomies 21 et 90 % environ des malformations graves.

Ces observations sont très précieuses :

• si vous avez plus de 38 ans ;

• s'il existe un risque génétique familial ;

• s'il y a eu une complication lors d'une précédente grossesse.

Le bon déroulement de votre grossesse

L'échographiste vérifiera l'implantation du placenta ainsi que l'ensemble de vos organes génitaux internes afin de s'assurer qu'il n'y a aucune complication, par exemple une malformation utérine, un fibrome ou une béance du col.

En dehors des observations trimestrielles, votre médecin peut demander une échographie pour être renseigné sur :

• un éventuel risque de fausse couche.

Vous avez perdu du sang, et puis tout est rentré dans l'ordre après du repos et un léger traitement. Dans ce cas, l'échographie est intéressante pour juger de la bonne continuation de la grossesse ;

• la possibilité d'attendre des jumeaux.

À l'échographie apparaîtront, selon le type de gémellité, 2 œufs distincts ou bien 1 seul œuf contenant 2 embryons.

À savoir

Seules les trois échographies obligatoires, qui sont réalisées au 3e, au 5e et au 8e mois, c'est-à-dire à la 12e, à la 22e et à la 32e semaine d'aménorrhée, sont remboursées – à 70 % du tarif de la Sécurité sociale par l'assurance maladie jusqu'à 5 mois, puis à 100 % par l'assurance maternité à partir du 6e mois. Le sont également, sur prescription de votre médecin et avec accord préalable du service médical de l'assurance maladie, celles qui sont effectuées lors d'un suivi particulier de grossesse à risque.

▶ Pour votre information

La surveillance de votre bébé à naître

Les techniques de surveillance du bébé en cours de formation ont considérablement évolué durant ces dernières années. Dans la grande majorité des cas, elles sont utilisées uniquement lorsqu'il existe un doute sur le bon développement du bébé – excepté l'échographie, qui constitue un examen de surveillance de routine extrêmement précieux.

C'est la période pour une première échographie. Elle vous rassurera sur la bonne croissance de votre bébé.

Cette première échographie, réalisée à 2 mois 1/2, est un examen clé de dépistage prénatal.

L'échographie

C'est une technique qui permet de voir le bébé grâce à l'utilisation des ultrasons qui, non perceptibles par l'oreille humaine, traversent les substances de nature différente à des vitesses différentes. Le faisceau d'ondes retourne ainsi vers sa source d'émission, à l'instar d'un écho ; il est capté, puis transformé en image photographiable projetée sur un écran lumineux.

Cet examen est totalement indolore pour la mère et inoffensif pour le bébé. Lors de la première échographie, on demande à la femme de boire un demi-litre d'eau 1 heure avant afin que sa vessie soit pleine ; pour les échographies suivantes, la vessie est vide.

Une sonde à ultrasons est déplacée sur le ventre de la mère, enduit au préalable d'un gel destiné à assurer un contact parfait. Des images apparaissent sur un écran, et les plus significatives sont enregistrées. La première échographie est souvent assez lisible : le bébé étant très petit, on le voit bien dans son ensemble ; pour les échographies suivantes, on observera plus précisément les détails.

À votre demande, le médecin pourra vous montrer votre cavité utérine contenant une petite masse arrondie. Là, dans ce « sac ovulaire », se trouve votre bébé. Ce renflement, c'est sa tête et là, ce point qui saute régulièrement, son cœur ! Ce bébé dont vous suivez le développement, semaine après semaine depuis sa conception, soudain vous le voyez ! Vous le devinez plutôt, mais c'est bien lui ! Et vous l'entendez ! Maintenant, vous allez pouvoir l'imaginer encore mieux, l'attendre avec plus d'impatience encore et rêver au jour, qui tout doucement se rapproche, où il dormira dans vos bras.

Avec la première échographie, vous allez mieux réaliser la vie qui est en train de naître en vous...

À *savoir*

Mise au point en 2000, l'échographie en 3 dimensions (3D) permet d'observer le bébé d'une façon plus précise, de mieux visualiser certaines parties telles que le visage et les extrémités. Elle est réservée aux cas qui réclament une plus grande exploration. Apparue en 2002, encore très rare, l'échographie en 4 dimensions (4D) ajoute la visualisation du mouvement à celle du volume.

Le doppler

Cet appareil qui utilise également les ultrasons permet d'entendre les bruits du cœur du bébé avant même la 8e semaine depuis la fécondation. Il permet aussi la mesure de la vitesse du flux sanguin dans les vaisseaux ombilicaux et dans les vaisseaux du bébé.

Le doppler agit comme un sonar : les ondes sonores ont une fréquence et, lorsqu'elles se réfléchissent sur une surface en mouvement, cette fréquence varie ; la surface mobile est la paroi du cœur du bébé qui bat et qui donc se rapproche et s'éloigne.

Une sonde enduite de gelée est déplacée sur la paroi abdominale de la mère jusqu'à ce que soient captées des ondes, qui sont ensuite transformées en sons perceptibles par l'oreille humaine. Des sons régulièrement espacés et caractéristiques du cœur fœtal sont ainsi enregistrés.

L'embryoscopie

Elle se pratique de la 8e à la 10e semaine depuis la fécondation pour détecter une malformation qui aurait pu échapper à l'échographie. Par l'intermédiaire d'un tube fin muni d'un système optique introduit dans le col de l'utérus, on regarde l'embryon à travers les membranes.

Cet examen est pratiqué uniquement lorsqu'il y a une forte présomption de malformations, en particulier des pieds et des mains. Le risque de rupture des membranes, donc de fausse couche, est en effet très élevé, de l'ordre de 5 à 10 %.

La biopsie du trophoblaste, ou choriocentèse

Effectué 8 semaines après la fécondation, cet examen est pratiqué seulement lorsqu'il y a de fortes présomptions de malformations graves d'origine chromosomique. Il a l'avantage sur l'amniocentèse, qui donne les mêmes renseignements (voir page 217), d'être effectué à un stade beaucoup plus précoce. L'interruption médicale de grossesse qui suit un diagnostic positif sera un peu moins éprouvante, à tous points de vue, s'il a lieu à 2 mois de grossesse au lieu de 4 mois, comme c'est le cas avec l'amniocentèse.

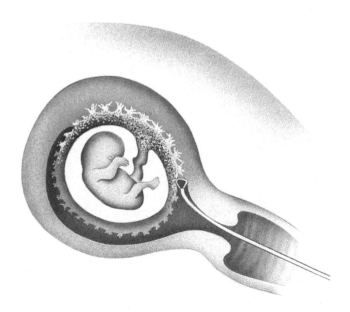

La biopsie du trophoblaste.

L'examen consiste à prélever, à l'aide d'une pince introduite par le vagin, des cellules du trophoblaste, c'est-à-dire des villosités qui entourent l'œuf et qui, ensuite, évolueront en placenta. Ces villosités étant issues de la division de la cellule œuf, elles contiennent les mêmes chromosomes, donc les mêmes données génétiques que les autres cellules. En faisant l'étude des chromosomes, le généticien découvre plusieurs informations concernant le bébé à naître, en particulier son sexe, indépendamment des recherches de malformations (voir le caryotype page 220).

La biopsie du trophoblaste n'est pas systématiquement réalisée chez les femmes de plus de 38 ans, faisant donc partie des sujets à risque ; en effet, le risque de fausse couche provoqué par l'examen reste élevé : 1 % contre 0,5 % pour l'amniocentèse. Elle est donc réservée aux femmes ayant déjà donné naissance à un enfant atteint d'une malformation d'origine chromosomique ou d'une maladie métabolique. L'examen ne dure que quelques minutes ; son résultat est connu 2 à 3 jours plus tard.

RÉCAPITULATIF DU 2ᵉ MOIS DE VOTRE BÉBÉ				
Âge de votre bébé	*5ᵉ semaine*	*6ᵉ semaine*	*7ᵉ semaine*	*8ᵉ semaine*
Sa taille	5 à 7 mm	10 à 14 mm	17 à 22 mm	3 cm
Son poids	1,5 g	1,5 g	1,5 à 2 g	2 à 3 g
Son développement	• Développement rapide du cerveau : formation des hémisphères cérébraux. • Bouche primitive et bourgeons des mâchoires, du nez et de l'odorat. • Ébauche des yeux et des oreilles visible. • Présence de précartilage dans les bourgeons des membres. • Apparition d'un diverticule respiratoire. • Estomac, foie, pancréas.	• La tête est toujours très penchée sur la poitrine. • Le visage s'affirme par la confluence des bourgeons des mâchoires et du nez. • Présence de la langue. • Mise en place de la lame dentaire. • Ébauche du nerf optique. • Élaboration de l'épiderme. • Formation de la colonne vertébrale. • Les bras et les jambes s'allongent. • Formation des reins.	• Rapprochement des yeux et formation des paupières, de la rétine et du cristallin de l'œil. Le nerf optique est fonctionnel. • Formation de la thyroïde. • Mise en place des premiers muscles. • Les bras se plient aux coudes. • Les doigts et les orteils se forment. • Formation d'un canal ano-rectal et d'un canal uro-génital.	• La tête commence à se redresser. • Les oreilles externes et le bout du nez sont visibles. • Formation du palais. • Présence de dix bourgeons dentaires par mâchoire. • Les yeux ne sont pas encore recouverts par les paupières. • Glandes salivaires. • Mains et pieds définitifs. • Le pouce et l'index s'opposent. • Le cœur est cloisonné en cœur droit et cœur gauche. • Allongement de l'intestin. • Une membrane anale et une membrane uro-génitale ferment les canaux excréteurs.
Observations générales	Les battements du cœur peuvent être vus à l'échographie.	Le sexe est encore indifférencié, bien qu'il soit génétiquement défini.	Votre bébé a déjà des mouvements visibles à l'échographie.	Les battements du cœur sont perçus par le doppler : ils sont de 80 par minute.

RÉCAPITULATIF DU 2ᴇ MOIS DE VOTRE GROSSESSE

Âge de la grossesse	5e semaine	6e semaine	7e semaine	8e semaine
Observations générales	• Vos seins se développent beaucoup. • Apparition possible d'un masque de grossesse.	• Formation du placenta par augmentation des villosités du trophoblaste. • L'utérus a la taille d'une mandarine.	L'hormone HCG est à son taux maximal.	L'utérus a la taille d'une orange.
Symptômes possibles	Nausées avec vomissements possibles. Salivation excessive. Brûlures d'estomac. Ballonnements. Constipation. Insomnies. Jambes lourdes.			Petits malaises possibles. Fourmillements. Crampes. Sensations douloureuses dans l'abdomen dues à l'utérus qui s'alourdit.
Précautions à prendre	• Portez un soutien-gorge. • Mettez de la crème antivergetures.	• Évitez : le surmenage, les gros efforts. • En cas de douleur dans le bas-ventre, voir votre médecin.	• Mangez sain et équilibré. • Buvez beaucoup. • Surveillez votre poids.	
Examens	Visites chez le dentiste et l'ophtalmologiste.	Recherche dans les urines : albumine et sucre. Recherche dans le sang : anticorps de la rubéole, de la toxoplasmose, du sida, de l'hépatite B, de la syphilis, du cytomégalovirus et des agglutinines anti-D si vous êtes Rh-.		
Démarches	Pensez au mode de garde.	Première consultation obligatoire.	Envoyez la déclaration de grossesse.	Renseignez-vous à la maternité sur les préparations à la naissance.

3ᵉ mois

Votre bébé est maintenant un petit bonhomme avec une grosse tête, des bras et des jambes et la plupart de ses organes internes. À présent, ce n'est plus un embryon mais un fœtus. La période fœtale qui va se poursuivre jusqu'à la naissance est caractérisée par une croissance rapide du corps, tandis que la différenciation tissulaire devient moins active. Son sexe va se différencier : est-ce une fille ou un garçon ? Pour le moment, le mystère reste entier.

Vous ne le sentez pas encore bouger, mais vous savez qu'il est là. Sa présence se manifeste par tous ces petits désagréments qui vous assaillent dans votre vie quotidienne depuis le début de votre grossesse. Ce troisième mois est le point de départ d'une période fabuleuse, car la plupart de ces ennuis vont s'estomper. Peu à peu, vous allez vous sentir mieux à la fois physiquement et moralement. Vous allez attendre votre bébé avec plus de sérénité. Et comme vous pouvez l'imaginer, cela vous est facile de l'attendre avec joie.

9e semaine de grossesse

▶ *11e semaine depuis le premier jour de vos dernières règles*

▶ *Début du 3e mois de grossesse*

Si votre bébé est maintenant un fœtus, pour vous rien n'a changé : depuis le jour de sa conception, c'est votre bébé.

Votre bébé à naître

Sa taille est de 4 cm de la tête au coccyx et de 5,5 cm de la tête aux talons. Son poids est de 10 g. Votre bébé est environ 40 000 fois plus grand que l'œuf dont il est issu ! Les principaux systèmes organiques sont en place. La croissance des tissus et des organes a entraîné le développement des formes externes, ce qui a beaucoup fait évoluer son aspect général. L'une des modifications les plus notables est le **redressement progressif de la tête**, qui commence à s'arrondir. Encore très volumineuse, elle représente environ la moitié de la taille totale.

Le visage se modèle, et des traits humains reconnaissables apparaissent. Votre bébé ne peut plus être confondu avec un embryon de n'importe quelle espèce de mammifères, **il ressemble maintenant à un petit d'homme**. Les yeux qui étaient situés très loin sur les côtés de la tête commencent leur migration vers le devant du visage, tandis que les oreilles se rapprochent de leur localisation définitive. Si les narines, aux orifices bouchés, sont encore très écartées, les conduits du nez communiquent avec la bouche qui commence à se rétrécir. Les bourgeons du goût apparaissent, les lèvres se dessinent. Les paupières continuent leur développement et recouvrent maintenant l'œil qui va rester ainsi fermé pendant plusieurs mois, jusqu'à l'achèvement complet du globe oculaire.

Les membres continuent de s'allonger – les bras plus rapidement que les jambes – et acquièrent une longueur proportionnelle à celle du corps.

La **cavité abdominale** est formée ; cela délimite une zone supérieure, contenant le cœur et le système pulmonaire en développement, et une zone inférieure, comprenant l'estomac, le foie, le pancréas, la rate et les intestins. Ces deux zones sont séparées par le diaphragme. La cavité abdominale est encore trop petite pour contenir l'intestin, qui s'allonge toujours, sort en hernie et s'enroule dans le cordon ombilical.

Désormais, **le cœur bat entre 110 et 160 battements par minute**. Dès le début, le cœur de l'embryon est autonome par rapport à celui de la mère. Il bat à son propre rythme, bien qu'il soit soumis à l'état nerveux de sa mère. Quand celle-ci se trouve soudain dans un état de stress, ressentant une grosse émotion ou une colère, son sang se charge d'adrénaline qui traverse le placenta et influence le rythme cardiaque du bébé. C'est la raison pour laquelle il est important que la mère ait une vie calme. Le **stress** et les bouleversements physiologiques qu'il entraîne se transmettent de la mère au fœtus – cela est décelable en particulier dans le taux de cortisol, l'« hormone du stress ».

Le **petit intestin** est déjà capable de mouvements musculaires involontaires, appelés péristaltisme. Ce sont ces mouvements qui se propagent sous la forme d'ondes qui permettent le déplacement des matières à l'intérieur de l'intestin.

Si le sexe lui-même n'est pas encore là, les **voies génitales** sont déjà bien différenciées. Avec, chez la fille, un canal utéro-vaginal, les ovaires et les trompes de Fallope, tandis que, chez le garçon, les testicules sécrètent déjà de la testostérone ; ils sont situés dans la paroi postérieure de l'abdomen. La migration des testicules n'est pas un déplacement actif mais un phénomène passif lié à la croissance de la paroi abdominale.

On appelle **annexes** les tissus élaborés à partir de l'œuf et qui servent d'intermédiaire entre la mère et l'enfant : il s'agit essentiellement du placenta, du cordon ombilical et de la cavité amniotique (voir aussi pages 62-63).

Le placenta

Les villosités qui entouraient entièrement la partie externe de l'œuf (voir la figure page 86) se sont peu à peu développées à l'endroit où est fixé le cordon ombilical ; dans le même temps, elles ont dégénéré sur le pourtour de l'œuf qui, au début de ce 3ᵉ mois, est maintenant lisse. Les villosités restantes vont encore grandir et se ramifier, formant des petits arbres très chevelus, destinés à augmenter les surfaces d'échanges entre le sang maternel et le sang fœtal. Cet ensemble de villosités, localisées en un seul endroit, aboutit à la fin du mois au placenta, organe en forme de disque, **intermédiaire vital entre la mère et son enfant.**

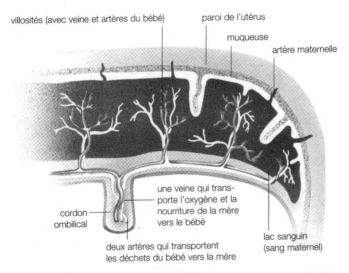

villosités (avec veine et artères du bébé) — paroi de l'utérus — muqueuse — artère maternelle

une veine qui transporte l'oxygène et la nourriture de la mère vers le bébé

cordon ombilical

deux artères qui transportent les déchets du bébé vers la mère

lac sanguin (sang maternel)

Le placenta.

Le sang maternel arrive dans les lacs sanguins par des artères spiralées, situées dans la paroi utérine, et baigne les villosités. Dans celles-ci circule, dans de petites artères ramifiées qui se subdiviseront ensuite en capillaires, le sang de l'enfant apporté par les vaisseaux du cordon ombilical. Il n'y a jamais de communication directe entre la circulation maternelle et la circulation fœtale : **les deux sangs ne se mélangent jamais**. Les échanges entre le sang de la mère et celui de l'enfant se font uniquement à travers les parois extrêmement minces des villosités. Les petits lacs sanguins, qui séparent les troncs villeux et dans lesquels trempent les villosités, contiennent environ 150 cm^3 de sang qui se renouvellent 3 à 4 fois par minute.

Le placenta s'épaissit peu à peu par l'allongement de la prolifération des villosités choriales et non aux dépens des tissus maternels. Son accroissement en surface est sensiblement parallèle à celui de l'utérus. Pendant toute la durée de la grossesse, il couvre 25 à 30 % environ de la surface interne de l'utérus.

Le cordon ombilical

C'est le pédicule qui, par l'intermédiaire du placenta, relie le bébé à sa mère. À ce stade du développement, le cordon ombilical est encore très gros car, en plus des 2 artères et de la veine qui assurent la survie du bébé, il contient les anses intestinales contournées qui ne tiennent pas dans la cavité abdominale, encore trop petite.

Par le placenta, la veine ombilicale puise dans le sang maternel la nourriture et l'oxygène, et les dirige grâce à un réseau de petits vaisseaux veineux vers les organes du bébé. Puis les artères ombilicales évacuent les déchets, dus au métabolisme du bébé, vers le placenta qui les déverse dans la circulation maternelle. Dès la naissance, ce sera l'inverse : ce sont les artères qui transporteront le sang riche en nutriments et en oxygène, et les veines qui remporteront le sang chargé de déchets.

Les vaisseaux ombilicaux possèdent des parois riches en fibres
musculaires et élastiques. Ils sont
entourés d'une sorte de gelée qui a
pour rôle de les protéger. Ces éléments contribuent à leur constric-
tion et à leur oblitération rapide
dès la ligature et la section du
cordon. Au cours de la grossesse,
ce dernier s'allonge et s'amincit.
Très souple, il permet au bébé
tous les mouvements possibles.
Au moment de la naissance, il a
une épaisseur d'environ 2 cm de
diamètre et mesure 50 à 60 cm de
longueur.

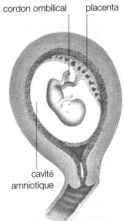

Le cordon ombilical.

À la naissance, la section du cordon ombilical rompra définitivement les liens entre la circulation maternelle et celle de
l'enfant qui deviendra totalement autonome. Ce qui restera
du cordon, sur l'abdomen de l'enfant, sèchera et tombera
quelques jours plus tard, en laissant une cicatrice indélébile :
l'**ombilic**, plus connu sous le nom de nombril.

La cavité et le liquide amniotique

Nourri par l'intermédiaire du placenta et du cordon ombilical, votre bébé est protégé par les enveloppes qui l'entourent. Suspendu dans la cavité amniotique par le cordon, il se
déplace dans le liquide en prenant appui avec ses pieds sur
la paroi. Par les substances qu'il contient, le liquide amniotique est un moyen d'échanges supplémentaires entre mère et
enfant. D'abord liquide clair, aqueux, sécrété par les cellules
de l'amnios, membrane délimitant la cavité, il est ensuite
enrichi de sels minéraux puis de sécrétions issues de l'organisme maternel et du fœtus lui-même au fur et à mesure de
sa croissance.

La quantité de liquide amniotique varie selon l'âge de
la grossesse : elle est de 20 cm³ à la 7ᵉ semaine, de 300 à

400 cm³ à la 20ᵉ semaine, puis se stabilise aux alentours de 500 cm³. En perpétuel mouvement, le liquide amniotique est régulièrement renouvelé. Il est absorbé par la peau et la bouche du bébé. Tandis qu'une partie du liquide avalé se transforme en urine et est rejetée dans la cavité amniotique, l'autre partie est absorbée par l'intestin, gagne la circulation fœtale et, par l'intermédiaire du placenta, retourne à l'organisme maternel.

Les annexes chez les jumeaux

La disposition des annexes fœtales varie selon le type de jumeaux (voir pages 49-50).

Quand il s'agit de **jumeaux frères**, qu'on appelle habituellement « faux jumeaux », c'est-à-dire qui résultent de la fusion de deux spermatozoïdes avec deux ovocytes différents, il y a formation de deux zygotes différents. Chaque zygote s'implante individuellement dans l'utérus et y développe son propre placenta et sa propre cavité amniotique.

Quand il s'agit de **vrais jumeaux**, qui résultent du clivage d'un seul zygote, il peut y avoir plusieurs cas :

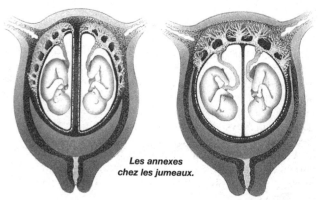

Les annexes chez les jumeaux.

Faux jumeaux et quelques vrais jumeaux : chaque bébé possède son placenta et sa cavité amniotique.

Vrais jumeaux : les deux bébés ont un placenta commun et des cavités amniotiques séparées.

• chaque embryon possède son placenta et sa cavité amniotique, comme dans le cas des faux jumeaux. Le diagnostic de vrais jumeaux est alors fait par la similitude des groupes sanguins, des empreintes digitales, du sexe et de l'aspect physique, par exemple la couleur des yeux ou celle des cheveux. Chez les vrais jumeaux, la carte génétique est rigoureusement identique ;

• le plus souvent, les deux embryons ont un placenta commun et des cavités amniotiques séparées ;

• dans des cas rares, les deux embryons ont un placenta et une cavité amniotique communs.

C'est la première échographie qui vous apprendra si vous attendez des jumeaux.

Vous, la future maman

Votre **utérus** a maintenant la taille d'un gros pamplemousse, doux au toucher.

Votre **cœur** bat plus vite. Cette accélération cardiaque est liée à l'augmentation importante du volume sanguin. Cette masse sanguine à mouvoir, dont 25 % sont directement utilisés par le système placentaire, entraîne un travail accru de la part du cœur ; cela peut avoir comme conséquence pour vous un léger essoufflement à l'effort.

Vos **reins** travaillent davantage. Votre sang qui transporte les nutriments et l'oxygène vers votre bébé récupère aussi ses déchets et doit les éliminer. Tandis que le gaz carbonique est éliminé au niveau de vos poumons, les déchets métaboliques sont filtrés par votre système rénal.

▶ Conseils

Buvez

Aidez vos reins dans leur travail supplémentaire d'élimination des déchets. Boire beaucoup vous permettra d'éviter les infections urinaires fréquentes chez la femme enceinte.

Marchez

Vous devez fournir de l'oxygène à votre bébé et rejeter son gaz carbonique. Marchez au moins 30 minutes chaque jour, en respirant calmement. Choisissez un endroit tranquille, loin des fumées de voitures, dans un jardin ou un square, à défaut de la campagne.

La marche est également excellente pour la circulation sanguine, la constipation et l'état de stress.

Détendez-vous

Évitez autant que possible toute cause de stress ou d'énervement. L'adrénaline que vous libérez subitement sous l'effet d'une émotion quelconque franchit le placenta et gagne votre bébé, dont le cœur s'accélère soudain sous l'influence de vos propres émotions.

▶ Pour votre information

Le rôle du placenta

Le placenta, organe transitoire, indispensable au maintien de la grossesse et au développement de votre bébé, sert à la fois

C'est la première échographie qui vous apprendra si vous attendez des jumeaux.

de poumon, de rein, d'intestin et de foie. Il assure de multiples fonctions.

La fonction respiratoire

Le placenta sert de véritable poumon au bébé. L'oxygène du sang de la mère passe à travers les parois des villosités et oxygène le sang du fœtus. Ce sang oxygéné irrigue le foie, le cœur, le cerveau et tous les autres organes non encore fonctionnels. Le gaz carbonique est rejeté depuis l'enfant vers la mère.

La fonction nutritive

C'est à travers le placenta que sont transportés vers le bébé, toujours par la circulation sanguine, tous les nutriments de base (voir pages 131-135) qui sont directement issus de la dégradation des aliments de la mère.

Le passage de l'eau, des sels minéraux, des sucres et des acides aminés se fait rapidement. Certains produits sont stockés pour constituer des réserves, par exemple le fer et le calcium, tandis que d'autres sont transformés grâce à une activité métabolique importante.

Le taux du glucose sanguin fœtal est réglé par le placenta jusqu'à ce que le foie du bébé puisse, à la fin de la grossesse, assurer lui-même cette fonction.

Le placenta assure également le transfert des vitamines :

• notamment des vitamines du groupe B ;

• notamment des vitamines D et E ;

• la vitamine A est stockée dans le foie du bébé ;

• la vitamine C s'accumule dans le placenta qui la distribue progressivement au bébé jusqu'au 8ᵉ mois, période à partir de laquelle elle est directement stockée dans ses glandes surrénales et son foie.

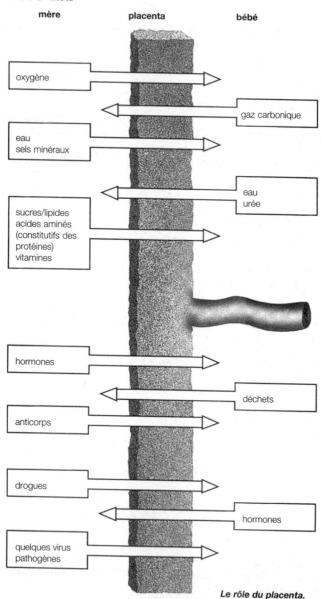

mère   placenta   bébé

oxygène

gaz carbonique

eau
sels minéraux

eau
urée

sucres/lipides
acides aminés
(constitutifs des
protéines)
vitamines

hormones

déchets

anticorps

drogues

hormones

quelques virus
pathogènes

Le rôle du placenta.

Le placenta laisse également passer depuis la mère vers l'enfant l'alcool, le tabac, le café, les médicaments et les drogues : ne l'oubliez pas (voir pages 65 et 75-78).

La fonction endocrine

Considéré comme une véritable glande, le placenta sécrète ses propres hormones, nécessaires à la bonne marche de la grossesse et au bon développement du bébé. Ces hormones vont prendre le relais des ovaires à partir du 4e mois. Leur dosage renseigne sur la vitalité de la grossesse.

La fonction protectrice

Le placenta arrête de nombreuses bactéries ou ne les laisse passer que très tard, vers la fin de la grossesse, quand la paroi des villosités devient extrêmement fine pour augmenter encore les échanges entre le sang maternel et le sang fœtal. En revanche, les virus le traversent facilement jusqu'à la 20e semaine. Heureusement, les anticorps maternels passent également vers l'enfant et l'immunisent contre la plupart des maladies infectieuses, même six mois après la naissance, le temps que son propre système immunitaire se mette en place.

Le rôle du liquide amniotique

• **Il protège** le futur bébé des chocs et des bruits, en formant autour de lui un coussin liquide. Il le protège aussi des germes qui pourraient venir du vagin. La cavité amniotique est hermétique et le liquide qui se trouve à l'intérieur est stérile.

• **Il permet les déplacements** du bébé qui, suspendu au cordon ombilical, ne subit pas les effets de la pesanteur et fait des exercices de voltige ou se dirige facilement d'un point à l'autre de la cavité.

• **Il apporte de l'eau et des sels minéraux** au fœtus, qui en ingurgite.

• **Il donne des informations sur la santé du bébé.** Dans le cas d'une suspicion de maladie chromosomique, les cellules fœtales flottant dans le liquide amniotique sont recueillies par amniocentèse puis mises en culture afin d'en étudier les chromosomes.

• **Il aide le col à se dilater** au moment de l'accouchement. L'accumulation du liquide dans la partie inférieure de l'utérus, au terme de la grossesse, forme la « poche des eaux » qui, en descendant, aide à la dilatation du col. La perte des eaux correspond à la rupture des membranes. Le liquide amniotique qui s'échappe alors sert à lubrifier les voies génitales pour préparer le passage de l'enfant.

Le volume du liquide amniotique se mesure lors des échographies. On parle :

• d'**oligoamnios** quand le volume ne dépasse pas 200 cm³, ce qui risque d'avoir des conséquences graves sur le développement pulmonaire (dans 4 % des cas) ;

• d'**hydramnios** quand le volume est supérieur à 2 litres. Cela peut révéler une malformation du tube digestif ou du système nerveux central (dans 3 % des cas) ;

• d'**anamnios** quand il y a absence de liquide. La vie du bébé est alors compromise. Les cas sont heureusement très rares (0,4 %).

10e semaine de grossesse

▶ *12e semaine depuis le premier jour de vos dernières règles*

▶ *3e mois de grossesse*

La croissance de votre bébé continue à un rythme rapide et, pour la première fois, la tête qui s'est redressée lentement au cours des dernières semaines est maintenant presque droite.

Votre bébé à naître

Sa taille est de 5 cm de la tête au coccyx et de 7,5 cm de la tête aux talons. La longueur de son pied est de 9 mm. Son poids est de 18 g. Les premières semaines, la taille de votre bébé doublait tous les jours, puis toutes les semaines ; maintenant, il doit attendre plusieurs semaines avant de la doubler à nouveau.

Le visage, qui est bien visible depuis que la tête s'est redressée, est à présent distinctement celui d'un être humain.

Votre bébé, qui a maintenant de **nombreux muscles**, est capable de mouvements spontanés de l'ensemble de son corps. Il tourne la tête, agite légèrement les bras et les jambes, et ferme les poings.

Ces **mouvements** que vous ne percevez pas encore sont des réflexes émanant directement de la moelle épinière. Le cerveau n'est pas encore assez développé pour les réguler ; d'ailleurs, il ne pourra pas le faire, même après la naissance. Car le cerveau est un organe si complexe et si différencié que sa maturation mettra de longues années à se faire, pour s'achever seulement vers l'âge de 18 ans. Pour le moment, il poursuit son élaboration, qui se traduit en ce début de 3e mois de grossesse par une multiplication intense, tel un bouquet de feu d'artifice, des cellules nerveuses appelées **neuroblastes**. Ce n'est qu'au terme de leur maturation que ces neuroblastes porteront le nom de **neurones**. Parallèlement à leur prolifération, les neuroblastes migrent dans la substance cérébrale. Cette migration est nécessaire pour l'établissement des circuits nerveux.

Des **bulbes pileux**, à l'origine des poils et des cheveux, commencent à se former dans la couche la plus profonde de la peau. **Les bourgeons des dents permanentes** se forment également ; ils sont situés, du côté de la langue, sous la ligne des dents de lait qui continuent leur évolution. Ces bourgeons, qui se développent d'une façon tout à fait semblable à ceux des dents de lait, resteront à l'état de repos pendant de nombreuses années : quand l'enfant aura 6 ans, ils commenceront à se développer, repoussant la dent de lait correspondante et provoquant sa chute.

Les organes internes poursuivent leur développement sur le plan structurel et fonctionnel.

Dans le pancréas, les **îlots de Langerhans** commencent leur développement : il s'agit d'un groupe de cellules de la plus haute importance. Leurs sécrétions – l'insuline et le glucagon, pour les 2 principaux types cellulaires – maintiennent en équilibre le taux de sucre dans le sang, empêchant la maladie du diabète.

Le **foie** est énorme. Son poids représente environ 10 % du poids total du corps. Cela est dû à la fonction actuelle du foie, qui est de fabriquer les cellules sanguines. Entre les cellules hépatiques et les parois vasculaires se trouvent en effet de grands îlots cellulaires qui produisent les cellules sanguines de la lignée rouge et celles de la lignée blanche. Cette activité du foie diminuera progressivement au cours des deux derniers mois de la vie intra-utérine, le relais étant peu à peu assuré par la moelle. À la naissance, seuls quelques îlots persisteront pour finalement disparaître ; le poids du foie ne représentera plus alors que 5 % du poids total du corps.

La grande hernie intestinale qui occupait le cordon ombilical rentre peu à peu dans la cavité abdominale, qui s'agrandit. Quand tout sera en place, le cordon ombilical s'amincira d'une manière considérable, car il ne contiendra plus que les vaisseaux sanguins.

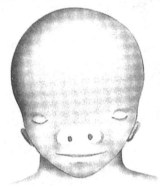

Depuis qu'il a des paupières, votre bébé garde les yeux fermés.

Vous, la future maman

L'utérus, qui est désormais trop gros pour tenir dans la cavité pelvienne, monte dans la cavité abdominale. La vessie n'étant plus comprimée, les envies fréquentes d'uriner vont alors cesser.

D'une façon générale, vous commencez à vous sentir mieux. Comme par enchantement, vos nausées vont bientôt disparaître, cette semaine ou la semaine prochaine. Vous allez retrouver le goût de la nourriture avec un nouvel enthousiasme. Alors, méfiez-vous ! Ne vous laissez surtout pas aller à l'euphorie de votre appétit retrouvé, car si vous n'y prenez pas garde, vous risquez fort de grossir de 5 kg, voire davantage, en l'espace d'un mois seulement. Ne vous laissez donc pas tenter par les pâtisseries et autres sucreries.

Soyez vigilante et surveillez votre poids : pesez-vous d'une manière régulière deux fois par semaine.

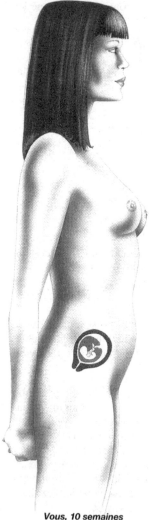

Vous, 10 semaines après votre fécondation.

▶ Conseils

Pouvez-vous pratiquer un sport ?

Oui, si c'est un sport auquel vous êtes habituée, si vous le pratiquez avec modération et si vous êtes assez raisonnable pour arrêter le jour où vous vous sentirez moins à l'aise ou trop lourde. En toute occasion, respectez cette règle : ne pas forcer et s'arrêter dès que la fatigue se fait sentir.

• Dans ces conditions, vous pouvez bien sûr pratiquer la **marche**, un excellent moyen pour se tonifier et s'aérer. Les muscles travaillent avec peu d'efforts. Si vous marchez en montagne, ne dépassez pas 1 000 à 1 200 m d'altitude, car au-delà l'oxygène se raréfie. Or, votre bébé est grand consommateur d'oxygène : ne l'oubliez pas.

• La **natation** est le sport idéal pour une femme enceinte. L'eau qui vous porte en partie vous rend plus légère. Vous y ferez des exercices musculaires que vous auriez du mal à faire au sol. Pour cette raison, la préparation à l'accouchement en piscine se développe de plus en plus ; évidemment, vous ne plongerez pas.

• Vous pouvez faire de la **gymnastique**, mais pas n'importe laquelle. Évitez l'aérobic et la musculation, beaucoup trop violents pour les muscles et les ligaments, même si vous êtes habituée à ces pratiques. Préférez les gymnastiques douces comme le stretching, qui assouplit les ligaments et étire les muscles en finesse. Faire du yoga est bien sûr une excellente préparation à l'accouchement.

• Si vous pratiquez depuis un certain temps déjà la **danse rythmique ou classique**, le **tennis** ou la **planche à voile**, vous pouvez continuer, à la condition que ce soit uniquement pour vous distraire. Refusez toute espèce de compétition qui vous ferait faire des mouvements imprudents et vous contraindrait à une dépense énergétique trop importante.

Non à tous les sports où il existe un risque de chutes et de secousses, qui malmènent l'utérus, où il y a une obligation de courir, qui provoque un essoufflement. Pour toutes ces raisons, évitez les jeux d'équipe, le judo, le patinage, l'équitation, le ski, qu'il soit de descente ou de fond, le ski nautique et l'escalade, et tout ce que votre bon sens vous indiquera.

Vous pouvez faire un peu de **bicyclette** au début de votre grossesse, car elle est bonne pour le cœur qu'elle tonifie. Mais quand vous commencerez à vous sentir un peu moins agile, cessez car vous risquez la chute.

La natation est le sport idéal pour la femme enceinte.

En revanche, évitez les sports où il y a risque de secousses ou de chutes comme l'équitation, le ski et le judo

Pensez au mode d'allaitement de votre enfant

À ce stade de votre grossesse, vous ne savez pas encore si vous désirez ou non allaiter votre enfant.Vous êtes indécise, et c'est tout à fait normal. Prenez le temps d'y penser, mais sachez que vous pourrez très bien le décider au dernier moment : quand votre bébé sera là !

Vos bouts de seins ne sont pas sortis ? C'est normal !

Sachez que vos seins évoluent tout au long de la grossesse. Ils se préparent d'une manière graduelle à assumer leur fonction.

Pour que vos seins retrouvent toute leur beauté

Tonifiez dès maintenant les muscles qui soutiennent vos seins.

• **1er exercice** : levez les coudes à la hauteur des épaules et appuyez le plus fortement possible les paumes des mains l'une contre l'autre. Comptez jusqu'à 10, relâchez, baissez les coudes sans décoller les mains. Recommencez 10 fois.

• **2e exercice** : écartez les bras horizontalement et tendez-les en arrière le plus loin possible. Ramenez-les le long du corps et recommencez 10 fois.

• **3e exercice** : faites de grands cercles avec les bras tendus à l'horizontale. Recommencez 10 fois.

◗ Pour votre information

Quel mode d'allaitement choisir ?

Vous êtes encore indécise, c'est normal. L'important est de vous écouter, vous et pas les autres, quels qu'ils soient.

• Ne subissez pas l'influence de votre entourage. Faites ce que vous ressentez profondément.

• Si vous ne désirez pas allaiter votre bébé pour une raison que vous ne savez pas expliquer, ne vous culpabilisez surtout pas : quel que soit le mode d'allaitement que vous choisirez, vous serez une aussi bonne mère qu'une autre et votre enfant sera aussi beau et aussi intelligent qu'un autre !

• Si vous hésitez, sachez que le lait maternel présente de nombreux avantages sur le lait artificiel.

Êtes-vous pour ou contre l'allaitement maternel ? Sachez décider en toute connaissance de cause (voir aussi page 412).

Le lait maternel

Le lait maternel constitue le seul aliment naturel et complet parfaitement adapté aux besoins de l'enfant, puisque sa composition se modifie progressivement, en fonction de sa croissance et de ses besoins.

• Dès les premiers jours, le lait est épais et jaune : c'est le **colostrum**, qui est chargé notamment de purger le nouveau-né du méconium, une substance accumulée dans l'intestin au cours de la vie intra-utérine.

• Après quelques jours, le lait devient plus fluide et plus orangé ; riche en graisses et en sucres, ce lait, appelé **lait de transition**, permet au bébé de démarrer sa prise de poids.

• Après la 3e semaine apparaît le **lait mature**, un lait blanc bleuté, qui contient tous les éléments nécessaires à la croissance de l'enfant.

Le lait maternel ne se modifie pas uniquement au cours du temps, mais il évolue également au cours de la tétée. Clair et fluide au début, il met le bébé en appétit avant de le rassasier par un lait plus épais et quatre fois plus riche en graisses à la fin de la tétée.

Le lait maternel développe le goût de votre bébé, car il change tout le temps, tous les jours, s'aromatisant différemment selon votre alimentation.

Indépendamment des facteurs nutritionnels, ce qui différencie essentiellement le lait maternel du lait artificiel est l'apport, et cela dès les premières tétées, d'anticorps dirigés contre les germes qui sont présents dans l'environnement de la mère, donc dans celui de l'enfant. Outre les anticorps qui luttent contre des virus dangereux tels que le virus de la poliomyélite, le lait maternel contient des anticorps contre tous les germes intestinaux responsables de diarrhées. Leur action locale essentielle est d'empêcher l'adhésion des bactéries sur les muqueuses intestinales : elles sont agglutinées puis éliminées dans les selles du bébé.

La concentration des anticorps varie au cours de la lactation ; elle est maximale dans le colostrum présent les cinq premiers jours.

Dans les pays industrialisés, où la mortalité infantile est ramenée aujourd'hui à des taux extrêmement faibles, l'effet de protection du lait maternel, comparé à celui du lait artificiel, est beaucoup moins évident que dans les pays en voie de développement. Malgré tout, avant l'âge de 7 mois, la fréquence des infections digestives et respiratoires est plus élevée chez les nourrissons élevés au biberon que chez ceux allaités par leur mère. C'est la raison pour laquelle l'Organisation mondiale de la santé (OMS) recommande d'allaiter son enfant jusqu'à l'âge de 6 mois.

Vous le constaterez si vous décidez d'allaiter : pendant que vous donnerez le sein à votre enfant, vous vous sentirez plus calme, plus détendue. Peut-être est-ce dû, disent certains chercheurs, à l'action de la **prolactine**, l'hormone de l'allaitement.

Les laits maternisés

Les laits maternisés font constamment l'objet de recherches très approfondies à la seule fin de les rapprocher le plus possible du lait maternel. À l'avenir, ils devraient être encore améliorés grâce à l'étude des anticorps, des vitamines, des oligoéléments et des hormones qui sont présents dans le lait maternel.

Malgré cela et quelles que soient les qualités certaines des laits artificiels d'aujourd'hui, ils ne possèdent pas celles du lait maternel, car leurs protéines restent des protéines de vache. Actuellement, certains chercheurs estiment que l'ingestion trop précoce de protéines animales, qui sont donc non spécifiques à l'espèce l'humaine – et alors que la barrière intestinale du bébé est encore immature –, jouerait un rôle important dans le développement de certaines maladies allergiques telles que l'eczéma et l'intolérance au lait de vache.

Si vous pensez allaiter, sachez que :

• l'**alcool** que vous ingérerez et la nicotine des cigarettes que vous fumerez passeront dans le lait et intoxiqueront votre bébé ;

• les **antibiotiques** passent également dans le lait et risquent de perturber, d'une façon parfois irréversible, la flore bactérienne de l'enfant qui tète. Dans ce cas, il est possible, lors d'un traitement antibiotique de courte durée, d'arrêter d'allaiter son bébé, de tirer son lait puis de reprendre l'allaitement après le traitement.

Si vous ne désirez pas allaiter ou si, une fois rentrée chez vous, face à diverses difficultés, vous optez pour l'allaitement artificiel, ne vous sentez pas coupable d'être une mauvaise mère. Il vaut mieux pour votre bébé avoir une mère détendue et gaie, heureuse de donner le biberon, plutôt qu'une mère nerveuse, inquiète de savoir si elle a assez de lait, s'il est de bonne qualité et si son enfant tète suffisamment.

Pour ou contre l'allaitement maternel ? Décidez en toute connaissance de cause.

Quant à la relation intime entre la mère et l'enfant qui se voit prolongée par la tétée, le fait de donner le biberon est également une source de joie et d'émotion. La mère qui tient son enfant contre elle, en le faisant boire, lui donne tout autant de tendresse et d'amour. En outre, le père peut, lui aussi, donner le biberon et tisser avec son enfant les mêmes liens que la mère. Il n'est plus alors un spectateur, qui se sent exclu et inutile, puisqu'il peut partager avec la mère cette fonction essentielle : l'alimentation de leur petit.

Actuellement, le débat opposant le lait maternel au lait artificiel se trouve élargi. Est désormais prise en compte la relation psychologique qui se tisse à travers le regard échangé entre l'enfant et la personne qui le nourrit.

11ᵉ semaine de grossesse

▶ *13ᵉ semaine depuis le premier jour de vos dernières règles*
▶ *3ᵉ mois de grossesse*

Le premier trimestre de votre grossesse s'achève à la fin de cette semaine. Vous avez déjà accompli le tiers du chemin.

Votre bébé à naître

Sa taille est de 6 cm de la tête au coccyx et de 8,5 cm de la tête aux talons. Son poids est de 28 g. La longueur de son pied est de 1,2 cm.

L'eau qui entre dans la constitution de votre bébé représente près de 90 % de son poids !

Sa tête est encore volumineuse. Elle représente environ le tiers de la longueur totale du corps ; à la naissance, elle fera le quart de la longueur totale. En comparaison, la tête d'un adulte équivaut environ au huitième de la longueur totale du corps.

Les **premiers os** sont présents. D'abord tissus cartilagineux apparus en premier dans les membres, ils se sont enrichis en cellules osseuses qui se sont organisées en tissus plus compacts. Des îlots cartilagineux continuent à se mettre en place au niveau du crâne et de la face. Le **nez**, aux narines maintenant ouvertes, pointe son petit bout cartilagineux au milieu du visage, tandis que le **menton** commence à s'affirmer.

De la colonne vertébrale, qui continue à se consolider, partent les premières formations des **côtes**. Et en relation avec les os des jambes, ceux du **bassin** se dessinent.

Peu à peu, tous les îlots cartilagineux vont se rejoindre, se durcir et s'articuler. Le squelette complet, avec ses 110 os, ne sera terminé qu'à l'adolescence.

Les **premiers poils**, issus de la croissance des cellules des bulbes pileux, font leur apparition dans les régions des sourcils et de la lèvre supérieure. C'est un duvet extrêmement fin qui tombera au moment de la naissance pour être remplacé par d'autres poils plus gros.

Pendant ce temps, les cellules nerveuses poursuivent leur course folle. Elles se multiplient, se différencient mais ne sont pas encore reliées les unes aux autres. Le **cerveau** s'est séparé en plusieurs parties distinctes, qui se plissent au fur et à mesure qu'elles se développent pour lui donner son aspect caractéristique. Il n'est pas encore fonctionnel ; il faudra attendre quelque temps encore que sa maturation soit suffisante pour qu'il puisse prendre les commandes. Pour le moment, seules des fibres motrices venant de la moelle

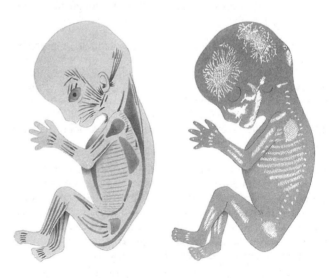

Les muscles de votre bébé.   *Votre bébé a déjà des os.*

Les os et les muscles de votre bébé.

épinière se branchent directement sur les fibres sensorielles des muscles, formant les circuits courts des réflexes les plus simples.

Vous, la future maman

Votre **cœur** est plus rapide qu'avant votre grossesse. Il exécute autour de 4 à 8 battements de plus par minute.

Vous l'avez sans doute remarqué : vos **cheveux** ont embelli depuis le début de votre grossesse. Moins gras, ils ont plus de volume. Cela tient au fait que les hormones de la gestation qui vous imprègnent freinent d'une part la chute normale des cheveux, d'autre part la sécrétion des glandes sébacées situées à leur racine. 2 à 6 mois après l'accouchement, vos cheveux recommenceront à tomber normalement. Tombent également ceux qui auraient dû le faire pendant les 9 mois de la grossesse. Aussi, ne dramatisez pas quand vous verrez vos cheveux tomber, d'une manière plus ou moins progressive, après la naissance de votre bébé. C'est là un phénomène tout à fait normal. Tout rentrera dans l'ordre au bout de quelques mois.

▶ Conseils

Prévenez votre employeur

N'attendez pas que votre état se voie pour prévenir votre employeur. Vous n'ignorez pas que cet heureux événement n'en est pas un pour lui, car il est synonyme de complications. Que vous soyez dans une petite ou une grande entreprise, votre remplacement posera un problème. C'est un casse-tête supplémentaire pour l'employeur, qui sait aussi que, lorsque l'enfant sera là, vous aurez de nombreux motifs pour vous absenter.

Ne culpabilisez pas. Vous êtes enceinte, vous en avez le droit ! Vous n'avez pas à vous en excuser. Néanmoins, essayez de comprendre et d'accepter une éventuelle mauvaise humeur passagère de votre patron, qui paraît se préoccuper plus de la bonne marche de son entreprise que de vous. Soyez patiente : après quelque temps, quand tout sera réorganisé en fonction de votre départ en congé de maternité, il sera sans doute plus décontracté et peut-être vous félicitera-t-il !

Si vous prévenez dès à présent votre employeur, il ne se sentira pas pris à la gorge et aura le temps de vous trouver une remplaçante. Gardez de bonnes relations avec lui et avec vos collègues en ne jouant pas à la femme enceinte. Restez naturelle. Soyez disponible pour mettre au courant la personne qui vous remplacera. Et, sans faire du zèle en en faisant plus, n'en faites surtout pas moins. Tout est question de relations humaines. Votre patron vous saura gré de votre attitude compréhensive et, à votre retour de congé de maternité, vous n'en serez que mieux accueillie.

❿ Pour votre information

Grossesse et travail : la protection sociale

La recherche d'emploi

• Une femme enceinte n'est pas tenue de signaler son état à son futur employeur.

• Un employeur n'a pas le droit de demander à une femme qu'il va embaucher si elle est enceinte.

• Lors de la visite d'embauche, le médecin du travail n'a pas le droit de révéler à l'employeur que la femme est enceinte.

• Un employeur n'a pas le droit de refuser d'embaucher une femme sous prétexte qu'elle est enceinte.

La garantie de l'emploi

• Une femme enceinte est tenue de prévenir son employeur au plus tard juste avant son congé de maternité. Elle lui adressera son certificat de grossesse et une lettre recommandée avec accusé de réception, qui lui indiquera la date présumée de son accouchement et celle de son congé de maternité.

• Le licenciement d'une femme salariée est annulé si, dans un délai de 15 jours à partir de la notification de son licenciement, elle envoie à son employeur, par lettre recommandée avec accusé de réception, un certificat médical attestant qu'elle est enceinte.

• On ne peut pas licencier une femme dont la grossesse a été constatée sur le plan médical. Le licenciement ne pourra avoir lieu qu'à la fin de la 4ᵉ semaine de travail repris après le congé de maternité. Des exceptions cependant :

– si l'employée a fait une faute grave ;

– si elle arrive au terme d'un contrat à durée déterminée ;

– si elle part en congé de maternité sans avoir prévenu son employeur ;

– s'il y a impossibilité, pour l'employeur, de continuer à l'employer pour un motif indépendant de la grossesse.

Un employeur ne peut refuser d'embaucher une femme sous prétexte qu'elle est enceinte.

• Un employeur doit respecter le repos légal de la future mère et ne pas l'employer pendant une période totale de 8 semaines, dont 6 après l'accouchement.

• Un licenciement ne peut pas prendre effet pendant la période du congé de maternité.

Les droits de la femme enceinte

• Une femme enceinte bénéficie d'une autorisation d'absence de son travail pour se rendre aux examens médicaux obligatoires, cela sans diminution de salaire.

• Elle peut rompre son contrat de travail sans préavis et sans avoir à payer d'indemnités de rupture.

• Elle peut demander un changement d'affectation durant sa grossesse. Dans ce cas, son salaire ne peut être diminué, quelles que soient ses nouvelles fonctions, si elle possède 1 an d'ancienneté dans l'entreprise.

• Certains contrats de travail ou certaines conventions collectives autorisent une réduction d'horaires à la femme enceinte sans diminution de salaire.

• En fin de congé postnatal, la jeune mère est tenue de prévenir son employeur par lettre recommandée avec accusé de réception, au moins 15 jours avant la date normale de reprise du travail.

• Après un congé parental (voir pages 362-363), la jeune mère peut solliciter son réembauchage dans l'entreprise dans un délai de 12 mois par lettre recommandée avec accusé de réception. L'employeur est alors tenu de la réembaucher en priorité et l'emploi proposé devra correspondre à sa qualification et fournir les mêmes avantages que ceux dont elle bénéficiait auparavant, à la date de son congé.

12e semaine de grossesse

▶ *14e semaine depuis le premier jour de vos dernières règles*

▶ *3e mois de grossesse*

Si votre bébé est un garçon, il a, dès à présent, un petit pénis !

Votre bébé à naître

Sa taille est de 7 cm de la tête au coccyx et de 10 cm de la tête aux talons. Son poids est de 45 g.

Le visage de votre bébé s'affine. Avec les os de la face qui prennent peu à peu leur forme définitive, il ressemble vraiment à un petit d'homme. Ses yeux, qui étaient encore sur les côtés, se sont déplacés vers l'avant, tandis que ses oreilles, qui étaient au niveau du cou, sont à présent plus hautes sur la tête.

Le foie, toujours énorme, n'est plus seul à fabriquer les cellules sanguines ; il est aidé en cela par la **moelle**, qui va progressivement prendre le relais. Dès la naissance et pendant l'existence entière, elle assurera seule cette fonction.

Si votre bébé est une fille, ses **ovaires** commencent à descendre dans l'abdomen ; et si c'est un garçon, la prostate est d'ores et déjà présente. Quant aux glandes sexuelles qui sont déjà formées depuis plusieurs semaines, elles sécrètent des hormones indispensables à la maturation des organes sexuels externes. Chez le garçon, le **pénis** est maintenant apparent.

Vous, la future maman

Votre bébé grossit et grandit. Il élabore ses os et ses muscles et a donc besoin de tous les éléments constitutifs qui sont indispensables à leur formation et à leur croissance. Il puise dans votre sang tout ce dont il a besoin, en particulier les acides aminés qui, en s'assemblant, constituent les protéines, la matière de base des muscles. Il puise également du calcium et d'autres sels minéraux pour l'édification de son squelette, du fer pour la formation de ses globules rouges, et des vitamines qui permettent les réactions biochimiques au sein de ses cellules.

Actuellement, il fait une énorme consommation de tous ces éléments, parmi beaucoup d'autres. S'ils ne sont pas apportés en quantité suffisante dans votre sang par l'alimentation, il prendra tout de même ce dont il a besoin, à votre propre détriment. Aussi, nourrissez-vous correctement.

▶ Conseils

Les soins quotidiens de votre corps

Votre hygiène doit être rigoureuse, même si elle doit rester simple et sans excès.

En élevant la température de base de votre corps, la grossesse favorise la transpiration. Aussi, une bonne hygiène consistant en la prise de douches quotidiennes est-elle encore plus indiquée que d'habitude. Préférez les douches aux bains, car elles sont plus toniques pour l'organisme en général et plus raffermissantes pour les seins et la peau de l'abdomen en particulier.

Utilisez de préférence un savon gras plutôt qu'un produit moussant, qui décape la peau. Le film gras, protecteur naturel de la peau, ne doit pas être éliminé par des produits trop agressifs, sous peine de favoriser divers types d'affections cutanées tels que les mycoses ou des démangeaisons. En outre, certains produits risquent de déclencher des allergies se manifestant par de l'urticaire ou par un gonflement des articulations et pouvant être accompagnées de fièvre.

Après votre douche, n'oubliez pas d'adoucir votre peau avec une crème nourrissante ou hydratante et de traiter les zones délicates que sont les seins et la peau de l'abdomen par des produits appropriés.

La toilette intime

La toilette vulvaire doit être effectuée le matin et le soir avec un savon doux, que vous rincerez correctement. Séchez-vous avec un mouchoir jetable fraîchement sorti de sa boîte.

Contentez-vous d'un lavage externe, car les douches vaginales, quel que soit le produit utilisé, sont tout à fait nuisibles : elles provoquent la destruction des bactéries qui peuplent le milieu vaginal et lui assurent une défense naturelle. Faire une toilette interne, c'est ouvrir la porte à de futures infections vaginales.

La toilette anale doit être faite d'une manière systématique à chaque fois que vous allez à la selle afin que les germes naturellement présents dans les matières fécales ne migrent pas vers le vagin et n'y provoquent pas d'infections.

Votre compagnon doit avoir lui aussi, bien sûr, une hygiène irréprochable.

▶ Pour votre information

Les rapports sexuels

Tout naturellement, vous vous posez la question suivante : les rapports sexuels sont-ils permis pendant la grossesse ? Les réponses sont variables.

Oui, si votre grossesse se déroule tout à fait normalement et, surtout, si vous en éprouvez le désir.

Vous pouvez continuer à avoir une sexualité normale sans vous faire de souci pour votre bébé. En effet, le col de l'utérus, placé très haut dans le vagin et bien fermé, ne laisse rien passer dans l'utérus. Votre bébé est donc bien à l'abri au centre de ce gros muscle, protégé de surcroît dans la bulle de la cavité amniotique remplie de liquide qui amortit toutes les ondes de choc.

Non, temporairement :

• si la pénétration est douloureuse par inflammation de l'entrée du vagin. À l'inflammation s'ajoute une contracture de défense qui augmente encore la difficulté. **Signalez-le à votre médecin** qui vous donnera un traitement approprié ;

• si les rapports sexuels provoquent des saignements et des contractions de l'utérus. Dans ces conditions, faites-vous examiner rapidement. C'est peut-être le signe d'un début de fausse couche ;

• si vous avez déjà fait des fausses couches spontanées en début de grossesse, pendant les trois premiers mois abstenez-vous de rapports sexuels lors des périodes qui correspondent aux règles ;

• si vous n'éprouvez pas de désir. Il peut être en sommeil en début de grossesse, tandis que votre organisme est soumis à un bouleversement important sur le plan hormonal. Les nausées et la fatigue ne prédisposent pas aux ébats amoureux. De même en fin de grossesse, la fatigue et l'inconfort dû à l'utérus qui appuie sur tous les organes expliqueront votre manque d'entrain.

! **À signaler à votre médecin :**
 – des rapports sexuels douloureux ;
 – toute sensation de brûlure pendant la miction ;
 – toute perte vaginale suspecte.

En toute occasion, respectez cette règle : arrêtez-vous dès que la fatigue se fait sentir.

Si vous n'avez pas de désir, parlez-en sans fausse pudeur à votre compagnon. Il comprendra votre désaffection passagère pour les choses de l'amour. Cela n'empêche ni la complicité ni la tendresse. Et cela vous évitera de faire l'amour par « devoir conjugal », sans plaisir ; cela vous évitera d'en perdre l'envie, même après l'accouchement, par la création d'une sorte de réflexe conditionné de déplaisir.

Si la pénétration vous incommode, vous pouvez néanmoins avoir une sexualité agréable par des caresses manuelles et buccales. Vous développerez ainsi une tendresse et une attention au plaisir de l'autre qui vous apporteront un épanouissement sexuel indispensable à la vie de couple.

Demandez la carte nationale de priorité. Elle vous évitera une station debout prolongée aux guichets des administrations et des services publics ainsi que dans les transports en commun. Pour en bénéficier, il suffit d'être enceinte de 4 mois minimum et d'en faire la demande auprès de la CAF. Pour cela, pensez à vous munir de deux photos d'identité ainsi que de tout justificatif attestant de votre grossesse.

13ᵉ semaine de grossesse

Votre bébé ouvre la bouche !

Votre bébé à naître

Sa taille est de 8 cm de la tête au coccyx et de 12 cm de la tête aux talons. Son poids est de 65 g.

À présent, la tête de votre bébé peut être mesurée par les ultrasons ; elle a un diamètre de 3,2 cm. À partir de cette mesure, on peut calculer la date de votre accouchement à quelques jours près. Durant cette semaine, la tête de votre bébé va encore s'accroître en diamètre de 4 mm.

Le squelette de votre bébé continue de se former par une production continue d'os. Les articulations sont fonctionnelles et les bras peuvent se plier aux coudes et aux poignets. Les doigts peuvent se replier à l'intérieur de la main : **votre bébé serre les poings !** Pendant ce temps, **il écarte les doigts de pied en éventail !** Mais aucun de ces mouvements n'est encore contrôlé par le cerveau.

Dans la peau, des cellules possédant des prolongements élaborent progressivement un pigment sombre : la **mélanine**. Ce pigment est transmis aux autres cellules de l'épiderme par l'intermédiaire des prolongements. Ce sont ces cellules qui, après la naissance, seront responsables de la pigmentation de la peau. Ce seront encore elles qui bruniront la peau en réaction à l'exposition de soleil.

La bouche est capable de s'ouvrir, de se fermer et d'exécuter des mouvements de succion. Votre bébé commence à avaler un peu du liquide amniotique dans lequel il baigne. Il l'excrète ensuite, comme de l'urine, grâce à ses reins devenus fonctionnels. C'est la première fois que s'établit un circuit primitif d'absorption et d'excrétion par les voies digestives.

Vous, la future maman

En cette 13e semaine de grossesse, à la fin de ce 3e mois, votre ventre commence à s'arrondir. Si peu, que seul un œil averti peut s'en apercevoir quand vous êtes habillée. Mais vous, qui vous connaissez bien, vous savez que votre corps a un peu changé. Vos vêtements sont encore portables s'ils sont de coupe un peu ample, mais d'ici quelque temps il faudra desserrer les élastiques !

▶ Conseils

Attention aux problèmes urinaires et génitaux

Ne laissez pas traîner des petites infections locales de la zone uro-génitale. Elles peuvent empirer et être à l'origine de complications graves.

Les infections urinaires

L'infection urinaire est un trouble fréquent chez la femme enceinte, puisque près de 10 % d'entre elles en souffrent. Elle n'est pas nécessairement infectieuse et peut être simplement due au froid ou, le plus souvent, à une absorption en eau insuffisante. Votre bébé prend dans votre sang l'eau dont il a besoin. Si vous ne buvez pas assez, votre sang est plus concentré, de même que votre urine, qui devient irritante.

Les signes

• Vous ressentez une petite brûlure au moment de l'émission de l'urine. Vous pouvez vérifier tout de suite si vous avez ou non une infection en achetant chez votre pharmacien une bandelette de dépistage. La détection de nitrites est le signe d'une présence bactérienne.

• Vous avez des envies fréquentes d'uriner, de jour comme de nuit, avec de fortes brûlures au passage de l'urine. Dans ce cas, vous présentez les signes cliniques d'une infection urinaire.

Dans tous les cas, **vous devez consulter votre médecin**. Il fera rechercher dans vos urines la présence d'un microbe. Le plus souvent, il s'agit du colibacille *Escherichia coli* qui peuple naturellement notre intestin et est indispensable à son bon fonctionnement. Son passage dans les voies urinaires provoque des colibacilloses, qui doivent être absolument traitées. D'autres germes peuvent être responsables.

Une fois le microbe détecté dans vos urines, votre médecin pourra entreprendre un traitement approprié.

Ne faites surtout pas d'automédication en prenant un remède qui vous a été prescrit pour une infection urinaire antérieure. Il ne s'agit pas nécessairement du même microbe. Vous risquez alors de masquer le véritable problème, ce qui engendrera des complications.

Les conséquences

Une infection urinaire non soignée peut avoir des conséquences sérieuses :

• pour la mère : l'infection peut gagner les reins ; il existe un risque de fausse couche ou, plus tard dans la grossesse, d'un accouchement prématuré ;

• pour le bébé : elle peut freiner sa croissance.

La prévention

• Buvez systématiquement beaucoup d'eau.

• Reposez-vous bien au chaud ; évitez le froid et l'humidité.

• Vérifiez le pH de l'urine par une languette de papier qui change de couleur suivant qu'elle est acide ou basique. Si votre urine est trop acide, vous pouvez rétablir l'équilibre en buvant de l'eau de Vichy, du jus de poireau ou du lait, et en mangeant des fruits et des légumes cuits. Si au contraire elle n'est pas assez acide, ce qui favorise le développement des germes, consommez davantage de viande et buvez du thé.

Si vous avez une alimentation équilibrée, votre urine sera exactement comme elle doit être, c'est-à-dire neutre.

Les infections génitales

La grossesse provoque une augmentation des sécrétions vaginales, appelées pertes blanches. Elles ne possèdent pas de signification particulière, sauf si elles présentent un aspect inhabituel.

Les signes

• Vous avez des sécrétions suspectes, plus abondantes qu'à l'accoutumée ou d'une consistance plus épaisse ou ayant une mauvaise odeur.

• Vous ressentez des démangeaisons ou des brûlures dans la région vulvaire.

• Les rapports sexuels sont douloureux.

• Votre compagnon a lui-même une infection.

Quel que soit le cas, **vous devez rapidement consulter votre gynécologue**. Lui seul peut décider du traitement à suivre. Un prélèvement des sécrétions vaginales sera soumis à l'examen par un laboratoire qui déterminera de quel type d'infection il s'agit. Le traitement approprié devra être également suivi par votre compagnon.

Les conséquences

Il ne faut négliger aucun type d'infection. Traitée à temps, elle sera sans conséquence ; mais si elle est laissée sans soin, elle va s'étendre et pourra être responsable :

• d'un avortement spontané au cours du premier trimestre ;

• d'un accouchement prématuré, si l'infection survient plus tardivement ;

• d'une infection aiguë de la mère au moment de l'accouchement : c'est l'infection puerpérale ;

• d'une infection de l'enfant au moment de l'accouchement ;

• ultérieurement, de métrites et de salpingites chroniques.

La prévention

La seule prévention possible est d'avoir une hygiène parfaite :

• après chaque selle, essuyez-vous d'avant en arrière afin de ne pas amener les germes en provenance de l'intestin vers la vulve ;

• lavez-vous après chaque selle ;

• changez vos serviettes-éponge et vos gants de toilette très souvent ;

• veillez à ce que votre compagnon respecte lui aussi une hygiène irréprochable, notamment avant de vous approcher pour l'amour.

À elles seules, ces quelques précautions simples peuvent vous éviter de nombreux désagréments.

▶ Pour votre information

Les infections génitales

• Des pertes abondantes, liquides, d'une odeur nauséabonde, des démangeaisons de la vulve sont les signes caractéristiques d'une mycose. Le plus souvent, le responsable est le champignon *Candida albicans*, qui a une prédilection pour les milieux acides. La grossesse, en modifiant l'acidité du milieu vaginal pour le protéger contre les agressions des microbes habituels, favorise malheureusement l'apparition de mycoses. Pour votre toilette, utilisez de préférence de l'eau additionnée de bicarbonate de soude à raison de une cuillerée à café dans un litre d'eau.

• Quand les pertes sont plutôt épaisses et sèches, il s'agit sans doute d'un parasite : le trichomonas. Un traitement spécifique à base d'ovules vous sera prescrit. Pendant quelque temps, un liquide acide pour votre toilette sera plus approprié.

• Si les pertes sont très liquides ou épaisses mais toujours malodorantes, seul le laboratoire sera capable de préciser de quel microbe il s'agit. Il indiquera l'antibiotique correspondant qui en viendra à bout. L'antibiotique sera prescrit sous forme d'ovules à glisser à l'intérieur du vagin. Si besoin est, il peut être associé à un traitement antifongique.

Dans tous les cas, seul votre gynécologue décidera du traitement à suivre.

RÉCAPITULATIF DU 3ᴱ MOIS DE VOTRE BÉBÉ

Âge de votre bébé	9e semaine	10e semaine	11e semaine	12e semaine	13e semaine
Sa taille	• 4 cm de la tête au coccyx. • 5,5 cm de la tête aux talons.	• 5 cm de la tête au coccyx. • 7,5 cm de la tête aux talons.	• 6 cm de la tête au coccyx. • 8,5 cm de la tête aux talons.	• 7 cm de la tête au coccyx. • 10 cm de la tête aux talons.	• 8 cm de la tête au coccyx. • 12 cm de la tête aux talons.
Son poids	10 g	18 g	28 g	45 g	65 g
Son développement	• La tête commence à s'arrondir. • Apparition des traits humains. • Les narines sont encore bouchées. • Apparition des bourgeons du goût et de l'odorat. • Les lèvres se dessinent. • Les paupières recouvrent entièrement l'œil. • Les voies génitales sont bien différenciées. • Les testicules sécrètent la testostérone. • Le cœur a entre 110 et 160 battements par minute.	• Le visage est humain. • Votre bébé fait des mouvements spontanés que vous ne pouvez percevoir : il tourne la tête, agite les bras et les jambes. • Apparition des bulbes pileux à l'origine des poils et des cheveux. • Bourgeons des dents permanentes sous les dents de lait. • Foie énorme qui fabrique actuellement les cellules sanguines. • Apparition des îlots de Langerhans dans le pancréas.	• Présence des premiers os. • Les os du bassin se dessinent. • Formation des premières côtes. • Les narines sont ouvertes. • L'intestin trop long pour la cavité abdominale entre dans le cordon ombilical.	• Les yeux sont à leur place définitive. • La moelle osseuse commence à élaborer des cellules sanguines. • Les glandes sexuelles sécrètent des hormones. • Si votre bébé est un garçon, il a une prostate et un pénis.	• La tête a un diamètre de 3,5 cm. • Les articulations sont fonctionnelles. • Les doigts se replient à l'intérieur de la main. • Élaboration du pigment de la peau : la mélanine. • La bouche s'ouvre et se ferme. • Mouvements de succion. • Mise en route d'un circuit primitif d'absorption et d'excrétion par les voies digestives.
Observations générales	L'embryon est devenu un fœtus.	Le sang de la mère et celui du bébé ne se mélangent jamais.	90 % du poids de votre bébé sont dus à l'eau.	Formation définitive du placenta.	

RÉCAPITULATIF DU 3E MOIS DE VOTRE GROSSESSE

Âge de la grossesse	9e semaine	10e semaine	11e semaine	12e semaine	13e semaine
Observations générales		• L'utérus commence à monter dans la cavité abdominale. • La vessie est moins comprimée.		Votre bébé puise dans votre sang : - le calcium, - les sels minéraux, - le fer, - les vitamines.	• L'utérus a la taille d'un pamplemousse. • Votre ventre commence à s'arrondir.
Symptômes possibles	• Accélération cardiaque due à l'augmentation du volume sanguin. • Essoufflement à l'effort possible. • Les reins travaillent plus.	• Les envies d'uriner deviennent moins fréquentes. • Les nausées s'estompent.	Votre cœur a 6 à 8 battements de plus par minute.	Anémie si votre alimentation n'est pas correcte.	
Précautions à prendre	• Marchez pour oxygéner le sang. • Buvez beaucoup pour éviter les infections urinaires.	Évitez les sports violents ou pouvant provoquer une chute.		Signalez à votre médecin des rapports sexuels douloureux.	Signalez à votre médecin : une petite brûlure en urinant, des pertes vaginales suspectes.
Examens					Si votre grossesse est à risque : ponction du cordon ombilical, selon le cas.
Démarches			Prévenez votre employeur de votre grossesse.	C'est l'ultime délai pour déclarer votre grossesse.	

4ᵉ mois

Pendant ce quatrième mois, la vitesse de croissance de votre bébé va passer par un maximum. À présent, tous les principaux organes sont en place et commencent à fonctionner. S'ils travaillaient jusqu'alors séparément les uns des autres, les voici qui désormais vont apprendre à travailler ensemble, le travail de chacun dépendant du travail d'un autre pour gouverner l'organisme tout entier. Cette organisation va peu à peu se consolider dans les mois à venir. C'est la longue maturation de votre bébé qui s'amorce.

Quand à vous, vous entrez dans une période privilégiée : vous vous sentez de mieux en mieux, car les nausées et la fatigue des premiers temps ont disparu. Et vous allez vivre une nouvelle expérience. Une sensation exaltante et bouleversante vous attend : alors que vous serez tranquillement allongée, vous allez soudain ressentir un léger mouvement en vous. C'est votre bébé qui bouge ! Pour la première fois, vous allez vraiment réaliser qu'il est là, en vous. Et qu'il vit !

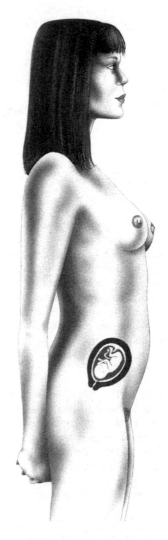

Vous, 14 semaines après votre fécondation.

14ᵉ semaine de grossesse

▶ *16ᵉ semaine depuis le premier jour de vos dernières règles*

▶ *Début du 4ᵉ mois de grossesse*

Un nouveau mois commence. Le temps passe, doucement mais sûrement...

Votre bébé à naître

Sa taille est de 9 cm de la tête au coccyx et de 14 cm de la tête aux talons. Son poids est de 110 g. Le diamètre de sa tête est aux environs de 3,6 cm.

À partir de cette semaine, votre bébé devient plus actif. En plus des mouvements physiques involontaires des bras et des jambes, il est désormais capable d'ouvrir la bouche, de tourner les yeux et de froncer les sourcils !

Sa tête est maintenant bien droite et ses jambes sont à présent plus longues que ses bras. Le **derme**, ou couche profonde de la peau, se différencie au cours du 3ᵉ et du 4ᵉ mois en un tissu conjonctif contenant des fibres élastiques et des fibres de collagène, responsables de l'aspect définitif de la peau. En même temps se mettent en place dans l'épiderme de petites papilles qui renferment des corpuscules du tact. Le **sens du toucher** commence donc à se développer chez votre bébé.

Le **squelette** pourrait être observé par les rayons X. Auparavant, les os contenaient trop peu de calcium pour être visibles de cette façon.

À présent, le cœur exécute **110 à 120 battements par minute**. Des chercheurs ont montré qu'un fœtus de cet âge témoigne d'un électrocardiogramme semblable à celui d'un adulte.

C'est maintenant, vers le début du 4ᵉ mois, que l'intestin qui s'est beaucoup développé commence à réintégrer la cavité abdominale, qui s'est agrandie.

La glande thyroïde tend à devenir opérationnelle et fabrique l'**hormone thyroïdienne**, une hormone si importante durant toute l'existence d'un individu. Elle assurera, entre autres fonctions, la croissance de l'enfant. Pour fonctionner d'une manière normale, la cellule thyroïdienne a besoin d'iode, un oligoélément qui lui est apporté par l'alimentation ; si vous utilisez régulièrement du sel marin, votre apport en iode sera suffisant.

La cavité amniotique contient à présents 250 cm³ de liquide. Ce volume va augmenter avec l'âge de la grossesse.

Vous, la future maman

Pensez à vous peser régulièrement.

▶ Conseils

La deuxième visite médicale obligatoire

C'est le moment de prendre rendez-vous pour votre deuxième visite médicale obligatoire.

Comme à chaque visite médicale obligatoire qui aura lieu désormais chaque mois, le médecin, ou la sage-femme vérifiera votre poids, votre tension artérielle et l'absence d'albumine et de sucre dans vos urines. Il demandera les analyses de sang classiques afin de contrôler votre glycémie et votre numération globulaire ; il fera également un prélèvement vaginal pour une recherche de streptocoques B.

Ces visites médicales sont d'autant plus indispensables si vous faites partie de ce qu'on appelle les grossesses à risque, qui réclament une surveillance particulière.

▶ Pour votre information

Les grossesses à risque

Ne vous inquiétez surtout pas : le terme « grossesse à risque » n'a absolument rien d'alarmant. Il existe uniquement pour différencier une grossesse qu'on pourrait qualifier de « normale » d'une grossesse qui, pour une raison ou pour une autre, nécessite une surveillance un peu plus étroite et des examens spécialisés, selon les cas ; en règle générale, la grossesse se déroule sans problème grâce à cette surveillance médicale accrue. Cette dernière permet en particulier de prévenir d'éventuels accidents, donc de réduire d'une manière considérable les handicaps de naissance ainsi que la mortalité infantile.

80 % des femmes enceintes n'ont aucun problème. Les autres présentent un ou plusieurs facteurs qui font courir un risque à l'enfant. Le risque le plus courant est la prématurité. Il existe également les risques de retard de croissance du fœtus, qui sont liés à une maladie ou au mode de vie de la future mère, ainsi que les risques de souffrance fœtale au moment de l'accouchement.

Les facteurs de risque

L'âge de la mère

C'est un facteur de risque très important qui ne doit pas être pris à la légère.

• Quand la future mère est très jeune – âgée de moins de 18 ans –, certains risques sont plus importants que chez une femme plus âgée. Le risque de **toxémie gravidique**, caractérisée par de l'albuminurie et de l'hypertension artérielle (voir page 274), est multiplié par 3 et celui d'un accouchement prématuré par 2. Souvent, le poids du bébé d'une mère très jeune est inférieur à la moyenne.

Ces risques sont souvent liés à des problèmes à la fois psychologiques et sociaux, qui entraînent des comportements à risque. L'adolescente qui dissimule sa grossesse le plus longtemps possible est mal surveillée et souvent mal alimentée. Il est à noter que, lorsqu'une adolescente enceinte est bien acceptée par sa famille et entourée affectivement, on observe une nette diminution des complications.

• Quand la future mère a plus de 38 ans (voir page 214).

Le nombre de grossesses précédentes

À partir du 4ᵉ enfant, le risque d'une présentation anormale et d'un accouchement difficile augmente, car l'utérus peut avoir perdu une partie de son tonus et donc de son pouvoir de contractibilité. Les hémorragies au moment de la délivrance sont également plus fréquentes.

Le risque de ces grossesses tient beaucoup au fait que la femme qui attend son 4ᵉ ou son 5ᵉ enfant a tendance à être plus négligente dans ses précautions d'hygiène et dans la surveillance générale de sa grossesse.

Les grossesses multiples

La future mère est particulièrement surveillée quand elle attend des jumeaux, ce qui est le cas de 1 femme sur 80, et *a fortiori* lorsqu'elle attend plus de deux enfants, cas exceptionnel.

Au début de la grossesse, les risques d'avortement spontané sont assez grands. Plus tardivement, c'est le risque d'accouchement prématuré qui est à craindre, car il peut y avoir, dans le cas de vrais jumeaux, un excès de liquide amniotique, ou hydramnios (voir pagess 171-172), qui distend l'utérus et les membranes, entraînant des contractions. L'hospitalisation est alors nécessaire.

Le risque d'un accouchement prématuré est de 1 sur 3 pour une première grossesse et 1 sur 2 pour une seconde grossesse. Pour la mère, la toxémie gravidique, avec albuminurie, hypertension artérielle et œdème, est également plus fréquente et nécessite une hospitalisation.

Les jumeaux naissent assez souvent un peu prématurés, et l'un est presque toujours plus petit que l'autre. C'est la raison pour laquelle les visites prénatales sont plus fréquentes et les échographies plus nombreuses. C'est également une raison pour choisir d'accoucher dans un centre très équipé sur le plan pédiatrique.

Les grossesses antérieures à problèmes

Dans ce cas, il y a tout lieu de surveiller de près cette nouvelle grossesse. Tout accident survenu lors de grossesses précédentes tels que des hémorragies, un retard de croissance du fœtus *in utero*, un enfant mal formé ou mort-né, ainsi que tout problème survenu au moment de l'accouchement, doivent être signalés. Ils peuvent être causés par une mauvaise insertion du placenta ou par une dilatation du col difficile et insuffisante lors de l'accouchement. Tout doit être mis en œuvre pour que les troubles apparus lors d'une précédente grossesse ne se reproduisent pas.

Les maladies de la future mère

Les maladies maternelles peuvent entraîner une souffrance fœtale, des malformations, un avortement spontané ou encore un accouchement prématuré. Les principales maladies incriminées sont :

• l'alcoolisme (voir pages 76-77) ;

• le tabagisme (voir page 75) ;

• l'anémie (voir pages 283-285) ;

• le diabète (voir page 298) ;

• l'hépatite B (voir page 121) ;

• l'herpès (voir pages 284-285) ;

• l'hypertension artérielle (voir pages 300-301) ;

• l'incompatibilité rhésus (voir pages 82-84) ;

• les infections urinaires (voir pages 196-198) ;

• les infections génitales (voir pages 198-200) ;

• la listériose (voir pages 335-337) ;

• la rubéole (voir pages 68-69) ;

• le sida (voir pages 123-125 et 301).

Les mères présentant l'une de ces maladies seront particulièrement surveillées pendant toute la durée de leur grossesse.

Les problèmes de constitution de la mère

Dans les cas suivants, des problèmes peuvent se présenter au cours de la grossesse mais surtout au moment de l'accouchement :

• l'obésité ;

• des anomalies du bassin. Ce dernier peut être trop petit, en particulier chez les femmes mesurant moins de 1,50 m, ou malformé de naissance ou encore déformé à la suite d'un accident ;

• un utérus trop petit avec un ou plusieurs kystes, ou encore un utérus rétroversé.

Dans tous les cas, les conditions de l'accouchement doivent être déterminées d'une manière très précise.

Les conditions socio-économiques de la mère

Elles sont la cause de 60 % des accouchements prématurés.

À la suite de mauvaises conditions économiques, la future mère poursuit un travail pénible plus longtemps qu'il ne le faudrait. Les transports longs et fatigants, les travaux ménagers, la garde des enfants déjà présents ou encore une alimentation mal équilibrée, faute de moyens, constituent autant de facteurs qui favorisent le surmenage, l'anémie, la toxémie et, par conséquent, un accouchement prématuré.

Les « filles DES »

On appelle « filles DES » les femmes dont les mères ont pris du Distilbène, ou DES, un **médicament prescrit en France entre 1948 et 1975** pour éviter les fausses couches. Sur 100 000 filles qui furent exposées *in utero* au Distilbène, plus de la moitié ont présenté des anomalies au niveau du vagin ou de l'utérus. Souvent bénignes, ces anomalies sont cependant des facteurs de risque importants, pouvant entraîner une grossesse extra-utérine ou une fausse couche spontanée au cours du premier trimestre, ou encore un accouchement prématuré. Dans le cas d'un arrêt de travail prématuré, les femmes Distilbène peuvent à présent bénéficier du congé de maternité dès le premier jour de cet arrêt de travail.

Chaque femme née au cours de ces années doit interroger sa mère pour savoir si elle a pris ce médicament au cours de sa grossesse. Si c'est le cas, elle doit en avertir son médecin, qui la suivra tout particulièrement.

La surveillance des grossesses à risque

Selon le type de risque et selon le moment de la grossesse, la surveillance médicale sera plus étroite, comprenant une visite médicale tous les quinze jours, voire toutes les semaines. En outre, selon les cas, des examens spécialisés seront effectués.

Les risques les plus fréquents pour le futur bébé sont un retard de croissance ou une naissance prématurée, souvent dus au mode de vie de sa mère. 80 % des grossesses se déroulent sans aucun problème.

Il s'agit de :

• l'échographie (voir pages 152-154) ;

• le doppler (voir page 154) ;

• la biopsie du trophoblaste (voir page 155) ;

• l'embryoscopie (voir page 154) ;

• la ponction du cordon ombilical (voir ci-dessous) ;

• le dosage de l'HT 21 (voir pages 215-216) ;

• le dosage d'alpha-fœtoprotéine (voir pages 216-217) ;

• l'amniocentèse (voir pages 217-219) ;

• la fœtoscopie (voir page 246) ;

• l'amnioscopie (voir page 365) ;

• la radiographie fœto-pelvienne (voir page 352) ;

• la radiopelvimétrie (voir page 389).

La ponction du cordon ombilical

Cet examen est effectué vers 3 mois de grossesse. Il s'agit d'une prise de quelques gouttes de sang fœtal prélevé à l'aide d'une aiguille fine dans la veine du cordon ombilical. Le prélèvement est pratiqué sous anesthésie locale et sous contrôle échographique. On localise tout d'abord le placenta, puis le bébé et ensuite le cordon ombilical. Le sang est tout de suite analysé et les résultats obtenus rapidement.

L'analyse précoce du sang du bébé permet de savoir s'il est atteint par une maladie infectieuse attrapée par la mère au cours de la grossesse telle que la rubéole ou la toxoplasmose (voir pages 68-69 et 122).

15ᵉ semaine de grossesse

▶ *17ᵉ semaine depuis le premier jour de vos dernières règles*
▶ *4ᵉ mois de grossesse*

Votre bébé semble respirer !

Votre bébé à naître

Sa taille est de 10 cm de la tête au coccyx et de 16 cm de la tête aux talons. Son poids est de 135 g. Le diamètre de sa tête mesurée par les ultrasons est de 3,9 cm. La longueur de son pied est de 2 cm !

Votre bébé bouge dans le liquide amniotique. Si vous avez déjà eu d'autres enfants, vous pouvez percevoir ces mouvements, mais s'il s'agit de votre premier enfant, vous ne les sentez pas ; attendez encore deux semaines.

L'**arbre pulmonaire** comprend la trachée et les deux lobes pulmonaires qui n'ont pas terminé leur maturation complète. Dans chacun des lobes, les divisions se poursuivent d'une manière régulière pour former les innombrables alvéoles au niveau desquelles se feront les échanges gazeux, quand votre bébé sera né.

Les poumons ne fonctionnent pas encore en tant qu'organe de la respiration. Toutefois, de pseudo-mouvements respiratoires ont lieu ; ils sont encore peu fréquents, rapides et irréguliers. Ces **mouvements de la poitrine** qui se lève et s'abaisse ont pour résultat de faire entrer dans les poumons du liquide amniotique, puis de l'expulser. N'oubliez pas que votre bébé respire par l'intermédiaire de votre sang. Vous lui apportez de l'oxygène et vous le débarrassez du gaz carbonique qu'il rejette.

C'est la raison pour laquelle il n'a pas besoin de ses poumons pour le moment. Et s'ils sont remplis de liquide amniotique, n'ayez pas peur, il ne risque pas de se noyer !

La déglutition et la respiration requièrent une coordination complexe entre les nerfs et les muscles. Le liquide amniotique est un bon milieu qui permet l'« entraînement », avant la naissance, de ces deux activités.

Vous, la future maman

Vous avez plus de 38 ans ? Dans ce cas, vous faites partie des grossesses à risque (voir page 205). Ne vous alarmez pas inutilement. Si vous n'avez pas de problème particulier, tout se déroulera d'une manière normale. Néanmoins, faites-vous surveiller correctement.

▶ Conseils

Être mère à quarante ans

Qu'il s'agisse ou non de votre première grossesse et même si apparemment tout va bien, être enceinte à 40 ans nécessite de prendre certaines précautions, notamment de se faire suivre très scrupuleusement. Une femme qui débute une grossesse vers 38 ou 39 ans est plus menacée qu'une autre par le risque de pathologies associées à la grossesse. Il s'agit le plus fréquemment d'hypertension artérielle et de maladies rénales qui peuvent avoir, entre autres répercussions, un retard dans le développement de l'enfant. Il faut aussi savoir que le taux de césariennes est plus élevé, en particulier quand il s'agit d'un premier accouchement.

Le risque de fausse couche spontanée est également très élevé, puisqu'il interrompt 33 % des grossesses entre la 8ᵉ et la 10ᵉ semaine.

Le risque le plus grave, directement lié à l'âge de la mère, reste la **trisomie 21** (voir pages 225-228). Pour cette raison, différents examens tels que l'HT 21 et l'amniocentèse (voir pages 217-219) sont proposés d'une manière systématique afin de dépister toute anomalie de cet ordre.

À la suite de cette surveillance très sévère, il apparaît que les femmes enceintes âgées de 40 ans ont souvent moins de problèmes que des femmes plus jeunes.

▶ Pour votre information

L'HT 21

Le terme « HT 21 » est la contraction de deux mots : « hormone » et « trisomie 21 ». On a remarqué qu'un taux anormalement élevé dans le sang de l'hormone de grossesse HCG (voir page 33) entre la 15e et la 18e semaine d'aménorrhée – c'est-à-dire entre la 13e et la 16e semaine de grossesse – fait suspecter une anomalie chromosomique responsable de la trisomie 21.

Le taux de l'hormone HCG qui est présente dans le sérum est évalué à partir d'une simple prise de sang. Les résultats sont connus sous un minimum de 10 jours. Ils n'ont pas valeur de diagnostic mais sont évalués en taux de risques : si les résultats sont positifs, il ne peut s'agir que d'une suspicion, qui nécessitera un examen plus approfondi ; une amniocentèse sera alors pratiquée. À peine 4 % des résultats entraînent une recherche plus poussée.

Pour des jumeaux, les résultats sont difficilement interprétables.

L'HT 21, également appelé triple test ou tri-test, constitue un moyen de dépistage de la trisomie 21. À la recherche du dosage de l'hormone HCG, il associe ceux de l'apha-fœtoprotéine et de l'œstriol.

Tout médecin doit obligatoirement proposer à la future maman, quel que soit son âge, ces examens de dépistage. Elle est libre de refuser mais, dans ce cas, doit signer une décharge.

Ces examens sériques permettent d'éliminer les amniocentèses inutiles et, par conséquent, d'en diminuer les risques.

Ne transformez pas les jours d'attente des résultats en jours d'angoisse. Ces examens sont là, au contraire, pour vous apprendre que votre bébé est tout à fait normal.

Quand, dans une famille, il existe une présomption importante de trisomie 21, on pratique autour de la 8e semaine de grossesse une biopsie du trophoblaste (voir pages 155-156).

Le dosage d'alpha-fœtoprotéine

Pratiqué dans la même prise de sang que la mesure de l'HT 21, le dosage d'alpha-fœtoprotéine est un examen qui est destiné à rechercher une éventuelle **malformation du système nerveux central**, en particulier le spina bifida. Ce terme désigne un éventail de malformations plus ou moins graves. Au sens littéral, *spina bifida* signifie « épine dorsale bifide ».

Quand, dans les premières semaines de grossesse, la formation tubulaire représentant le système nerveux central ne se ferme pas complètement, il en résulte un défaut de fermeture de la colonne vertébrale, accompagné d'une malformation de la moelle épinière qui entraîne une paralysie et une arriération mentale.

Le dosage d'alpha-fœtoprotéine consiste à rechercher dans le sang de la future mère une protéine émise par le fœtus. Si son taux est élevé, on peut craindre une anomalie du système nerveux. Au contraire, si son taux est trop bas, cela éveille le soupçon d'une maladie d'origine chromosomique et nécessite un complément d'information qui sera donné par une amniocentèse. Dans tous les cas, un taux bas ou élevé d'alpha-fœtoprotéine entraîne la poursuite d'autres recherches.

Ne transformez pas les jours d'attente des résultats d'examens en jours d'angoisse. Ces examens sont là, au contraire, pour vous apprendre que votre bébé est tout à fait normal.

Pour prévenir la formation de spina bifida, le médecin prescrit d'une manière systématique de l'acide folique (ou vitamine B9, voir page 137) lors des 2 ou 3 mois qui précèdent la grossesse et lors des 2 premiers mois de celle-ci quand, dans une famille, il y a déjà eu une telle malformation.

La même prévention est appliquée chez les femmes âgées de plus de 35 ans et chez celles ayant fait une fausse couche spontanée.

Ne vous affolez pas : le spina bifida est une maladie rare, qui se détecte également à l'échographie.

Le dosage d'œstriol

L'œstriol est une hormone œstrogène. Un taux trop bas d'œstriol dans le sang maternel peut laisser suspecter une trisomie 21 chez le fœtus.

L'amniocentèse

L'amniocentèse consiste en un prélèvement de liquide amniotique. Les cellules du bébé qu'il contient sont traitées selon certaines techniques de façon à pouvoir examiner leurs chromosomes. L'amniocentèse doit avoir lieu entre la 16ᵉ et la 18ᵉ semaine d'aménorrhée : avant cette date, il n'y a pas assez de liquide amniotique et pas suffisamment de cellules fœtales dans le liquide ; après cette date, la grossesse sera très avancée, et une interruption médicale de grossesse (IMG) sera d'autant plus difficile à supporter si l'amniocentèse révèle une anomalie du fœtus.

L'amniocentèse soulève, bien entendu, le problème de l'interruption médicale de grossesse. Cette dernière est autorisée par la loi jusqu'au terme de la grossesse si la vie de la mère est en danger ou si le fœtus est atteint d'une maladie grave et incurable – en l'occurrence une anomalie chromosomique. Elle n'est pas obligatoire. L'hypothèse en est toujours discutée avant la pratique de l'examen. D'ailleurs, la plupart des équipes médicales refusent de procéder à une amniocentèse si la future mère est farouchement opposée à l'éventualité d'une interruption de grossesse.

L'amniocentèse n'est donc pas obligatoire mais elle est proposée d'une manière systématique aux femmes qui ont dépassé l'âge de 38 ans ; dans ce cas, elle est entièrement remboursée par la Sécurité sociale. Avant l'âge de 38 ans, l'examen n'est pas remboursé, sauf pour les cas précis de grossesses à risque.

L'âge de 38 ans n'est pas choisi par hasard. En effet, c'est après cet âge que le risque d'avoir un enfant porteur d'une trisomie s'élève d'une manière considérable.

Les **trisomies** résultent d'un chromosome en trop. Ce surnombre peut porter sur les chromosomes 13, 18 et 21 (voir pages 225-228). Le risque de trisomie 21 est de 1 pour 2 000 à 28 ans. **Il passe à 1 pour 500 à partir de 38 ans et à 1 pour 100 à 40 ans.** Au-delà de 40 ans, le pourcentage augmente d'une manière plus rapide encore. Si vous avez plus de 38 ans et si vous désirez faire cet examen, ne vous laissez pas influencer si votre médecin le juge superflu. **Vous êtes en droit de l'exiger.**

Les indications de l'amniocentèse

• Pour détecter une anomalie chromosomique chez l'enfant d'une femme âgée de plus de 38 ans.

• Indépendamment de l'âge de la mère, l'amniocentèse est pratiquée d'une manière systématique chez les femmes ayant déjà eu un enfant atteint d'une maladie d'origine chromosomique.

• Chez une femme dont le dosage de l'HT 21 fait suspecter une trisomie 21.

• Chez une femme ayant déjà fait plusieurs fausses couches spontanées, celles-ci étant souvent le résultat d'un œuf présentant une anomalie chromosomique.

• Quand, dans un couple, l'un des futurs parents présente une maladie familiale grave telle que la mucoviscidose ou la myopathie.

• Chez une femme dont le dosage de l'alpha-fœtoprotéine fait suspecter une malformation de la moelle épinière (spina bifida).

• Pour diagnostiquer certaines maladies héréditaires liées au sexe telles que l'hémophilie ou la myopathie.

• Pour repérer certaines anomalies du système nerveux central. Cela ne se fait pas par l'étude des chromosomes mais par des examens biochimiques.

Dans tous ces cas, l'amniocentèse sera entièrement remboursée par la Sécurité sociale.

Par l'analyse du liquide amniotique, on peut vérifier si le bébé a été infecté par un parasite tel que le toxoplasme ou un virus tel que le cytomégalovirus (voir pages 125-126).

La technique de l'amniocentèse

Si la technique de l'amniocentèse est assez simple, il ne s'agit pas toutefois d'un examen de routine. Un risque de fausse couche existe, qui est aujourd'hui de l'ordre de 0,5 %.

La femme enceinte est allongée sur le dos, légèrement de côté. Après avoir repéré l'enfant par échographie, le praticien enfonce une aiguille à travers l'abdomen et la paroi utérine, jusque dans la cavité amniotique, où il prélève 5 à 10 millilitres de liquide. Si la future mère est Rh−, on lui injecte après l'intervention des immunoglobulines anti-D (voir pages 83-84). Impressionnante pour la mère, l'amniocentèse est indolore.

Si vous avez plus de 38 ans, vous êtes en droit d'exiger une amniocentèse.

L'établissement du caryotype

Les cellules du bébé, qui sont en suspension dans le liquide amniotique, sont mises en culture sur un milieu nutritif. Par l'addition d'une substance au milieu de culture, on bloque les cellules à un stade donné de leur division, quand les chromosomes sont bien individualisés et donc bien visibles. Étalées sur des lames de verre, les cellules sont observées au microscope et photographiées. Les 46 chromosomes d'une cellule ainsi photographiée – 23 chromosomes d'origine paternelle et 23 d'origine maternelle – sont alors découpés et assemblés par paires selon des normes internationales. L'assemblage qui en résulte s'appelle le caryotype. Toute anomalie du caryotype est le signe concret d'une anomalie chromosomique qui sera à l'origine d'une malformation ou d'une maladie.

Par la présence des chromosomes sexuels, le caryotype permet de connaître le sexe de l'enfant. Dans le cas d'une maladie liée au sexe, comme l'hémophilie ou la myopathie qui n'atteignent que les garçons, le caryotype renseigne sur le risque encouru par l'enfant à naître, quand la maladie est présente dans la famille.

L'établissement du caryotype nécessite une quinzaine de jours.

16e semaine de grossesse

Cette semaine, il va vous arriver quelque chose de merveilleux : pour la première fois, vous sentirez votre bébé bouger !

Votre bébé à naître

Sa taille est de 11 cm de la tête au coccyx et de 17,5 cm de la tête aux talons. Son poids est de 160 g. La longueur de son pied est de 2,5 cm et le diamètre de sa tête de 4 cm.

Tandis que les **oreilles** commencent à être en place sur les côtés de la tête, les yeux se sont beaucoup rapprochés. La rétine devient sensible à la lumière.

Tout le corps de votre bébé est recouvert d'un très fin duvet, doux comme de la soie, qui porte le joli nom de **lanugo** ; il tombera à la naissance pour être remplacé par un autre duvet, aux poils plus gros.

Et le miracle se produit enfin : **vous sentez votre bébé bouger !** Pour la première fois, vous le sentez vraiment vivre en vous. Bien sûr, il y a eu tous ces petits malaises qui vous ont indiqué son existence, il y a eu cette première échographie où vous avez entendu son cœur battre, mais c'était sur un écran, hors de vous. Maintenant, vous sentez dans votre ventre que ça bouge ! Il y a quelqu'un qui s'agite ! Pour le moment, les mouvements perçus sont légers comme des ailes de papillon. Mais attendez la suite !

Vous, la future maman

La grande quantité de progestérone que vous produisez a pour effet de relâcher tous vos muscles lisses. L'effet secondaire indésirable est un ralentissement des fonctions intestinales. Ne laissez pas la constipation s'installer. évitez les aliments trop sucrés et mangez des produits naturels, riches en fibres. Si votre constipation est tenace, ne prenez aucun médicament sans en parler à votre médecin.

▶ Conseils

La deuxième échographie

La 20ᵉ semaine de grossesse – c'est-à-dire la 22ᵉ semaine d'aménorrhée – constitue la période idéale pour pratiquer une deuxième échographie. Celle-ci permet une étude précise de toutes les structures physiques externes de votre bébé afin de détecter une éventuelle anomalie de formation.

De plus, on va juger de sa bonne croissance en mesurant le diamètre de sa tête, ou diamètre bipariétal (BIP), ainsi que le diamètre abdominal au niveau de l'ombilic. En outre, on fera également une mesure de l'os du nez pour rechercher une éventuelle trisomie 21 (voir pages 225-228).

Si votre bébé n'est pas bien orienté, en particulier si on ne peut pas apercevoir son dos, dans le doute de spina bifida (voir pages 216-217), l'échographie sera renouvelée.

Sur cette deuxième échographie seront visibles (et cela dès la 14ᵉ semaine de grossesse) :

• la main qui se rapproche de la bouche ;

• les mouvements de déglutition ;

• le réflexe plantaire, qui indique que le sens du toucher

existe : quand le bébé touche la paroi utérine avec son pied, il se recule ;

• les mouvements des muscles de la respiration : le diaphragme et la paroi thoracique se soulèvent ;

• le cerveau ;

• le placenta, qui est bien visible entre la 12ᵉ et la 18ᵉ semaine.

◗ Pour votre information

Les risques d'avoir un enfant anormal

Évidemment, tout le monde y pense. On a beau se dire que cela n'arrive qu'aux autres, on sait très bien, au fond de soi, qu'on n'est pas à l'abri d'un accident. Le pourcentage d'enfants nés avec une anomalie ne dépasse pas 3 % et, dans ce chiffre, entre un grand nombre d'anomalies mineures qui sont tout à fait guérissables. Excepté les accidents liés à l'âge de la mère (voir pages 207-208), les malformations ont diverses origines ; avec plus de précautions, un certain nombre d'entre elles pourraient être évitées.

Les maladies congénitales

On appelle maladie congénitale une maladie qui est apparue pendant la vie intra-utérine et s'est révélée à la naissance.

Les anomalies liées à un accident de la grossesse

Ces accidents peuvent être dus à une maladie de la mère telle que la rubéole (voir pages 68-69), la toxoplasmose (voir pages 122-123), le sida (voir pages 123-125) ou encore la syphilis (voir page 123), ainsi qu'à une intoxication de la mère par l'intermédiaire de divers produits chimiques (voir page 66) ou à une exposition aux rayons X (voir page 65).

Quand l'accident a lieu à un stade précoce de la grossesse, alors que les membres et les organes sont en formation, le risque encouru par le bébé à naître est grand. Les malformations seront moins importantes si l'accident a lieu à un stade plus tardif de la grossesse.

Les anomalies liées au mode de vie de la mère

Il s'agit notamment de l'alcoolisme (voir pages 76-77), du tabagisme (voir page 75) ou encore de la drogue (voir pages 77-78).

Les anomalies liées à l'âge de la mère

C'est particulièrement vrai pour la trisomie 21 qui est plus fréquente chez les enfants de femmes très jeunes ou ayant plus de 38 ans (voir pages 207-208).

L'existence d'une maladie héréditaire

On appelle maladie héréditaire une maladie que l'enfant reçoit en héritage de ses parents. Cette maladie est codée par les gènes qui, en s'exprimant, déterminent la maladie.

Parmi les maladies héréditaires, un grand nombre ne s'accompagnent d'aucune malformation et sont compatibles avec une vie normale ; et un grand nombre d'entre elles peuvent actuellement être traitées.

La maladie héréditaire peut très bien ne pas être apparente à la naissance et se manifester plus tard. Tel est par exemple le cas de la myopathie, une maladie musculaire grave, dont l'apparition est progressive et qui frappe surtout les garçons.

L'alcool, le tabac et toute autre drogue sont la cause de malformations graves chez le bébé à naître. Ne l'oubliez pas.

La maladie héréditaire peut également ne pas s'exprimer du tout, mais, dans ce cas-là, le sujet reste porteur du gène qui est responsable de la maladie et le transmet à sa descendance ; quand on connaît le gène incriminé ainsi que sa fréquence dans la population, il est alors possible d'évaluer le risque exact de transmission de ce gène.

Le mariage entre cousins germains

Les mariages consanguins, et surtout ceux entre cousins germains, multiplient les risques de voir apparaître une anomalie. Une tare familiale peut être cachée car elle est récessive. Portée par un chromosome de l'un des parents, elle possède de fortes probabilités d'être également portée par le chromosome de l'autre parent, puisque qu'il appartient à la même famille. L'enfant qui reçoit le gène responsable de la maladie à la fois de son père et de sa mère sera obligatoirement atteint de cette maladie. Au contraire, avec un conjoint pris au hasard dans la population, le risque aurait été extrêmement dilué, car il y avait plus de chances que le gène correspondant soit tout à fait normal. Ce gène normal étant dominant sur le gène portant la maladie, l'enfant issu de ce mariage serait porteur mais sain.

Le risque pour un enfant issu du mariage de cousins germains peut être calculé lorsque la tare est connue. Mais, dans le cas d'une maladie non apparente, le risque est beaucoup plus difficile à évaluer.

Les maladies héréditaires d'origine chromosomique

Ces maladies héréditaires peuvent porter soit sur le nombre des chromosomes soit sur leur structure.

L'anomalie de nombre

L'exemple le plus caractéristique est la trisomie 21. À la suite d'une erreur dans la répartition des chromosomes survenue au cours de l'une des divisions de l'ovocyte, le zygote, la première cellule du bébé (voir page 43), possède 3 chromosomes

21 au lieu de 2 – d'où le nom de trisomie 21. Toutes les cellules de l'individu, qui sont issues de cette première cellule, auront, elles aussi, un chromosome en trop. Il en résultera un surnombre de gènes, dont les ordres vont conduire à une surproduction de substances chimiques qui aboutira à la formation des traits caractéristiques de la trisomie 21.

Comment est détectée la trisomie 21 ?

Une suspicion de trisomie 21 peut être détectée par :

• le dosage de l'HT 21 (voir page 215) ;

• la mesure de la clarté nucale, qui est réalisée à la 12e semaine de grossesse, au cours de la première échographie (voir pages 150-152).

Ces examens donnent une première indication, complétée par une amniocentèse (voir page 217) ; cette dernière permet d'établir le caryotype du bébé (voir page 220), qui révélera d'une façon irréfutable s'il y a ou non trisomie.

Quand, dans une famille, il existe une présomption importante de trisomie 21, on pratique une biopsie du trophoblaste autour de la 8e semaine de grossesse (voir page 155). Cette technique permet d'établir le caryotype du bébé.

L'anomalie de structure

Un fragment de chromosome peut se casser et se perdre, ou se fixer sur un autre chromosome. C'est ce que l'on appelle une translocation. La conséquence visible est une anomalie.

Heureusement, un grand nombre d'œufs qui possèdent des chromosomes anormaux ne sont pas viables et sont éliminés. Telle est en effet la cause de très nombreuses fausses couches qui surviennent entre la 6e et la 8e semaine de grossesse. La nature fait bien les choses.

Si l'aberration porte sur les chromosomes sexuels, elle va déterminer des anomalies dont les plus connues sont :

• le **syndrome de Klinefelter**. Seuls les garçons sont touchés, avec une fréquence dans la population de 1 cas sur 500. Ils possèdent un chromosome X supplémentaire, donc 47 chromosomes. Leur formule chromosomique est XXY, ce qui détermine une atrophie testiculaire, cause de stérilité ;

• le **syndrome de Turner**. Seules les filles sont touchées, avec une fréquence dans la population de l'ordre de 1 cas sur 3 000. Leur formule chromosomique est XO. Elles possèdent donc 45 chromosomes. Leur morphologie est féminine, mais elles sont de petite taille et n'ont pas d'ovaires.

Les maladies héréditaires d'origine génique

L'anomalie ne concerne qu'un gène, c'est-à-dire une infime portion de chromosome. Le gène perturbé envoie des ordres qui font dévier de leur travail normal les cellules qui les reçoivent. Certaines vont fabriquer trop ou pas du tout d'enzymes, ces maillons indispensables pour le bon fonctionnement des chaînes métaboliques.

Il s'ensuit une perturbation dans le métabolisme des protéines, des glucides ou bien des lipides, avec l'apparition de maladies graves telles que la phénylcétonurie ou la galactosémie, parmi les plus connues. Ces affections, qui sont recherchées d'une manière systématique dès la naissance, voient leurs effets compensés par un régime alimentaire approprié. Si elles ne sont pas traitées, elles seront la cause d'arriérations mentales.

D'autres cellules vont élaborer des produits de mauvaise qualité et ne rempliront donc pas le rôle pour lequel elles sont conçues. C'est le cas des globules rouges dont l'hémoglobine déficiente assure mal le transport de l'oxygène dans la maladie appelée la drépanocytose.

> ⚠ **À signaler à votre médecin** : l'existence d'une maladie héréditaire familiale.

Aujourd'hui, plus de 3 000 maladies métaboliques héréditaires d'origine génique sont connues. Leur gravité est d'importance variable, puisqu'elles vont du simple daltonisme à la myopathie.

La transmission de l'anomalie génique

La transmission de l'anomalie génique se fait selon les lois de l'hérédité, à l'instar de la transmission de tous les caractères de l'individu. Même s'il est présent chez un seul des deux parents, un gène dominant s'exprime dans la descendance. Ce qui ne signifie pas que 50 % des enfants seront atteints ; dans le calcul des risques intervient le fait que le compagnon est sain.

Pour qu'un gène récessif s'exprime dans la descendance, il faut qu'il soit présent chez les deux parents. Le père et la mère qui possèdent le gène récessif en un seul exemplaire ne présentent pas la maladie mais en sont porteurs. La maladie apparaît chez l'enfant quand les deux gènes parentaux se retrouvent dans la cellule-œuf, soit avec un risque de 1 sur 4.

Il arrive assez fréquemment que l'hérédité soit liée au sexe, c'est-à-dire que le gène incriminé dans la maladie soit porté par un chromosome sexuel. Dans ce cas, il s'agit toujours du chromosome X.

Si le gène anormal porté par le chromosome X est récessif, il ne se manifestera pas chez les filles, qui seront seulement porteuses. L'anomalie transmise par les femmes atteint 50 % des garçons. Tel est le cas de maladies comme l'hémophilie ou encore la myopathie (voir le schéma page 230).

La consultation de génétique

La consultation de génétique permet aux généticiens d'établir le caryotype, c'est-à-dire la carte d'identité des chromosomes des futurs parents (voir page 220). Cela offre la possibilité de savoir s'ils sont porteurs d'une anomalie transmissible à leur descendance et, dans ce cas, selon quelle fréquence.

Cet examen n'est pas fait d'une manière systématique ; il s'adresse uniquement aux familles pour lesquelles il existe un risque de voir naître un enfant porteur d'une malformation d'origine chromosomique :

• aux couples qui ont déjà eu un enfant anormal et qui veulent connaître les risques encourus lors d'une future grossesse ;

• aux femmes qui ont déjà fait plusieurs fausses couches à la suite d'une aberration chromosomique ;

• aux sujets porteurs d'une maladie ou d'une malformation et qui désirent connaître le risque de transmission de l'anomalie à leurs enfants ;

• aux cousins germains qui souhaitent se marier.

Les généticiens ne sont pas en mesure de dire si l'enfant aura ou non la maladie ; ils fournissent seulement des probabilités. En fonction de l'estimation du risque et de la possibilité de diagnostic prénatal, ils orienteront ou non vers une amniocentèse (voir pages 217-219). Par cette amniocentèse qui permet d'étudier les chromosomes de l'enfant lui-même, on verra si la maladie touche ou non cet enfant-là.

À partir d'une simple prise de sang, le caryotype établit la carte d'identité des chromosomes des futurs parents.

La transmission de l'hémophilie.

Transmise par les femmes, elle se manifeste uniquement chez les garçons par une coagulation sanguine déficiente.
Le gène est récessif.

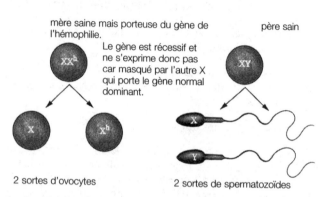

mère saine mais porteuse du gène de l'hémophilie.

Le gène est récessif et ne s'exprime donc pas car masqué par l'autre X qui porte le gène normal dominant.

père sain

2 sortes d'ovocytes

2 sortes de spermatozoïdes

Au cours de la fécondation, il y a réunion, au hasard, de 2 cellules sexuelles.

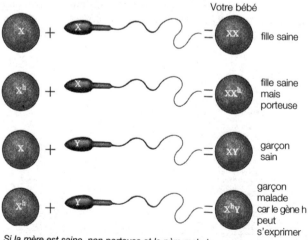

Votre bébé

fille saine

fille saine mais porteuse

garçon sain

garçon malade car le gène h peut s'exprimer

Si la mère est saine, non porteuse et le père malade, tous les garçons seront sains et toutes les filles seront porteuses.

17ᵉ semaine de grossesse

▌ *19ᵉ semaine depuis le premier jour de vos dernières règles*

▌ *4ᵉ mois de grossesse*

Votre bébé étire maintenant ses bras et ses jambes ! Tous ces mouvements peuvent être vus à l'échographie.

Votre bébé à naître

Sa taille est de 12 cm de la tête au coccyx et de 19 cm de la tête aux talons. Son poids est de 200 g. Le diamètre de sa tête est maintenant de 4,5 cm.

La **peau** de votre bébé a acquis sa constitution définitive. Cependant, elle est encore si mince qu'on peut voir tous les petits capillaires qui la parcourent comme autant de petits sillons roses.

Les fibres nerveuses de la moelle épinière s'entourent de **myéline** : il s'agit d'une substance riche en lipides qui sert de gaine isolante et protectrice ; elle permet la conduction de l'influx nerveux sans risque de courts-circuits.

L'intestin de votre bébé continue de se développer. Tout en s'allongeant, il se contourne pour prendre maintenant sa place définitive. Une toute petite expansion apparaît : c'est l'**appendice** !

Dans l'intestin, une substance, appelée méconium, composée de petits débris cellulaires qui flottent dans le liquide amniotique et que votre bébé avale, commence à s'accumuler. À la naissance, le bébé éliminera ce méconium. Ce sera le premier mouvement actif de son intestin.

Vous, la future maman

À partir de ce 4e mois de grossesse, le médecin ou la sage-femme va, d'une façon régulière, mesurer votre utérus avec un ruban de couturière afin de contrôler la croissance de votre bébé. Il inscrit le résultat sur votre dossier à côté des lettres « HU », qui signifient « hauteur utérine ».

La hauteur utérine est la distance comprise entre le bord supérieur du pubis et le fond de l'utérus. On sent ce dernier à la main, quand la consistance ferme de l'utérus laisse place à la mollesse de l'intestin. Ce chiffre est constant pour plusieurs semaines. À 4 mois, la hauteur utérine est de 16 cm. À 4 mois et demi, ce qui correspond au milieu de la grossesse, l'utérus arrive au nombril, soit au milieu du ventre.

▶ Conseils

L'observation du col de l'utérus

La visite médicale du 4e mois est importante car elle permet à votre médecin d'apprécier l'état de votre col et de prendre les mesures qui s'imposent. Il sera particulièrement attentif à l'état de votre col si :

• vous avez déjà eu plusieurs accouchements ;

• vous n'avez eu qu'un seul accouchement, mais difficile ;

• vous avez eu une interruption volontaire ou médicale de grossesse ;

• vous êtes « fille du Distilbène », ou « fille DES » (voir page 211).

Autant de causes pouvant provoquer une perte de tonicité musculaire, dont le résultat est la béance du col. Indépendamment des accouchements, la béance du col peut être provoquée par des contractions qui allaient aboutir à une fausse couche et qui ont été arrêtées par un traitement approprié et du repos ; elle peut aussi être congénitale et n'avoir aucune raison apparente ; c'est le cas d'un certain nombre de futures mères. La béance du col est toujours située du côté de l'utérus et se voit très bien à l'échographie. Selon l'état de béance, votre médecin vous conseillera un cerclage.

◗ Pour votre information

Le cerclage

Le cerclage ne peut être pratiqué qu'entre la 12ᵉ et la 21ᵉ semaine d'aménorrhée, c'est-à-dire entre la 10ᵉ et la 19ᵉ semaine de grossesse. Il consiste à maintenir le col fermé par un fil très solide qui est passé tout autour. Si le cerclage est fait parfois sous anesthésie générale, il est souvent réalisé sous anesthésie locale seulement ; quelquefois encore, le médecin se contente de prescrire une médication à base de calmants et de barbituriques.

Habituellement, l'hospitalisation dure 48 heures, car le fait de tirer sur le col pour le fermer risque d'entraîner des contractions.

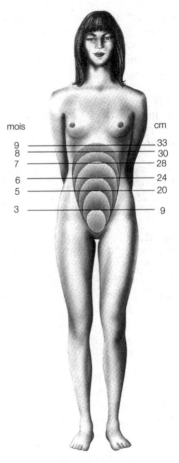

Hauteur de l'utérus suivant l'âge de la grossesse.

Un certain nombre de précautions doivent donc être prises :

• le vagin est désinfecté avant et après l'intervention ;

• des agglutinines anti-D sont administrées à la future mère si elle est Rh– (voir page 83) ;

• des substances médicamenteuses sont injectées par voie intraveineuse à la future mère, avant, pendant et après l'intervention, afin d'éviter l'apparition de contractions. Le traitement est ensuite poursuivi un certain temps par voie orale.

Si l'on vous fait un cerclage, vous devrez par la suite prendre d'infinies précautions et, en particulier, vous reposer en vous allongeant le plus souvent possible, surtout à partir du 5e mois.

Si le cerclage provoque des contractions, vous **devez en avertir votre médecin au plus vite.** Il jugera de l'opportunité de vous décercler, même si ce n'est pas encore le moment. C'est ce qui arrive dans 20 % des cas.

Le décerclage a souvent lieu à la 37e semaine, quelquefois plus tard. Il se fait à l'hôpital et la plupart du temps sans anesthésie. Les mêmes précautions sont prises que lors du cerclage. Vous avez alors toutes les chances d'accoucher dans les 24 heures qui suivent votre décerclage ; mais il se peut aussi, si vous avez respecté toutes les recommandations de repos total, que vous accouchiez à terme.

À savoir

La 1re des 8 séances de préparation à l'accouchement est un entretien d'information, qui se déroule assez tôt, en général vers le 4e mois de grossesse. Les 7 autres auront lieu au 7e mois (voir pages 326-328).

RÉCAPITULATIF DU 4ᴱ MOIS DE VOTRE BÉBÉ

Âge de votre bébé	14ᵉ semaine	15ᵉ semaine	16ᵉ semaine	17ᵉ semaine
Sa taille	• 9 cm de la tête au coccyx. • 14 cm de la tête aux talons.	• 10 cm de la tête au coccyx. • 16 cm de la tête aux talons.	• 11 cm de la tête au coccyx. • 17,5 cm de la tête aux talons.	• 12 cm de la tête au coccyx. • 19 cm de la tête aux talons.
Son poids	110 g	135 g	160 g	200 g
Son développement	• La tête de votre bébé est à présent tout à fait droite. • Il tourne les yeux et fronce les sourcils. • Les jambes sont plus longues que les bras. • Apparition dans l'épiderme des corpuscules du toucher. • L'intestin rentre dans la cavité abdominale. • Sécrétion de l'hormone thyroïdienne.	Pseudo-mouvements respiratoires : le liquide amniotique entre puis sort des poumons.	• Les oreilles sont à présent bien placées sur les côtés de la tête. • La rétine est sensible à la lumière, mais votre bébé garde les yeux fermés, protégés par ses paupières. • Le corps de votre bébé se couvre d'un fin duvet : le lanugo.	• La peau est transparente : on voit le réseau des capillaires sanguins. • Les fibres nerveuses de la moelle épinière s'entourent de myéline, conductrice de l'influx nerveux. • L'appendice de l'intestin se forme. • Le méconium commence à s'accumuler dans l'intestin.
Observations générales	Des relations s'établissent entre les organes qui commencent à travailler ensemble.	L'électrocardiogramme de votre bébé est semblable à celui d'un adulte.		Votre bébé bouge, mais peut-être ne le sentez-vous pas encore.

RÉCAPITULATIF DU 4ᴱ MOIS DE VOTRE GROSSESSE

Âge de la grossesse	14ᵉ semaine	15ᵉ semaine	16ᵉ semaine	17ᵉ semaine
Observations générales	La cavité amniotique contient 250 cm³ de liquide.	Si c'est votre premier bébé, vous ne sentez pas encore ses mouvements.	Votre utérus a la taille d'une noix de coco.	• La hauteur utérine (HU) est de 16 cm. • Vous sentez peut-être votre bébé bouger.
Symptômes possibles	Vous êtes en forme !		Ralentissement des fonctions intestinales dû à la progestérone.	
Précautions à prendre	Faites une visite médicale supplémentaire si vous faites partie des grossesses à risque.	Si vous avez 40 ans ou si vous attendez des jumeaux, votre grossesse est plus spécialement surveillée.	Mangez des aliments riches en fibres.	
Examens		Quel que soit votre âge : • recherche de l'HT 21 ; • dosage d'alpha-protéine ; • amniocentèse selon le résultat de l'HT 21 ou si vous avez plus de 38 ans.		S'il y a béance du col : cerclage.
Démarches		2ᵉ visite médicale obligatoire.		

5ᵉ mois

Votre bébé est là et bien là ! Vous le sentez faire des galipettes car ses muscles ont pris de la force et ses mouvements sont plus vigoureux. Il ne se gêne pas pour vous lancer des coups de pied, même en pleine nuit !

Ce cinquième mois est extraordinaire pour lui : il possède la structure fondamentale de base de la pensée humaine. Dans son cerveau, les cellules nerveuses sont là, au nombre impressionnant d'une dizaine de milliards. Elles vont commencer à se relier les unes aux autres pour câbler cet ordinateur très élaboré qu'est le cerveau humain. Ce câblage, qui se poursuivra pendant toute l'enfance et l'adolescence, dépendra avant tout des informations qu'il recevra. Le rôle des parents comme éducateurs sera alors primordial.

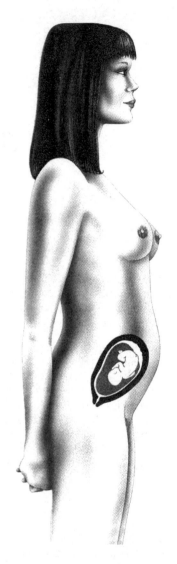

Vous, 18 semaines après votre fécondation.

18ᵉ semaine de grossesse

▶ *20ᵉ semaine depuis le premier jour de vos dernières règles*
▶ *Début du 5ᵉ mois de grossesse*

À la fin de cette semaine, vous aurez déjà fait la moitié du chemin !

Votre bébé à naître

Sa taille est de 13 cm de la tête au coccyx et de 20 cm de la tête aux talons. Son poids est de 240 g. Le diamètre de sa tête est d'environ 4,8 cm.

La peau de votre bébé commence à s'épaissir un peu mais reste tout de même encore très fine et transparente.

Sur ses doigts, on peut déjà observer la marque de ses **empreintes digitales** ! Les **ongles** se forment, et quelques **cheveux** tendent à apparaître.

Le **cœur** est maintenant suffisamment gros pour être entendu avec un simple stéthoscope posé sur l'abdomen de la future mère.

À présent, en cette 18ᵉ semaine de grossesse, la multiplication des cellules nerveuses est terminée. Leur nombre définitif – de 12 à 14 milliards – est acquis une fois pour toutes. Il commencera à diminuer d'une manière progressive dès le moment de la maturation complète du cerveau, c'est-à-dire vers l'âge de 18 ans.

Les **muscles** prennent désormais de la force ; c'est la raison pour laquelle les mouvements de votre bébé sont plus vigoureux. Et vous commencez à les sentir d'une façon beaucoup plus nette.

Vous, la future maman

Comme tous les autres organes, votre glande thyroïde est plus active. Cela a pour conséquence une élévation de la température interne du corps. Vous avez souvent trop chaud et, pour ramener votre corps à une température normale, votre transpiration augmente. Ce mécanisme permet de libérer, grâce à la transpiration, l'excès de déchets produits par votre organisme et par celui de votre bébé.

Cette élévation de température est inconfortable pendant les mois d'été. Aussi, si vous devez partir en vacances, choisissez en toute connaissance de cause un endroit tempéré.

Si votre grossesse se déroule en hiver, ne vous couvrez pas pour autant d'une façon excessive. Portez plusieurs vêtements légers que vous pourrez retirer au fur et à mesure de vos besoins.

Si vous transpirez beaucoup, mettez un peu de talc aux endroits les plus exposés ; il absorbera l'excès de sueur et vous évitera des échauffements et des irritations de la peau.

◗ Conseils

À cette période de votre grossesse, vous vous sentez réellement bien. Vos nausées sont terminées et la fatigue des premiers mois est passée. Votre ventre n'est pas encore trop encombrant. Vous vous sentez active et vous avez envie d'entreprendre et de bouger. Par ailleurs, votre bébé est maintenant bien installé et vous ne craignez plus de fausse couche. C'est donc le moment pour vous de faire des choses un peu fatigantes que vous ne pourrez plus faire quand votre grossesse aura encore évolué, en particulier à partir du 6ᵉ mois.

Si vous envisagez de déménager ou de rénover votre appartement, c'est le moment.

C'est aussi la période idéale pour faire des voyages.

Les voyages et les vacances

Où que vous alliez, si vous décidez de faire un voyage ou de partir en vacances, ne vous embarquez pas sans l'accord de votre médecin.

Les transports

Si vous pouvez prendre l'**avion** sans problèmes, sachez toutefois que certaines compagnies aériennes refusent les femmes enceintes à partir du 8ᵉ mois. Quant au **train,** il ne présente aucune contre-indication.

Le mode de transport le moins bien adapté est finalement la **voiture** : non seulement les soubresauts continuels peuvent déclencher des contractions mais, de plus, le risque d'accident est important. Or, tout choc risque d'avoir des conséquences graves. En voiture, ayez toujours la ceinture de sécurité. Placez-la de telle façon qu'elle passe au-dessus et au-dessous de votre ventre. Ne la mettez jamais sur votre ventre car, en cas de choc, elle comprimerait dangereusement votre utérus. Ne faites jamais un long trajet mais procédez par petites étapes afin de vous reposer pendant les haltes. Ne mangez pas trop.

Vous pouvez conduire vous-même, rien ne s'y oppose excepté le risque de chocs. Une extrême prudence est donc de rigueur. Roulez doucement pour éviter les coups de frein intempestifs devant un obstacle inattendu. N'oubliez jamais que la moindre émotion ou la moindre secousse provoque dans votre sang une décharge hormonale pouvant être à

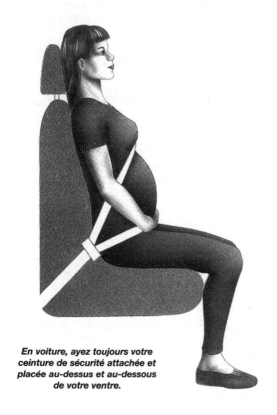

En voiture, ayez toujours votre ceinture de sécurité attachée et placée au-dessus et au-dessous de votre ventre.

l'origine de contractions utérines. Sachez également que la grossesse ralentit vos réflexes.

Quel que soit le mode de transport que vous adopterez, ne partez jamais sans prendre avec vous des suppositoires antispasmodiques prescrits par votre médecin. Ils seront utiles en cas de douleurs ou de tiraillements dans le bas-ventre ou, pire, de contractions.

Choisissez bien l'endroit de vos vacances

Un seul mot d'ordre : faites des choses raisonnables !

Ce n'est vraiment pas le moment de s'essayer à des excentricités et de vouloir tenter à tout prix un trekking au Népal ou une randonnée à bicyclette.

Avant de partir, assurez-vous d'un minimum de précautions :

• vous devez pouvoir vous reposer. Aussi, évitez les circuits touristiques où vous serez en déplacement continuel ;

• assurez-vous que toutes les conditions d'hygiène sont réunies ; attention à la qualité de l'eau que vous consommerez ;

• votre régime alimentaire doit être correct. N'oubliez pas l'importance de votre alimentation pour une bonne croissance de votre bébé ;

• vous devez vous renseigner sur la présence d'un médecin non loin du lieu de votre séjour. Si votre départ a lieu autour du 6e mois et à plus forte raison après, assurez-vous de la proximité d'un hôpital bien équipé. Un accouchement prématuré est toujours possible ;

• emportez avec vous le double de votre dossier médical, que vous constituerez avec le double des ordonnances et des examens ;

• dans un pays étranger, ne prenez jamais un médicament que vous ne connaissez pas ;

• ne vous inscrivez pas dans un endroit nécessitant des vaccins irréalisables en ce moment (voir pages 244-245). Pour cette raison, évitez les pays tropicaux.

Si vous allez au bord de la mer

• **Marchez** beaucoup dans l'eau. L'eau de mer vous fouettera les jambes et activera votre circulation sanguine.

• **Nagez.** La natation constitue l'un des meilleurs sports pour la femme enceinte. L'eau fraîche vous tonifie et vous porte, rendant vos mouvements plus aisés.

• **Protégez-vous du soleil.** Votre peau est plus fragile pendant tout le temps de votre grossesse. Le soleil accentue les traces brunes irrégulières qui forment le masque de grossesse (voir page 105). De plus, il dilate les vaisseaux sanguins et favorise l'apparition de couperose sur le visage, de varicosités et même de varices sur les jambes. Parce que la grossesse prédispose aux mêmes phénomènes, évitez autant que possible d'en accentuer les effets.

❱ Pour votre information

Les vaccins

Les vaccins ne sont pas tous compatibles avec la grossesse ; aussi les médecins s'abstiennent-ils de vacciner une future maman. Ils recommandent d'éviter au maximum les situations à risques telles que les enfants malades, le jardinage et les voyages lointains.

On distingue trois types de vaccins.

Les vaccins vivants

Obtenus avec des virus atténués, les vaccins vivants sont inoffensifs pour la mère mais peuvent atteindre le bébé à travers le placenta. Il s'agit des vaccins contre la rubéole, la fièvre jaune, la rougeole, les oreillons, la varicelle, la tuberculose (BCG) et la poliomyélite par voie orale. **Ils sont absolument proscrits pendant la grossesse.**

Les vaccins tués

Produits à partir de virus tués, ces vaccins ne présentent *a priori* aucun danger pour le bébé. Il s'agit des vaccins contre la poliomyélite sous sa forme injectable, contre l'hépatite A et B, la grippe, la rage et l'encéphalite à tiques.

Les vaccins bactériens

Ils sont obtenus à partir d'une protéine prélevée sur un virus ou sur une bactérie, ou encore reproduite d'une manière artificielle. Il s'agit des vaccins contre le tétanos, la diphtérie, la coqueluche, la méningite à méningocoques, la fièvre thyphoïde et les infections à pneumocoques. En cas d'absolue nécessité, ils peuvent être prescrits aux femmes enceintes.

À savoir

Avant de commencer une grossesse, vérifiez que vous êtes à jour de vos vaccinations obligatoires (DTP et BCG). Vérifiez également que vous avez été vaccinée contre la rubéole (voir pages 68-69).

La prévention du paludisme

Le paludisme est dangereux pour les femmes enceintes, car la forte fièvre qu'il provoque risque de déclencher une fausse couche.

Si vous devez partir dans un pays tropical, vous devez le signaler à votre médecin qui vous prescrira un traitement à titre préventif. Suivez bien ses instructions quant aux doses et à la durée des prises. Surtout, ne prenez rien sans son avis, car certains antipaludéens sont interdits à la femme enceinte.

La prévention du paludisme n'est pas uniquement médicamenteuse. Elle commence par des gestes simples :

• couvrez-vous les bras et les jambes pour éviter au maximum de vous faire piquer par des moustiques, vecteurs de la maladie ;

• pulvérisez sur vos vêtements des produits qui font fuir les insectes.

C'est le moment idéal pour voyager. Évitez cependant les pays nécessitant des vaccins.

La surveillance du bébé : la fœtoscopie

La fœtoscopie est effectuée entre la 20ᵉ et la 24ᵉ semaine d'aménorrhée. Elle est pratiquée uniquement chez une femme ayant déjà eu un enfant anormal ou faisant partie d'une famille présentant une maladie héréditaire grave.

Par cette technique, le fœtus peut être observé directement dans l'utérus. Pour cela, on introduit un tube long et fin muni d'un système optique à travers la paroi abdominale, jusque dans la cavité utérine, après une anesthésie locale. L'optique peut être déplacée pour observer le bébé dans ses moindres détails.

Cette méthode est surtout utilisée pour :

• détecter une malformation, notamment de la face, des mains ou des pieds ;

• faire des prélèvements de différents tissus tels que la peau ou le foie, à des fins d'analyse ;

• prélever du sang fœtal pour dépister des maladies du sang telles que la drépanocytose et l'hémophilie (voir pages 284 et 230) ou des maladies métaboliques qui peuvent être soignées d'une manière très précoce.

Il est à noter que le sang est le plus souvent recueilli par ponction du cordon ombilical (voir page 212).

La fœtoscopie dure environ 20 minutes et nécessite plusieurs jours d'hospitalisation.

19ᵉ semaine de grossesse

▶ *21ᵉ semaine depuis le premier jour de vos dernières règles*

▶ *5ᵉ mois de grossesse*

Savez-vous comment votre bébé occupe ses journées ? Il dort !

Votre bébé à naître

Sa taille est de 14 cm de la tête au coccyx et de 21,5 cm de la tête aux talons. Son poids est de 335 g. Le diamètre de sa tête est aux environs de 5,1 cm. La tête et le cou représentent, en cette 19ᵉ semaine de grossesse, le tiers de la longueur de l'ensemble du corps.

Votre bébé est maintenant extrêmement actif. Il bouge ses bras et ses jambes, et fait même de véritables ruades. Suspendu à son cordon, il pédale, se retourne et expérimente d'innombrables galipettes.

Il aime changer de position et adore se déplacer ; pour cela, il pousse avec ses pieds sur la paroi de l'utérus ! Alors, sur votre ventre apparaît soudain une bosse : c'est votre bébé qui se frotte contre vous. Cette bosse qui bouge, c'est peut-être un pied, un bras ou encore sa tête. **Caressez tout doucement cette petite bosse** pour montrer à votre bébé que vous savez que c'est lui.

Votre bébé dort environ 16 à 20 heures sur 24. Son sommeil commence à être rythmé par des phases de sommeil profond et des phases de sommeil léger. Pendant les périodes de sommeil léger, une petite tape sur votre abdomen peut le faire sursauter. Les périodes de sommeil et de veille peuvent être appréciées par l'observation de son activité motrice ainsi que de son rythme cardiaque ; elles ne correspondent pas du tout au rythme du sommeil de la mère. Aussi pouvez-vous être réveillée en pleine nuit par votre bébé qui n'a pas sommeil du tout et qui s'agite. Caressez doucement votre ventre. Il se calmera et, avec un peu de chance, pourrez-vous peut-être vous rendormir !

Vous, la future maman

Vous vous essoufflez rapidement. Vos organes travaillant davantage, vous libérez beaucoup plus de gaz carbonique. De surcroît, vous devez éliminer le gaz carbonique de votre bébé et lui apporter de l'oxygène. Pour cela, vous respirez plus rapidement. Cette hyperventilation vous rend plus fatigable à l'effort.

La difficulté à respirer s'explique également par le fait que l'utérus, en augmentant de volume, repousse la masse abdominale vers le haut, qui appuie alors sur le diaphragme et diminue le volume de la cage thoracique.

À ce stade de votre grossesse, votre cerveau est plus sensible au niveau plus élevé de gaz carbonique qui circule dans votre sang. Cela peut vous provoquer quelques **éblouissements**. Ne vous en alarmez pas.

▶ Conseils

Prévention de l'essoufflement

Pour pallier la tendance à l'essoufflement qui va encore s'accentuer pendant les mois à venir :

• réduisez au maximum les efforts physiques ;

• si vous avez la sensation d'étouffer, libérez votre diaphragme en faisant l'exercice suivant : couchée sur le dos, les jambes pliées, inspirez en levant les bras au-dessus de la tête pour bien étirer votre cage thoracique. Puis expirez en ramenant les bras le long du corps. Faites ainsi plusieurs respirations lentes et régulières jusqu'à ce que vous ayez retrouvé votre souffle. Vous pouvez faire cet exercice debout, en maintenant bien les pieds collés au sol pendant l'inspiration ;

• commencez sans tarder les exercices respiratoires qui vous seront utiles au cours de votre grossesse et surtout au moment de l'accouchement.

❯ Pour votre information

Le contrôle de votre respiration

Ne perdez pas de temps. Commencez dès maintenant les exercices de gymnastique préparatoire à l'accouchement. Leur bon résultat tient à la facilité avec laquelle vous les ferez ; aussi n'attendez pas les cours de préparation à l'accouchement qui commencent beaucoup trop tard (voir pages 327-331). Une respiration, c'est une inspiration, une expiration et un temps de repos. À une respiration succède une autre respiration. Le muscle principal de la respiration est le diaphragme, sur lequel reposent le cœur et les poumons. C'est son mouvement qui permet de percevoir la respiration abdominale. Faites tous les exercices couchée sur le dos, les jambes fléchies, pieds à plat sur le sol.

La respiration abdominale

La prise de conscience de la respiration abdominale est nécessaire pour l'exécution de la respiration complète.

• Mettez une main sur le ventre et l'autre sur la poitrine pour bien sentir les mouvements de l'air qui va circuler.

• Expirez à fond.

• La bouche fermée, inspirez en gonflant votre ventre. La main qui est posée dessus doit se soulever, tandis que celle qui est sur votre poitrine doit à peine bouger.

• La bouche ouverte, expirez lentement en abaissant peu à peu la paroi abdominale.

La respiration complète

La respiration abdominale.

• Expirez à fond.

• La bouche fermée, inspirez lentement en gonflant l'abdomen.

• Continuez d'inspirer en gonflant la poitrine.

• Marquez un temps de repos en fin d'inspiration.

• La bouche ouverte, expirez lentement. Videz d'abord la poitrine puis le ventre.

Faites l'exercice 3 fois de suite en marquant un temps de repos de quelques secondes entre chaque reprise.

La respiration thoracique

Faites tous les exercices de respiration, couchée sur le dos, les jambes fléchies, les pieds à plat sur le sol.

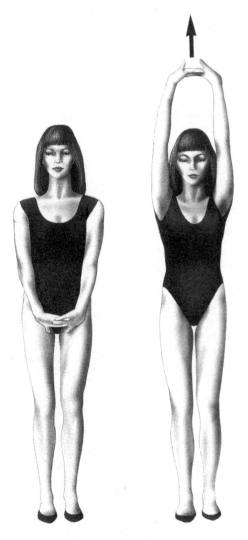

Pour mieux respirer.

Pieds bien collés au sol : étirez votre cage thoracique pour libérer le diaphragme.

C'est celle que vous allez avant tout travailler, car ce sont les variantes de cette respiration que vous utiliserez pendant l'accouchement.

• Posez une main sur le ventre, l'autre sur la poitrine.

• Expirez à fond.

• La bouche fermée, inspirez en gonflant la poitrine. La main posée sur le ventre doit à peine bouger, tandis que celle placée sur la poitrine se soulève.

• Marquez un léger temps d'arrêt.

• La bouche ouverte, expirez lentement en abaissant peu à peu la cage thoracique.

Votre entraînement respiratoire en vue de l'accouchement porte sur les exercices suivants. Entre chaque exercice, faites une respiration complète.

La respiration superficielle

Elle est utile pendant les contractions de la dilatation (voir page 418).

• La bouche fermée ou entrouverte, inspirez puis expirez doucement mais rapidement. Seule la partie supérieure du thorax doit bouger.

• Rythmez bien votre respiration : le temps d'inspiration doit être égal au temps d'expiration.

• Entraînez-vous de façon à maintenir cette respiration pendant plusieurs dizaines de secondes. En fin de grossesse, vous devriez tenir près de 60 secondes.

La respiration bloquée

Elle est utile pendant l'expulsion (voir page 421).

• La bouche fermée, inspirez à fond.

• Au sommet de l'inspiration, retenez votre souffle et comptez mentalement jusqu'à 10.

• La bouche ouverte, expirez violemment.

• Entraînez-vous pour arriver à retenir votre souffle pendant 30 secondes.

L'expiration forcée

La respiration bloquée est de moins en moins préconisée au moment de l'expulsion. On lui préfère aujourd'hui l'expiration forcée, c'est-à-dire une expiration lente et continue qui permet un meilleur relâchement du périnée.

20e semaine de grossesse

▶ *22e semaine depuis le premier jour de vos dernières règles*
▶ *5e mois de grossesse*

Si votre bébé est une fille, elle possède déjà l'essentiel pour faire de futurs bébés !

Votre bébé à naître

Sa taille est de 15 cm de la tête au coccyx et de 22,5 cm de la tête aux talons. Son poids est de 385 g. Le diamètre de sa tête est de 5,4 cm.

Étant donné que l'ensemble du corps grandit et grossit, la tête de votre bébé paraît, en proportion, moins volumineuse. **La circonférence de la tête** évolue d'une façon étroitement parallèle au développement du cerveau.

Si votre bébé est un garçon, son **scrotum** – qu'on a coutume d'appeler familièrement les « bourses » – est encore solide.

Si votre bébé est une fille, son **vagin** commence à se former.

Les ovaires contiennent déjà des îlots d'ovogonies – des cellules sexuelles primitives. En cette 20e semaine de grossesse, votre bébé fille possède près de **6 millions d'œufs** ! À ce stade précoce de développement, un très grand nombre d'entre eux vont peu à peu commencer à dégénérer et, au moment de la naissance, il n'en restera seulement qu'un million environ…

Le **pancréas** commence à fabriquer de l'insuline.

L'**insuline** est une hormone extrêmement importante, puisqu'elle permet la régulation du taux de sucre dans le sang. Quand le taux de sucre dépasse la normale – qui est de 1 g par litre de sang –, apparaissent alors les troubles du diabète du fait du manque d'insuline.

À présent, par un courant continu d'échanges entre la mère et son bébé, le liquide amniotique se stabilise aux environs de 500 cm³.

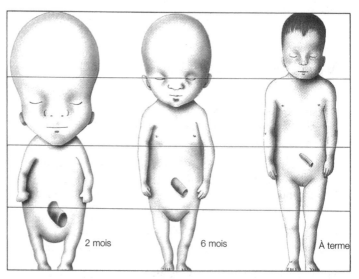

Taille relative de la tête par rapport au corps.

Vous, la future maman

Votre appétit va bon train ! Mangez selon votre faim, qui est bien sûr plus importante depuis que vous êtes enceinte, mais n'en profitez pas pour vous laisser aller à la gourmandise. Ce regain d'appétit est la réponse naturelle au changement survenu dans votre métabolisme. Vous brûlez quotidiennement 500 à 600 calories supplémentaires pour vos propres besoins.

Il est inutile de contrôler votre poids plus d'une fois par semaine, mais si vous ne pouvez pas résister au désir impérieux de nourriture, pesez-vous tous les deux jours : la balance se chargera de vous rappeler à l'ordre !

▶ Conseils

Périnée : attention fragile

Le périnée est un ensemble de muscles et de ligaments compris entre le vagin et le rectum ; ils maintiennent en place la vessie et l'utérus et soutiennent le contenu abdominal en fermant entièrement le petit bassin. Ils laissent seulement passer les artères et les veines ainsi que les conduits urinaire, génital et anal.

Tous ces muscles et ces ligaments sont extrêmement sollicités pendant la grossesse et au moment de l'accouchement. S'ils manquent de souplesse, ils peuvent se distendre au point de perdre ensuite toute tonicité ou même se déchirer. Le résultat est un prolapsus – plus couramment appelé « descente d'organes ».

Si vous avez quelques pertes d'urine au cours du 6ᵉ mois de votre grossesse, alors que vous faites un effort, que vous riez ou que vous toussez, vous aurez besoin, dans les semaines qui suivront votre accouchement, d'une rééducation du périnée sous peine d'incontinence, d'une importance plus ou moins grande. De toute façon, des séances de rééducation du périnée sont prescrites à toutes les femmes après la naissance de leur enfant.

Que vous ayez ou non des pertes d'urine, faites tous les jours des exercices destinés à tonifier et à assouplir votre périnée. C'est une prévention indispensable.

• Votre accouchement sera plus facile car vous saurez décontracter le périnée au moment de l'expulsion.

• Vous aurez plus de chances d'éviter une épisiotomie – c'est-à-dire l'incision de la peau et du muscle qui est pratiquée pour éviter une déchirure lors de l'expulsion (voir pages 393-394).

• Vous préserverez votre tonus vaginal, indispensable à une bonne vie sexuelle.

Au moindre signe de « fuites » pendant les deux premiers trimestres de votre grossesse, n'hésitez pas à consulter un service d'uro-dynamique comme il en existe dans chaque grande ville. Votre médecin vous indiquera celui qui est le plus proche de chez vous.

Si votre périnée souffre pendant l'accouchement, les conséquences peuvent être :

• une incontinence urinaire plus ou moins importante. Cela est le cas de 30 % des femmes ayant accouché, qui ont parfois des pertes d'urine au cours d'efforts ou tout simplement en riant ou en toussant. Pour la majorité d'entre elles, cet état est provisoire, mais 10 % doivent effectuer une rééducation des muscles périnéaux si elles ne veulent pas rester incontinentes ;

• une béance de la vulve ;

• une sensation de pesanteur au niveau du petit bassin.

Après l'accouchement, vous pourrez bénéficier d'une dizaine de séances de rééducation, qui sont prises en charge par la Sécurité sociale après entente préalable. Pour cette rééducation, votre médecin ou une sage-femme consultés vous orienteront vers un kinésithérapeute. Vous ferez ensuite, quotidiennement chez vous, les exercices appris.

La rééducation abdominale ne pourra être entreprise qu'une fois le périnée entièrement récupéré.

❱ Pour votre information

La préparation du périnée pour l'accouchement

C'est surtout au moment de l'expulsion que le périnée risque de souffrir, en particulier si la femme qui accouche pousse avant la dilatation complète ou bien si elle pousse en contractant les muscles du périnée et en bloquant sa respiration. Le périnée tendu s'oppose alors à la force de l'expulsion et se distend d'autant plus. D'où l'importance d'apprendre à reconnaître les muscles périnéaux et de savoir les contracter puis les relâcher avec l'aide de la respiration.

La prise de conscience du périnée

• En premier lieu, simulez le fait de retenir votre besoin d'aller à la selle puis celui d'uriner.

• L'ensemble des muscles que vous sentez se contracter à l'arrière, puis vers l'avant, constitue le périnée.

• À tout moment de la journée et en n'importe quel lieu ou quelle circonstance, que vous soyez assise ou debout, faites plusieurs fois par jour des séries de 10 contractions du périnée.

Les exercices de préparation du périnée

• Asseyez-vous en tailleur.

• Placez une main sur votre périnée et sur vos muscles abdominaux complètement détendus.

• Contractez-le en commençant vers l'arrière et en continuant vers le vagin.

• Maintenez la contraction pendant 5 secondes.

• Puis relâchez pendant une dizaine de secondes.

• Ensuite, poussez sur le périnée comme si vous vouliez pousser votre main : le périnée s'ouvre.

Quand vous arriverez à faire cet exercice facilement, entraînez-vous en coordonnant la respiration.

• Inspirez brièvement tout en contractant le périnée.

• Expirez longuement pendant la décontraction et l'ouverture du périnée.

Cet exercice vous sera précieux au cours de l'accouchement, au moment de l'expulsion, car il détend la vulve et le périnée, favorisant ainsi la venue au monde de votre bébé.

• Faites ces exercices 2 à 3 fois par semaine, à défaut de pouvoir les faire tous les jours, jusqu'à l'accouchement.

La musculation abdominale

Pour aborder votre futur accouchement avec confiance autant que pour garder la forme dans les mois à venir, commencez dès maintenant les exercices musculaires. Par un entraînement régulier, vous allez entretenir le tonus et l'élasticité de vos muscles. Non seulement vous vous fatiguerez moins dans les derniers mois de votre grossesse mais, en outre, vous retrouverez plus rapidement la ligne après l'accouchement.

Essayez de respecter ces quelques règles de base :

• faites vos exercices régulièrement, un peu tous les jours ;

• votre entraînement doit être progressif, car il ne doit pas être une source de fatigue supplémentaire. Au début, vous ne ferez chaque mouvement que 1 ou 2 fois par jour et, ensuite, lorsqu'ils vous sembleront faciles, vous irez jusqu'à 6, puis à 10 ;

• ne faites jamais d'exercice pendant la digestion ;

• alternez exercices respiratoires et exercices musculaires.

Exercice n° 1

• Couchée sur le dos, jambes
fléchies, pieds à plat sur le sol,
bras écartés.
• Inspirez en levant les jambes
à la verticale.
• Expirez en abaissant les jambes.
Reposez les pieds au sol.
• Répétez le mouvement 5 ou 6 fois

Exercice n° 2

• Couchée sur le dos, jambes pliées, bras écartés.
• Basculez vos jambes, toujours pliées, d'un côté puis de
l'autre, jusqu'au sol, par un mouvement de torsion.

Exercice n° 3

• Allongée sur le dos, jambes fléchies, pieds à plat sur le sol, bras écartés.
• Soulevez les épaules et légèrement le thorax.
• Tenez la position 5 secondes, puis relâchez.
• Respirez en vous reposant sur le dos.
• Répétez le mouvement 5 ou 6 fois.

Vous arrêterez les exercices musculaires lorsque leur pratique commencera à être pénible.

> (!) À tout moment de la journée et en n'importe quelle circonstance, assise ou debout, faites, plusieurs fois par jour, des séries de 10 contractions du périnée .
>
> Arrêtez les exercices musculaires dès que leur pratique commencera à devenir pénible.

21ᵉ semaine de grossesse

▶ *23ᵉ semaine depuis le premier jour de vos dernières règles*
▶ *5ᵉ mois de grossesse*

C'est incroyable : votre bébé suce son pouce !

Votre bébé à naître

Sa taille est de 16 cm de la tête au coccyx et de 24 cm de la tête aux talons. Son poids est de 440 g. Le diamètre de sa tête avoisinera à la fin de la semaine 5,8 cm.

Les **ongles** de votre bébé poussent ainsi que le fin **duvet** qui recouvre maintenant tout son corps. Ses **cheveux** commencent à recouvrir sa tête ; ils sont encore clairsemés et fins comme de la soie.

Depuis quelques semaines déjà, votre bébé ouvrait la bouche, la refermait et simulait avec ses lèvres quelques mouvements de succion. Parallèlement, il était capable de tourner la tête et de lever les bras. Cette fois, ça y est ! Il parvient à attraper son pouce avec la bouche. Il va s'exercer à perfectionner le **réflexe de succion** et sera ainsi parfaitement au point, à sa naissance, quand il devra téter.

Les **alvéoles pulmonaires** continuent leur développement, et les mouvements respiratoires deviennent plus fréquents ; ils sont irréguliers et rapides car encore mal coordonnés.

Le placenta

À ce stade de votre grossesse, le placenta qui croît depuis le début est définitivement constitué (voir page 63).

Au cours du 4e mois est apparu un certain nombre de cloisons faisant saillie dans les lacs sanguins : ce sont les septa inter-cotylédonaires. Ces cloisons, qui ont poursuivi leur croissance jusqu'à ce 5e mois, possèdent un axe constitué de tissu maternel recouvert en surface par une couche de tissu très mince d'origine fœtale. Du fait de la présence des septa, le placenta est divisé en un certain nombre de compartiments, appelés par les médecins accoucheurs les **cotylédons**.

Jusqu'à la fin du 4e mois, le placenta a poussé à la fois en épaisseur et en circonférence. À présent, il change peu en épaisseur mais continue de s'élargir. Si, au 3e mois, le diamètre était de 6 cm, en fin de grossesse il atteindra 15 à 25 cm pour une épaisseur de 3 cm environ. L'augmentation en épaisseur du placenta est due à la croissance en longueur des villosités, ce qui entraîne un élargissement des espaces intervilleux remplis du sang maternel.

À l'extérieur, le placenta est à présent un organe en forme de disque, attaché à la paroi utérine par sa face maternelle qui montre une vingtaine de renflements représentant les cotylédons. La face fœtale du placenta est lisse et brillante, entièrement tapissée par une membrane sur laquelle courent de gros vaisseaux artériels et veineux ; ces derniers sont les branches terminales des vaisseaux ombilicaux qui se rejoignent au niveau du cordon ombilical. À la périphérie, le placenta se poursuit avec les « **membranes** » qui sont formées, entre autres, par l'amnios et le chorion (voir page 381). En général, l'implantation du cordon ombilical ne se trouve pas au centre du disque placentaire.

À partir du 4e mois et au fur et à mesure que votre grossesse avance, la membrane des villosités s'amincit d'une manière impressionnante ; cela permet une augmentation considérable du taux des échanges entre la mère et l'enfant. Cette membrane d'échanges entre le sang maternel et le sang fœtal est souvent appelée la « **barrière placentaire** ».

L'eau traverse la barrière placentaire très rapidement et dans les deux sens : 99 % environ de l'eau et des sels minéraux qui parviennent au bébé retournent à la mère.

Vous, la future maman

Le volume de votre masse sanguine a beaucoup augmenté. Votre bébé grandit ; aussi faut-il le nourrir davantage. C'est pourquoi 25 % de la masse sanguine sont directement utilisés par le système placentaire.

Cet accroissement de la masse sanguine peut occasionner chez vous quelques troubles dus à la difficulté de la circulation à remonter vers le cœur :

• des **petits saignements du nez et des gencives**, dus à la pression exercée par la masse sanguine sur les capillaires ;

• des **fourmillements** dans les membres, des **jambes lourdes**, des **varices** et des **hémorroïdes**. La dilatation de petits capillaires est visible sur la peau avec l'apparition d'un réseau de petites lignes rouges localisées sur le visage, les épaules, les bras et la poitrine, mais surtout les jambes. Ce sont les fameuses **varicosités** qui atteignent 2/3 des femmes blanches et 1/3 des femmes noires ; d'ordinaire, elles disparaissent après la délivrance.

L'augmentation de la masse sanguine surcharge et dilate les veines, qui ont alors tendance à un relâchement de leur tonus, d'où une **diminution de la pression artérielle**. Cette diminution de la pression artérielle peut provoquer des malaises tels qu'une **sensation de faiblesse** et des **vertiges**.

Tous ces troubles vont s'accentuer ou risquent d'apparaître au cours du dernier trimestre de la grossesse. C'est la raison pour laquelle il est bon de les connaître dès maintenant afin de les prévenir autant que faire se peut.

❱ Conseils

Pour soulager

Les jambes lourdes et les varices

• Dès que possible, placez vos jambes en position haute afin que le sang de retour ne stagne pas dans les veines et ne les dilate pas de plus en plus. Pour cela, allongez-vous sur le sol, près d'un mur, et levez vos jambes en les appuyant sur celui-ci.

• La nuit, essayez de dormir les jambes le plus relevées possible.

• Couchez-vous sur le côté gauche pour dégager les gros vaisseaux de la compression que l'utérus exerce sur eux.

Prévention des varices

Dans la mesure du possible, il vous faut éviter tout ce qui a tendance à freiner la circulation par dilatation des veines :

• pas de station debout prolongée ;

• pas de compression au niveau des jambes, par des chaussettes par exemple ;

• pas de bains chauds, de soleil, de chauffage par le sol, d'épilation à la cire ;

• marchez chaque jour pour tonifier vos muscles qui agissent sur le système veineux et aident le sang à remonter.

En cas de varices importantes, votre médecin vous prescrira des bas à varices : ils compensent le manque de tonus veineux et empêchent les dilatations de s'accentuer. Ils sont remboursés par la Sécurité sociale.

Les hémorroïdes

Les hémorroïdes sont des varices qui apparaissent autour de l'anus. Chez la femme enceinte, elles sont dues à une mauvaise circulation du sang mais également à la compression du bassin par l'utérus.

**Pour soulager jambes lourdes et varices,
mettez les jambes en position haute.**

Vous pourrez être soulagée par des pommades spécialisées ainsi que par des toniques veineux à base de marron d'Inde, en solution buvable, qui vous seront prescrits par votre médecin.

Adaptez votre alimentation pour éviter la constipation. Si, malgré tout, vos selles sont dures, utilisez, avant de les évacuer, des suppositoires à la glycérine. Cela limitera vos efforts, qui sont la cause d'irritations.

Les varices vulvaires

Moins fréquentes que les hémorroïdes, les varices vulvaires apparaissent sur une ou sur les deux grandes lèvres qui, gonflées, portent à leur surface des veines dilatées. Elles disparaîtront après l'accouchement.

Les petits malaises

Ils se manifestent avant tout au cours des changements de position. Aussi, lorsque vous êtes allongée, ne vous levez pas brutalement. Passez d'abord par la position assise avant de vous lever doucement.

Étant allongée : tournez-vous sur le côté, puis aidez-vous des mains pour vous asseoir.

▶ Pour votre information

La fonction endocrine du placenta

Non seulement le placenta remplace tous les organes essentiels et non encore fonctionnels du bébé, mais, de plus, il représente une énorme glande qui fabrique et sécrète des hormones indispensables au maintien et au développement de la grossesse. Depuis le 4e mois, le placenta a entièrement remplacé le corps jaune de l'ovaire et produit la gonadotrophine chorionique, la progestérone, des œstrogènes et la prolactine, ou hormone galactogène.

La progestérone

Du fait de la grossesse, le taux de cholestérol maternel a beaucoup augmenté. Il circule normalement dans le sang et est capté par des récepteurs spéciaux situés sur le placenta, qui va l'utiliser comme matière première pour la production de grandes quantités d'hormones. Cette hormone est la progestérone, qui influe sur le maintien de la grossesse, la modification des seins et le relâchement des muscles lisses.

Une partie de la progestérone est utilisée par le bébé pour la fabrication d'autres hormones, en particulier l'adrénaline, l'hormone du stress, et la testostérone, l'hormone sexuelle mâle.

Les œstrogènes

Pour fabriquer les œstrogènes, le placenta a besoin de l'aide directe et active du bébé.

Les glandes surrénales du bébé à naître, ces petites masses qui coiffent la partie supérieure des reins, fabriquent une hormone androgène, c'est-à-dire de type mâle. En circulant à travers le

---

Votre circulation sanguine se trouvera améliorée si vous pratiquez 30 minutes de marche chaque jour.

placenta pour aller vers la mère, cette hormone est changée en hormones de type femelle : ce sont les œstrogènes.

Un œstrogène particulier, l'œstriol, provoque chez la mère la synthèse d'une hormone qui stimule la fonction galactogène des seins : c'est la prolactine. 90 % de l'œstriol fabriqué dérivent de ces précurseurs fœtaux que sont les œstrogènes.

De cette manière indirecte, votre bébé assure lui-même ses futurs repas, pour après sa naissance !

22ᵉ semaine de grossesse

Si vous pouviez voir votre bébé : il est tout ridé !

Votre bébé à naître

Sa taille est de 17 cm de la tête au coccyx et de 26 cm de la tête aux talons. Son poids est de 500 g. Le diamètre de sa tête est maintenant aux environs de 6,1 cm. La tête représente encore la plus grande structure, bien que le reste du corps continue à se développer. Dans l'ensemble, en cette 22ᵉ semaine de grossesse, votre bébé est encore très maigre et tout en longueur.

Sa **peau** s'est épaissie et, de ce fait, est devenue moins transparente. On ne voit plus le réseau veineux qui la parcourt. Elle est rouge et, comme elle a grandi avant qu'apparaisse la graisse sous-cutanée, elle est toute fripée. Des glandes sébacées se sont mises en place dans la peau et commencent à sécréter une substance claire et graisseuse qui va peu à peu la recouvrir : c'est le **vernix caseosa**. Il a pour rôle de protéger la peau de votre bébé qui macère dans le liquide amniotique pendant plusieurs mois.

Les yeux de votre bébé sont toujours fermés ; ils sont recouverts par les **paupières**, qui possèdent à présent des **cils**. Au-dessus des yeux, les **sourcils** sont bien dessinés. L'aspect général du visage se met en place !

Sous ses paupières baissées, les yeux de votre bébé poursuivent leur maturation. L'**iris** se pigmente, et votre bébé a déjà des **yeux en couleur**. Seront-ils marron, bleus ou verts ?

Vous n'aurez la réponse que le jour de la naissance de votre bébé. Cela n'est pas certain, car la couleur des yeux est toujours imprécise durant plusieurs semaines, voire durant plusieurs mois.

Vous, la future maman

À ce stade de votre grossesse, vos reins travaillent beaucoup plus afin d'éliminer les toxines qui circulent dans votre sang. Vos propres déchets sont plus importants qu'avant votre grossesse, car ils résultent d'une élévation de votre métabolisme, directement liée à votre état. Quant aux déchets de votre bébé, ils augmentent au fur et à mesure qu'il grandit.

En raison de cette recrudescence de travail jointe à l'accroissement du volume sanguin à filtrer, vos reins ont augmenté de taille. De surcroît, le taux élevé de progestérone qui circule dans votre sang a tendance à freiner les fonctions rénales. Il est donc tout à fait recommandé de surveiller de très près le fonctionnement de vos reins et de boire beaucoup d'eau afin de les aider à éliminer au mieux ; cela vous évitera des infections urinaires (voir pages 196-198) ou, pire, une toxémie gravidique (voir page 274).

▶ Conseils

Surveillez le fonctionnement de vos reins

Vous êtes la mieux placée pour surveiller le bon déroulement de votre grossesse. Ne laissez passer aucun événement pouvant survenir tel qu'une fatigue inhabituelle ou de la fièvre. C'est peut-être le signal d'alarme indiquant une maladie liée à la grossesse et qui peut entraîner une souffrance fœtale importante, voire une fausse couche : cela serait dramatique à ce stade de votre grossesse.

Contrôlez régulièrement vos urines

Le contrôle des urines est indispensable pour détecter toute souffrance des reins dont l'une des conséquences peut être la toxémie gravidique, une maladie grave avant tout pour la mère, mais qui n'est pas anodine pour l'enfant.

• Contrôlez l'absence d'albumine et de sucre tous les mois lors des 6 premiers mois, puis tous les 15 jours les 7ᵉ et 8ᵉ mois, et toutes les semaines le 9ᵉ mois. Si vous attendez des jumeaux, faites une analyse tous les 15 jours dès maintenant et jusqu'au terme.

• Vous pouvez faire cette recherche d'albumine vous-même à l'aide d'une bandelette-test, vendue en pharmacie. Au moindre doute, **voyez votre médecin** qui vous fera faire un contrôle par un laboratoire. Ce contrôle est remboursé par la Sécurité sociale ; il est pratiqué à chaque visite, tous les mois, par votre médecin.

• Pour tout signe de grippe ou d'intoxication alimentaire, faites une vérification d'urine, car les maladies infectieuses et les intoxications prédisposent à l'albuminurie.

• Évitez le froid humide, le surmenage et la fatigue.

• Si vous présentez des gonflements au niveau des extrémités, les pieds et les doigts, vos reins sont peut-être en cause. **Voyez votre médecin sans tarder.**

◗ Pour votre information

La toxémie gravidique

Cette maladie directement liée à la grossesse se manifeste par des œdèmes, c'est-à-dire des gonflements, notamment au niveau des extrémités, une prise de poids excessive, une augmentation de la pression artérielle et la présence d'albumine dans les urines. Ces symptômes traduisent une anomalie du fonctionnement des reins.

La toxémie gravidique atteint plus particulièrement les jeunes femmes âgées d'une vingtaine d'années et celles qui attendent leur premier enfant. La date d'apparition des troubles est tardive. Vous devez être très vigilante au troisième trimestre et surtout en fin de grossesse.

Si la toxémie gravidique n'est pas traitée, elle peut être à l'origine de graves complications telles que l'**éclampsie**, qui est un œdème du cerveau suivi d'un coma grave. Aujourd'hui, l'éclampsie a pratiquement disparu du fait de la surveillance médicale continue de la grossesse. Néanmoins, si vous éprouvez des maux de tête, des douleurs au niveau de l'estomac ainsi que des sensations de mouches volantes devant les yeux, **consultez votre médecin en urgence**.

Non traitée, la toxémie gravidique peut entraîner pour le bébé une hypotrophie, c'est-à-dire un mauvais développement plus ou moins important. Né à terme, il risque de peser moins

---

À signaler à votre médecin :

– de l'albumine dans les urines ;
– un gonflement des mains et des pieds ;
– des maux de tête ;
– des sensations de mouches volantes.

de 2,5 kg, parfois à peine plus de 1 kg dans les cas graves. Il est à noter que ses besoins caloriques sont ceux de son âge et ne correspondent pas à son poids. Il faudra donc l'alimenter comme un enfant de 3 kg.

Le traitement de la toxémie gravidique

Il consiste en un traitement médicamenteux prescrit par votre médecin qui, en outre, exigera un repos absolu en position allongée. Votre tension artérielle sera particulièrement surveillée.

Avec ce traitement, les symptômes de la toxémie gravidique disparaîtront peu à peu, et la grossesse pourra se poursuivre sans problèmes pour la mère comme pour l'enfant.

RÉCAPITULATIF DU 5E MOIS DE VOTRE BÉBÉ

Âge de votre bébé	18e semaine	19e semaine	20e semaine	21e semaine	22e semaine
Sa taille	• 13 cm de la tête au coccyx. • 20 cm de la tête aux talons.	• 14 cm de la tête au coccyx. • 21,5 cm de la tête aux talons.	• 15 cm de la tête au coccyx. • 22,5 cm de la tête aux talons.	• 16 cm de la tête au coccyx. • 24 cm de la tête aux talons.	• 17 cm de la tête au coccyx. • 26 cm de la tête aux talons.
Son poids	240 g	335 g	385 g	440 g	500 g
Son développement	• Les empreintes digitales sont visibles. • Ongles en formation. • Quelques cheveux apparaissent. • La multiplication des cellules nerveuses est terminée : il y en a 12 à 14 milliards. • Les muscles prennent de la force.	Votre bébé dort 16 à 20 heures par jour. Il a des phases de sommeil profond et de sommeil léger. Entre deux sommes, votre bébé est très actif.	• Si votre bébé est une fille, le vagin se forme. Les ovaires contiennent 6 millions de cellules sexuelles primitives. • Le pancréas commence à fabriquer de l'insuline.	• Ongles, duvet et cheveux poussent. • Votre bébé suce son pouce. • Les mouvements respiratoires sont plus fréquents mais irréguliers.	• La peau s'épaissit. Elle est fripée car votre bébé n'a pas encore de graisse. • Des glandes sébacées sécrètent le vernix caseosa, qui protège la peau du bébé. • Les paupières, toujours fermées, ont des cils. • Les sourcils sont bien dessinés. • L'iris de l'œil se pigmente.
Observations générales	Le cœur de votre bébé est assez gros pour être entendu avec un simple stéthoscope.	La cavité amniotique contient à présent 500 cm³ de liquide.	À partir de cette semaine et jusqu'à sa naissance, le cerveau de votre bébé va grossir régulièrement.	Le placenta est définitivement constitué.	Le sexe de votre bébé est visible à l'échographie dès la 20e semaine.

RÉCAPITULATIF DU 5ᴱ MOIS DE VOTRE GROSSESSE

Âge de la grossesse	18ᵉ semaine	19ᵉ semaine	20ᵉ semaine	21ᵉ semaine	22ᵉ semaine
Observations générales	Votre glande thyroïde est plus active, ce qui provoque une élévation de la température du corps.		Vous brûlez 500 à 600 calories supplémentaires chaque jour.	• Accroissement important de votre masse sanguine. • Votre utérus a la taille d'un melon (HU : 20 cm).	Vos reins ont augmenté de taille car ils accomplissent un travail accru.
Symptômes possibles	• Chaleur excessive. • Transpiration. • Irritations de la peau.	• Vous vous essoufflez rapidement. • Vous êtes fatigable à l'effort. • Quelques éblouissements possibles.		À cause d'une mauvaise circulation sanguine : • de petits saignements du nez et des gencives ; • des fourmillements dans les membres ; • des jambes lourdes ; • des varices ; • des hémorroïdes.	À cause d'une diminution de la pression artérielle : • des malaises ; • une sensation de faiblesse ; • des vertiges.
Précautions à prendre	Choisissez votre lieu de vacances en fonction : • de la chaleur ; • des vaccins ; • des transports.	Commencez les exercices respiratoires.	Méfiez-vous de votre appétit. Commencez à préparer : • votre périnée ; • votre musculature abdominale.	Prévention varices.	• Contrôlez régulièrement vos urines. • Voyez votre médecin si vos doigts ou vos pieds sont gonflés.
Examens	Fœtoscopie s'il y a une maladie héréditaire grave dans votre famille.		2ᵉ échographie.		

6ᵉ mois

Vous promenez avec fierté votre ventre rond. Mais vous devez bien vous l'avouer : son poids commence à se faire sentir. Pour compenser ce déséquilibre vers l'avant, vous avez tendance à creuser les reins et à courber les épaules. Votre silhouette en pâtit ! Votre démarche aussi, car vous avez l'air d'un petit canard.

Vite, remédiez à tout cela ! Pensez à votre bien-être en supprimant le mal au dos par des exercices appropriés, et pensez à votre beauté.

Au cours de ce sixième mois, votre bébé va entrouvrir les yeux. Si, dans la pénombre de sa bulle, il ne peut distinguer le monde qui l'entoure, il l'entend. Un monde aquatique traversé par des bruits bizarres avec, au milieu d'eux, si loin qu'il doit se concentrer pour bien l'écouter, un son doux, comme une musique : votre voix.

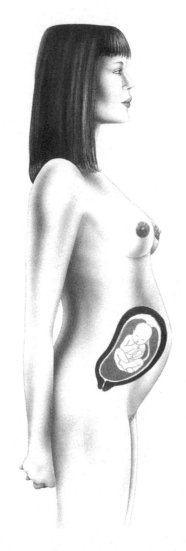

Vous, 23 semaines après votre fécondation.

23e semaine de grossesse

▶ *25e semaine depuis le premier jour de vos dernières règles*

▶ *Début du 6e mois de grossesse*

L'échographie peut maintenant révéler si votre bébé est une fille ou un garçon.

Votre bébé à naître

Sa taille est de 18 cm de la tête au coccyx et de 28 cm de la tête aux pieds. Son poids est de 560 g. Le diamètre de sa tête est de 6,4 cm.

Les **bourgeons dentaires** sécrètent déjà l'ivoire des futures dents de lait.

Le **lanugo** continue à couvrir tout le corps, tandis que le **vernix caseosa**, qui recouvre la peau, s'épaissit.

La différenciation des organes sexuels est maintenant complète. **Si votre bébé est une fille**, son vagin qui était une structure solide est devenu un tube virtuellement creux. Et **si votre bébé est un garçon**, ses testicules ne sont toujours pas descendus dans le scrotum. Les cellules testiculaires, qui sont responsables de la production de l'hormone testostérone, augmentent en nombre.

Le sexe de votre bébé est visible à l'échographie depuis la 22e semaine d'aménorrhée, soit la 20e semaine de grossesse, avec une marge d'erreur de 20 %.

Si vous préférez ne pas connaître le sexe de votre bébé et en avoir la surprise le jour de sa naissance, faites-le savoir clairement au médecin qui dirige l'échographie. Mais si, depuis le début de votre grossesse, vous suivez son développement semaine après semaine, vous serez sans doute impatiente de savoir si c'est une fille ou un garçon afin de parfaire la connaissance que vous avez de lui.

Votre bébé a un sang plus rouge que le vôtre ! Cela est dû au fait que ses globules rouges possèdent une hémoglobine plus riche en fer que ceux d'un adulte. Ils possèdent ainsi une affinité plus forte pour l'oxygène. De ce fait, le transfert d'oxygène depuis le sang maternel vers le sang fœtal est grandement facilité.

Vers la 25ᵉ semaine d'aménorrhée, la migration des cellules nerveuses, ou **neurones**, s'achève. Leur nombre total est acquis et définitif. Ces neurones vont à présent se différencier et perdre ainsi tout pouvoir de se diviser.

Chaque cellule nerveuse parvenue à destination dans les différentes parties du cerveau va émettre tout autour d'elle des ramifications, appelées **dendrites**, et pousser un prolongement plus ou moins long, appelé **axone**.

Tandis que les axones vont former les **nerfs**, les dendrites vont rejoindre celles d'une autre cellule nerveuse. Et cela pour la dizaine de milliards de neurones que compte le cerveau. Ainsi s'établissent des circuits neuronaux, qui sont indispensables à la conduction de l'influx nerveux, donc des messages.

Vous, la future maman

Votre ventre est maintenant bien rond !

La croissance de votre bébé, et par conséquent celle de l'utérus, déplace vos organes internes. En particulier, le diaphragme remonte, les côtes les plus basses s'écartent, tandis que l'estomac est légèrement refoulé sur le côté.

Toutes ces perturbations mécaniques s'ajoutent au fait que le taux élevé de progestérone ralentit votre digestion. L'estomac se vide moins vite, la fermeture entre l'estomac et l'œsophage se fait également moins bien, ce qui provoque des remontées d'acidité depuis l'estomac vers l'œsophage. Rares sont les femmes qui ne connaissent pas ces régurgitations acides. Autant de petits désagréments qui seront vite oubliés quand votre bébé sera là !

▶ Conseils

Attention à l'anémie

En cette 23e semaine de grossesse, votre bébé possède l'ensemble de ses structures et de ses organes, qui s'accroissent quotidiennement à un rythme rapide. Cette multiplication cellulaire requiert non seulement tous les nutriments de base nécessaires mais également de l'oxygène. L'oxygène est transporté par le fer qui entre dans la constitution de l'hémoglobine, un pigment qui donne leur couleur rouge aux globules sanguins.

Parce que votre bébé fabrique des globules rouges d'une manière intense, il consomme beaucoup de fer. Tandis qu'une partie de ce fer lui est fournie par l'alimentation quotidienne de sa mère, une autre est puisée dans les réserves maternelles. Si votre alimentation ne lui apporte pas assez de fer, il s'approvisionnera entièrement sur vos réserves : ce sont vos propres globules rouges qui lui donneront le fer dont il a besoin. Le résultat sera pour vous une anémie plus ou moins sévère. Si cette anémie est importante, elle peut être la cause d'une hypotrophie, c'est-à-dire d'une croissance défectueuse de votre bébé.

Les symptômes et les remèdes de l'anémie

Si vous êtes fatiguée, anormalement essoufflée, si vous avez une pâleur excessive des muqueuses et si vous témoignez d'une tendance aux vertiges et aux bourdonnements d'oreille, consultez votre médecin. Il vous fera faire une numération globulaire. Un médicament à base de fer remettra les choses en ordre. D'ailleurs, certains médecins prescrivent du fer de manière systématique, avec pour complément de l'acide folique (vitamine B9), car la majorité des femmes enceintes sont plus ou moins anémiées. Pensez à consommer des aliments riches en fer tels que la viande, les lentilles, les céréales, le persil, les fruits secs, le jaune d'œuf et le chocolat (voir pages 140-141).

▶ Pour votre information

La drépanocytose

Il s'agit d'une maladie héréditaire du sang due à une forme anormale de l'hémoglobine. L'oxygène étant moins bien transporté, il s'ensuit des troubles plus ou moins graves. Cette maladie touche avant tout les populations noires d'Afrique, des Antilles et des États-Unis. En général, elle se révèle au cours du dernier trimestre de la grossesse et se manifeste chez la mère par de l'anémie, des douleurs articulaires et des infections urinaires fréquentes ; l'enfant présente quant à lui un risque d'hypotrophie et de naissance prématurée. Le médecin soignera l'anémie de la mère et lui conseillera un repos absolu. En région parisienne, plusieurs centres sont spécialisés dans la recherche de cette maladie : la maternité Cochin Port-Royal, l'hôpital Henri-Mondor à Créteil et l'hôpital Robert-Debré.

L'herpès

L'herpès se manifeste d'une façon épisodique par une zone rouge, de laquelle émergent des petites vésicules pleines

---

⚠ **À signaler à votre médecin :**

– une crise d'herpès génital ;
– la présence de sucre dans les urines.

d'eau. Quand ces vésicules sont mûres, elles éclatent, donnant un aspect tuméfié à l'ensemble, puis sèchent au bout de quelques jours.

L'herpès est provoqué par un virus qui reste à l'état latent dans les cellules jusqu'à ce qu'une stimulation déclenche sa multiplication, qui se manifeste par l'éruption. La crise d'herpès survient en général au moment des règles – ce qui n'est pas votre cas pour le moment ! –, en cas de fatigue particulière ou de fièvre, aux sports d'hiver ou au bord de la mer car elle est provoquée par une augmentation des rayons ultraviolets.

L'herpès se localise sur les muqueuses. Sur le visage, il tuméfie les lèvres. Quand il est génital, il se manifeste le plus souvent sur la vulve, dans le vagin et parfois sur le col. Il devient alors une maladie sexuellement transmissible, sans grande gravité si l'on s'abstient de tout rapport sexuel pendant la période de crise contaminante qui dure environ une semaine. Le virus restant présent dans les sécrétions, les rapports protégés sont néanmoins recommandés.

24e semaine de grossesse

▶ *26e semaine depuis le premier jour de vos dernières règles*

▶ *6e mois de grossesse*

Votre bébé baille ! Il trouve peut-être lui aussi le temps long !

Votre bébé à naître

Sa taille est de 19 cm de la tête au coccyx et de 30 cm de la tête aux talons. Son poids est de 650 g. Le diamètre de sa tête avoisine désormais les 6,7 cm.

Le corps de votre bébé est encore maigre mais, étant donné qu'un peu de **graisse** commence à se déposer sous sa peau, il va grossir au fil des semaines qui suivent.

Les **ongles** sont maintenant tous présents, aux mains comme aux pieds, et peuvent être observés à l'échographie. Il ne leur reste plus qu'à pousser.

Votre bébé bouge beaucoup : s'il fait en moyenne entre 20 et 60 mouvements par demi-heure, il est capable d'en faire beaucoup plus quand il est bien réveillé.Tout dépend si c'est un bébé calme ou agité, ce qui n'a aucune signification pour son caractère à venir. Il est normal de ne pas le sentir bouger en permanence, car il dort. Parfois, il ne bouge qu'un seul bras, qu'il monte vers sa tête pour mettre son pouce dans sa bouche !

Par moments, il pédale avec enthousiasme, se retourne et se déplace d'un point à un autre de son habitacle. Il effleure la paroi utérine ou s'y cogne. Il la touche, la pousse avec ses pieds, ses mains, sa tête ou encore son dos. C'est ainsi

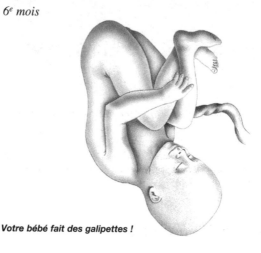

Votre bébé fait des galipettes !

qu'**il découvre le sens du toucher**. À chaque fois qu'une partie de son corps touche la paroi utérine, il se déplace. Si vous caressez doucement votre ventre, là où il y a une bosse, il bouge pour vous montrer qu'il vous a perçue.

Votre bébé réagit également aux sons. En fait, il vit dans un monde très bruyant, formé par les battements de votre cœur, votre respiration avec le flux de l'air qui entre et qui sort, et les gargouillis de toutes sortes produits par votre système digestif. Autant de bruits qui sont bien sûr assourdis par le milieu aquatique dans lequel il vit mais qu'il perçoit tout de même.

Il entend de la même façon les bruits extérieurs et, en s'agitant, manifeste son désagrément à l'égard de certains sons. Après la naissance, il sera capable de reconnaître une musique entendue très souvent quand il était dans votre ventre. D'où l'importance de vivre dans une ambiance calme, aux bruits non agressifs.

Parlez à votre bébé. Chaque jour, racontez-lui de jolies histoires en caressant votre ventre. Il saura que cette voix qu'il entend est la vôtre et qu'elle s'adresse à lui. À peine né, il reconnaîtra tout de suite votre voix et exprimera son intérêt et sa satisfaction.

Vous, la future maman

Le sommeil

Si, au début de votre grossesse, vous aviez tendance à la somnolence, à présent vous souffrez plutôt d'insomnies qui se manifestent avant tout dans la seconde moitié de la nuit. Elles sont dues en grande partie à votre bébé qui, n'ayant pas sommeil à ce moment-là, fait des galipettes et ainsi vous réveille. Des crampes, de petites douleurs dues à l'inconfort de vos positions et peut-être une anxiété à la pensée de l'accouchement à venir s'y ajoutent et concourent à vous faire passer une mauvaise nuit.

Pour vous aider à dormir

• Faites un repas léger le soir.

• Ne prenez jamais de plats lourds, qui risquent d'être indigestes.

• Après 16 heures, évitez tout excitant, thé ou café, car la caféine est moins facilement éliminée chez la femme enceinte.

• Faites quelques exercices de relaxation.

• Au moment de vous mettre au lit, buvez un verre de lait ou un tilleul léger ou encore croquez une pomme.

Une des meilleures positions pour se reposer.

• N'abusez pas des grasses matinées et des trop longues siestes : une petite privation de sommeil le matin crée un réel besoin de dormir le soir.

Si vraiment vous ne parvenez pas à dormir et si vous sentez la fatigue s'accumuler peu à peu, n'hésitez pas à en parler à votre médecin. Mais, en aucun cas, vous ne prendrez de somnifère sans l'avoir consulté.

À savoir

Les somnifères sont à proscrire tout au long de la grossesse car ils passent la barrière placentaire (voir page 264). Certains d'entre eux pourraient augmenter, au cours du premier trimestre, le risque de malformation du fœtus tel que le bec de lièvre. Pris en fin de grossesse, les somnifères peuvent provoquer, au moment de l'accouchement, des problèmes respiratoires chez le bébé.

La plupart des médecins prennent le temps de parler avec leur patiente pour tenter de comprendre avec elle la cause de ses insomnies. Le fait de pouvoir confier à quelqu'un ses doutes et ses angoisses apporte souvent un certain soulagement et permet parfois de retrouver le sommeil.

Certains médecins conseillent de se tourner vers la phytothérapie.

❱ Conseils

Vérifiez la vitalité de votre bébé

Cette vérification est à faire seulement si vous rencontrez un problème particulier de santé : du diabète (voir page 298), un mauvais fonctionnement rénal, qui peut faire craindre une toxémie gravidique (voir page 274), ou toute autre maladie survenant inopinément au cours de la grossesse.

Vous vérifierez la vitalité de votre bébé en comptant ses mouvements actifs :

• vous les compterez 3 fois par jour, pendant 30 minutes, allongée sur le côté gauche ;

• en fin de journée, vous ferez le total des mouvements comptés ;

• la diminution progressive des mouvements d'un jour à l'autre doit être signalée à votre médecin.

Il faut savoir que les mouvements d'un bébé diminuent, d'une manière naturelle, à partir du 8e mois.

Commencez les exercices de relaxation

La relaxation vous apportera une détente de l'esprit et du corps plus complète qu'au cours du sommeil, où votre esprit, toujours en activité, commande encore à vos muscles.

Vous commencerez maintenant les exercices de relaxation et vous les poursuivrez jusqu'à l'accouchement.

L'idéal est, bien sûr, de vous inscrire à un cours de relaxation traditionnelle ou à un cours de sophrologie (voir page 329) ; vous y apprendrez tous les exercices avec un professeur chevronné et, au bout de quelques séances, vous serez capable de les faire correctement chez vous.

▶ Pour votre information

Les exercices de relaxation

Pour celles qui n'ont ni le temps ni les moyens de s'inscrire à un cours, voici quelques exercices simples que vous n'aurez aucune difficulté à réaliser.

• Allongez-vous sur le dos, sur le sol ou, si vous préférez, sur votre lit. Glissez des coussins sous votre tête et sous vos pieds. Vos genoux sont maintenus surélevés par un gros oreiller plié en deux.

• Si votre ventre est trop volumineux et vous opprime lorsque vous êtes couchée sur le dos, allongez-vous sur le côté, le ventre reposant sur le lit.

• Les rideaux sont tirés, vous êtes au calme, dans la pénombre. Vous êtes bien.

1ᵉʳ temps : prenez conscience de vos muscles

Vous allez prendre conscience de vos muscles en les contractant très lentement, en **inspirant,** puis en les relâchant peu à peu, tout en **expirant**.

Commencez par les membres :

• pour **les bras**, serrez les poings lentement, tenez quelques secondes puis relâchez la tension avant de contracter et de relâcher les muscles du bras ;

• pour **les jambes** : contractez d'abord les muscles des pieds, relâchez puis passez de la même façon aux mollets et ensuite aux cuisses.

Poursuivez par **le corps** : les fessiers, le périnée, les abdominaux, le thorax et le visage. À chaque fois, contractez les groupes de muscles concernés en inspirant, maintenez quelques secondes la tension puis relâchez-la en expirant.

Pour bien sentir tous vos muscles en contraction puis en décontraction : tendez, en même temps, un bras et une jambe opposés ; tenez la position quelques secondes avant de relâcher ; alternez les deux côtés.

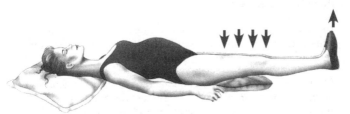

1. Contractez les jambes, talons soulevés, orteils souples.
Tenez la position quelques secondes avant de relâcher.

2. Fléchissez une jambe en relâchant tous les muscles.
Tendez l'autre en la contractant le plus possible. Alternez.

La décontraction des jambes.

2ᵉ temps : sachez contrôler tous vos muscles

Faites les exercices précédents de façon à décontracter entièrement tous vos muscles. Pour cela, vous ne travaillerez pas tous les muscles à la fois mais vous vous exercerez à décontracter localement les bras le premier jour, les jambes le lendemain, l'abdomen un autre jour, etc.

Par exemple, votre bras sera complètement détendu si on peut le soulever sans aucune résistance et s'il retombe parfaitement inerte.

3e temps : relâchez en même temps tous les muscles de votre organisme

En inspirant, contractez tous vos muscles à la fois. Restez sous tension pendant quelques secondes, puis relâchez entièrement en expirant.

Quand vous aurez parfaitement maîtrisé cet exercice, vous aurez l'impression que votre corps est devenu mou et s'enfonce sous vous. Votre respiration est régulière.

Après être restée ainsi au repos pendant une dizaine de minutes, vous ferez quelques respirations profondes, vous étirerez vos bras et vos jambes, et vous vous assoirez lentement avant de vous lever.

Il vous faudra plusieurs séances avant d'arriver à vous concentrer parfaitement et donc à réussir correctement tous ces exercices. Mais si vous êtes persévérante, vous en tirerez un bénéfice réel pour le temps de grossesse qui vous reste à vivre et pour le jour de votre accouchement.

25ᵉ semaine de grossesse

▶ *27ᵉ semaine depuis le premier jour de vos dernières règles*

▶ *6ᵉ mois de grossesse*

Votre ventre est de plus en plus volumineux et vous avez vraiment l'impression de « porter » votre enfant.

Votre bébé à naître

Sa taille est de 20,5 cm de la tête au coccyx et de 32 cm de la tête aux talons. Son poids est de 750 g. Le diamètre de sa tête est maintenant de 7 cm.

Le **vernix caseosa** qui recouvre sa peau continue de s'épaissir. Il se renouvelle d'une manière régulière par l'élimination progressive de l'ancienne couche dans le liquide amniotique. Les cellules adipeuses sont entrées en action, et **un peu de graisse** commence à se former sous la peau qui s'enrichit en tissu conjonctif.

Les neurones poursuivent leur différenciation. Les ramifications dendritiques et leurs connexions forment un câblage touffu. C'est de leur nombre et de leur qualité que dépendra le bon fonctionnement cérébral. Les axones, qui sont les longs prolongements des neurones et dont le rôle est de conduire l'influx nerveux, pénètrent au niveau de la moelle épinière pour se rassembler en fibres plus grosses et former des nerfs. Ils vont conduire les influx moteurs de la moelle vers les muscles, permettant ainsi le mouvement.

Vous, la future maman

Votre urine est riche en acides aminés, les matériaux de base pour fabriquer les protéines, en lactose, un sucre émis normalement pendant la grossesse, et en vitamines.

L'**aldostérone**, une hormone dont l'un des effets est de retenir le sel, se trouve dans le sang de la femme enceinte à un niveau 3 à 5 fois plus élevé que la normale. Cette augmentation est nécessaire pour compenser la tendance à la perte de sel causée par le taux élevé de progestérone. Le taux de sel dans l'organisme étant constant, si on en réduit l'apport par l'alimentation, le sang va se concentrer pour le maintenir à son taux fixe. Cela signifie que le volume total de la masse sanguine va diminuer avec, pour conséquence possible, une oxygénation insuffisante pour le bébé.

Certains médecins qui, dans les années 1970, prescrivaient un régime sans sel très strict dès que la future mère prenait un peu de poids, sont revenus sur cette pratique, même pour des cas précis et graves tels que la toxémie gravidique (voir page 274). Aujourd'hui, les médecins préfèrent prescrire des médicaments adéquats.

La raison conseille donc de manger normalement salé, c'est-à-dire légèrement salé, et d'éviter les aliments trop salés tels que la charcuterie et les chips, car le sel a tendance à retenir l'eau. En cette période où votre métabolisme hydrique est perturbé du fait de l'augmentation de la masse sanguine et du travail accru des reins, vous risqueriez de voir apparaître des œdèmes. Comme toujours, c'est le bon sens qui doit l'emporter dans votre conduite !

◗ Conseils

La quatrième visite médicale obligatoire

Cette 4e visite obligatoire permet de contrôler que la croissance du bébé et la santé de la future mère sont toutes les deux bonnes. Elle se déroule comme les précédentes.

Un interrogatoire

On vous demandera, en particulier, la date d'apparition des premiers mouvements actifs de votre bébé ainsi que leur intensité.

C'est le moment pour vous de parler des petits malaises que vous pouvez ressentir : une insomnie, de la constipation, des hémorroïdes, des régurgitations acides…

Un examen général

Il comprend la pesée, la prise de la tension artérielle et la mesure de la hauteur utérine. La mesure de la hauteur utérine ne donne pas la taille du bébé mais indique le volume qu'il prend dans l'utérus. Il renseigne sur son développement à une période précise de la grossesse.

Un examen gynécologique et obstétrical

Votre médecin appréciera, par un toucher vaginal, la longueur de votre col utérin et sa fermeture. Il écoutera les bruits du cœur de votre bébé avec un stéthoscope classique posé sur votre abdomen, à l'endroit où s'est placé le bébé au moment de l'examen.

Les initiales BDC+ ou BDC++ que vous entendrez prononcer par le médecin ou par la sage-femme signifient « bruits du cœur », le nombre de croix indiquant leur intensité. Ils doivent être réguliers et avoisiner les 120 battements par minute.

Des examens de laboratoire

On recherche dans les urines des traces de sucre et d'albumine.

On recherche dans le sang des anticorps de la toxoplasmose (voir page 122) si vous n'êtes pas immunisée contre cette maladie et si vous ne possédiez donc pas d'anticorps lors du premier examen ; cela a pour but de vérifier que vous n'avez pas été contaminée depuis. À partir de ce 6e mois, le contrôle sera effectué chaque mois.

On recherche également des agglutinines anti-D quand la mère est Rh– (voir page 83).

▶ Pour votre information

Étiez-vous malade avant d'être enceinte ?

Si tel est le cas, vous faites partie des grossesses à risque (voir page 207) et vous serez donc particulièrement surveillée pendant tout le temps de votre grossesse. Vous n'avez donc aucun souci à vous faire.

Le diabète

Maladie due à un mauvais fonctionnement du pancréas, le diabète, à un stade précoce, se traduit par un taux anormal de sucre dans le sang ainsi que par la présence de sucre dans les urines. C'est le cas de 2 % de la population en général. La grossesse tend à accentuer le diabète, et des femmes jusque-là non diabétiques peuvent voir apparaître du glucose dans leurs urines autour du 5e ou du 6e mois de leur grossesse. C'est le cas de 2 à 3 % des femmes enceintes. Ce diabète,

> ⚠ N'oubliez pas de faire tous les examens de laboratoire qui vous ont été prescrits lors de la 4e visite obligatoire.

sans gravité, sera réversible dans les jours qui suivront l'accouchement.

Dans le cas d'un diabète vrai, quand la grossesse n'est pas surveillée, il existe 80 % d'accidents, contre 10 % seulement quand elle l'est. Sans précautions particulières, le diabète vrai de la mère peut être responsable d'un avortement précoce, de toxémie gravidique (voir page 274), d'hydramnios – c'est-à-dire d'une quantité trop importante de liquide amniotique – et surtout d'une souffrance fœtale qui, très souvent, risque d'entraîner la mort *in utero*, au terme de la grossesse.

Il existe plusieurs facteurs qui permettent de soupçonner un risque de diabète chez une future maman :

• des antécédents familiaux ;

• un surpoids ou une obésité de la future maman ;

• une prise de poids excessive ou rapide, en particulier au 6e mois ;

• un fœtus de grande taille avec un excès de liquide amniotique.

Une grossesse précédente peut fournir des indications sur la présence d'un diabète.

Ces signes sont :

• un diabète gravidique ;

• une hypertension artérielle ;

• un bébé pesant plus de 4 kg à la naissance ;

• une malformation inexpliquée chez l'enfant ;

• la mort du bébé *in utero*.

Si vous êtes diabétique, vous l'avez dit à votre médecin lors de la première visite obligatoire. Il se peut qu'il vous fasse hospitaliser à un moment donné de votre grossesse afin de réajuster les médicaments et le régime alimentaire dont l'équilibre s'est trouvé rompu par votre état de grossesse. On en profitera alors pour mesurer la vitesse du flux sanguin dans les vaisseaux du bébé grâce au doppler (voir page 154) – entre la 24ᵉ et la 28ᵉ semaine d'aménorrhée – et on s'assurera ainsi qu'il ne souffre pas d'hypotrophie.

En règle générale, la future mère diabétique est de nouveau hospitalisée au cours des 5 dernière semaines de sa grossesse pour une meilleure surveillance de l'enfant. On lui fera une césarienne le moment venu afin d'éviter au bébé, qui pèse souvent près de 4 kg et qui est fragile, les risques d'une naissance difficile.

Si tout va bien, il sera possible de le faire naître par les voies naturelles aux alentours de la 38ᵉ semaine, après avoir vérifié son poids par une échographie. Le bébé sera particulièrement surveillé dès sa naissance. On vérifiera notamment son taux de glycémie.

Si vous n'avez jamais été diabétique mais que vous découvrez pendant votre grossesse du sucre dans vos urines :

• ne vous inquiétez pas ; **signalez-le rapidement à votre médecin.** Il fera rechercher par le laboratoire de quel sucre il s'agit ainsi que sa quantité ;

• s'il s'agit de lactose, sa présence est normale au cours des derniers mois ;

• s'il s'agit de glucose, c'est le signe d'une petite perturbation au niveau de la filtration du rein. Liée à la grossesse et en particulier au taux élevé de progestérone qui diminue les fonctions rénales, elle n'a rien d'alarmant. Rassurez-vous ; tout rentrera dans l'ordre après l'accouchement.

L'insuffisance rénale et l'hypertension artérielle

Si vous souffrez d'insuffisance rénale ou d'hypertension artérielle, vous faites partie des grossesses à risque et vous devrez être très surveillée en milieu spécialisé.

Si un avortement, une souffrance fœtale *in utero* et un accouchement prématuré sont des accidents encore fréquents, la santé de la mère est aujourd'hui rarement mise en péril.

L'hypertension artérielle apparaît brutalement dans la seconde moitié de la grossesse chez 6 % des femmes enceintes. Dans ce cas, il est en général recommandé de limiter le sel, le sucre et les graisses, et de respecter le repos complet.

Les maladies cardiaques

Du fait de la grossesse, le cœur fournit un travail supplémentaire. Aussi, si vous avez une maladie cardiaque, devez-vous être fréquemment surveillée et, surtout, être au repos complet, sans stress ; votre médecin vous prescrira un traitement.

En cas d'urgence, une intervention chirurgicale est tout à fait possible.

Le sida

Si vous êtes séropositive sans présenter les signes du sida, vous devez être très surveillée : en modifiant l'immunité, la grossesse peut en effet déclencher l'apparition de la maladie. Cela s'ajoute aux risques encourus par votre enfant (voir pages 123-125).

Si vous présentez déjà les symptômes de la maladie, la grossesse peut également en provoquer une poussée évolutive grave.

26ᵉ semaine de grossesse

Votre bébé commence à avoir envie de voir ce qui se passe autour de lui : il entrouvre les yeux !

Votre bébé à naître

Sa taille est de 21 cm de la tête au coccyx et de 33 cm de la tête aux talons. Son poids est de 870 g. Le poids actuel de votre bébé représente environ le tiers de son poids de naissance. Le diamètre de sa tête est de 7,2 cm.

Sa peau est rouge et entièrement recouverte par le film protecteur gras que constitue le vernix caseosa. Sous la peau, la **graisse** s'accumule doucement. Et si la chevelure de votre bébé n'est pas encore véritablement un élément de séduction, elle est néanmoins déjà tout à fait acceptable.

L'ivoire des futures dents de lait se recouvre d'**émail**.

Votre bébé avale de plus en plus de liquide amniotique. Tandis qu'une petite partie est rejetée par la peau, une grande quantité traverse les voies digestives et, après être passée par le filtre des reins, est excrétée sous la forme d'urine. Par les mouvements de la respiration, votre bébé inspire du liquide amniotique dans ses poumons, puis l'expire. Il permet le développement des bronchioles en empêchant leurs parois de se coller.

Le liquide amniotique est constitué à 97 % d'eau, qui contient des sels minéraux et diverses substances trouvées dans le sang. On y décèle également des cellules détachées de la peau et des muqueuses du bébé, des poils et des cheveux, ainsi que de la matière grasse éliminée du vernix en continuel renouvellement. Le liquide amniotique est entièrement changé toutes les 3 heures : il est absorbé par l'intestin du bébé, passe dans sa circulation sanguine et, par l'intermédiaire du placenta, retourne à l'organisme maternel. Les particules solides accumulées dans l'intestin du bébé forment le méconium (voir aussi page 229).

Vous, la future maman

À partir de maintenant, vous allez prendre rapidement du poids : environ 350 à 400 g par semaine. Non seulement votre bébé grossit, mais les annexes que sont le placenta et la poche des eaux (voir page 63) se sont beaucoup développées. Quant à vous, vous êtes en train de vous constituer une réserve de graisse. Ce phénomène est physiologique ; vous ne pouvez y échapper. Aussi, limitez-en les effets en surveillant votre alimentation. Soyez exigeante envers vous-même. Votre santé présente et à venir, et votre beauté en dépendent. Cela n'est pas négligeable, n'est-ce pas ?

▶ Conseils

Si vous avez « mal aux reins »

Il s'agit plutôt de douleurs de la colonne vertébrale. Le poids de votre ventre déplaçant votre centre de gravité, vous devez vous cambrer exagérément pour garder l'équilibre. C'est cette tension permanente exercée dans la région lombaire qui vous cause ce « mal aux reins ». Pour y remédier :

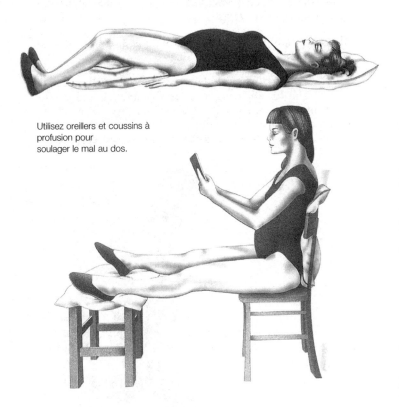

Utilisez oreillers et coussins à profusion pour soulager le mal au dos.

Les positions de confort.

Portez des chaussures confortables. Ce n'est pas le moment de porter des talons hauts, qui accentuent encore la cambrure et requièrent un certain équilibre. Or, l'équilibre devient de plus en plus précaire au fur et à mesure que votre grossesse avance. Choisissez des chaussures souples, avec un talon un peu large et d'une hauteur raisonnable. Faites attention à la cambrure de la chaussure qui doit soutenir toute la voûte plantaire.

Faites des exercices physiques pour acquérir une bonne attitude et soulager vos reins.

Si votre ventre est vraiment très lourd et si cela peut vous soulager, **portez une ceinture de grossesse**.

En général, la ceinture de grossesse n'est pas utile. Il vaut mieux faire travailler ses muscles abdominaux, qui constituent une ceinture naturelle. Mais si vous avez déjà eu plusieurs enfants, si votre paroi abdominale est distendue ou encore si vous attendez des jumeaux, peut-être éprouverez-

Pour vous lever d'une chaise.

Placez un pied devant l'autre et penchez-vous vers l'avant pour placer le centre de gravité devant les hanches. Gardez le cou et le dos droits, levez-vous en prenant appui sur les pieds.

vous le besoin de vous sentir soutenue. La ceinture de grossesse peut également fournir un bon support pour le dos.

Achetez votre ceinture de grossesse dans une maison spécialisée et, surtout, essayez-la : elle doit vous soutenir sans vous
comprimer. Elle est bien adaptée à votre silhouette si, en la
portant, vous sentez un réel soulagement.

Vous mettrez votre ceinture couchée sur le dos : elle se pla-
cera mieux et sera donc plus efficace.

La ceinture de grossesse est remboursée à 100 % par la Sécurité sociale après entente préalable.

◗ Pour votre information

Avoir une bonne posture

Les modifications du corps dues à la grossesse changent la
position du centre de gravité. S'il se déplace trop, l'équilibre devient instable. Pour le rétablir, des tensions se créent,
entraînant le plus souvent des douleurs. La posture est alors
moins bonne et des déformations peuvent survenir : le dos
est voûté, les reins sont trop cambrés, la démarche est en
canard…

Une femme enceinte doit savoir s'adapter à sa nouvelle
forme et à son nouveau poids. Si sa statique se transforme
progressivement, en même temps qu'évolue sa grossesse, elle
gardera un bon équilibre et pourra se déplacer d'une manière
normale. Les femmes qui conservent une bonne attitude pendant leur grossesse souffrent beaucoup moins du dos que les
autres.

Tous les exercices qui permettent de corriger une mauvaise
posture possèdent donc leur importance ; en effet, ils aident
à éliminer les tensions musculaires qui sont dues aux mauvaises positions, ils tonifient les muscles sollicités et enfin
évitent la souffrance des articulations.

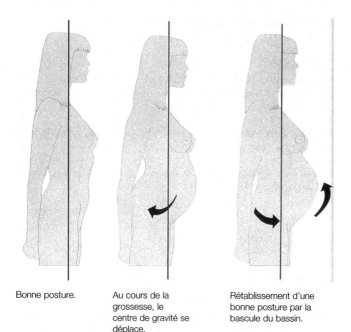

Bonne posture.

Au cours de la grossesse, le centre de gravité se déplace.

Rétablissement d'une bonne posture par la bascule du bassin.

Pour sentir et trouver votre bonne statique, faites-vous aider par un kinésithérapeute. En quelques séances, il vous fera prendre conscience de l'attitude la mieux adaptée à votre forme et à votre poids, et vous apprendra à faire correctement la bascule du bassin. Vous aurez ainsi toutes les chances de garder votre démarche et d'éviter également la fameuse sciatique des femmes enceintes.

Par une série d'exercices faciles, vous arriverez à soulager vos reins qui se cambrent de plus en plus au fur et à mesure que votre utérus s'alourdit. En répétant le mouvement inverse, c'est-à-dire en basculant le bassin vers l'avant, vous assouplirez votre colonne vertébrale au niveau du bassin.

La bascule du bassin

1ᵉʳ exercice

• Debout, les jambes légèrement écartées, inspirez tout en creusant les reins, le ventre en avant.

• En expirant, contractez les muscles abdominaux, serrez les fesses en les poussant vers l'avant et vers le bas. Vous devez sentir votre bassin basculer vers l'avant.

• Répétez cet exercice 5 fois. Pour vous aider, appuyez-vous contre un mur.

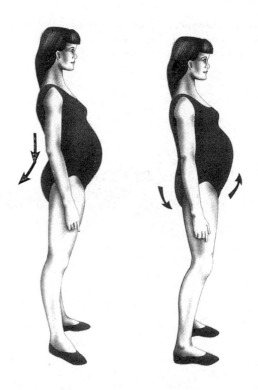

2ᵉ exercice

• Allongée sur le dos, les mains derrière la tête, inspirez.

• En expirant à fond, levez la tête avec l'aide de vos mains en même temps que vous monterez le bassin vers le haut, comme si vous vouliez faire se toucher la tête et le coccyx.

• Répétez l'exercice 5 fois.

3ᵉ exercice

• Allongée sur le dos, placez une main sous les reins et l'autre sur une hanche.

• Poussez votre dos contre le sol à l'aide des muscles abdominaux situés au niveau de l'estomac. Vous devez sentir votre hanche se déplacer et votre bassin se lever doucement.

• Répétez l'exercice 5 fois.

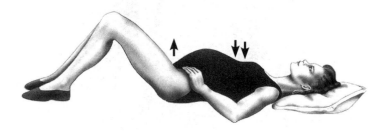

4e exercice

L'étirement en équilibre de la colonne vertébrale.

• Debout, les pieds parallèles écartés, levez doucement les bras en inspirant et en montant doucement sur la pointe des pieds.

La bascule du bassin est essentielle pour garder l'équilibre.

• Expirez en abaissant les bras et en reposant lentement la plante des pieds.

RÉCAPITULATIF DU 6ᴱ MOIS DE VOTRE BÉBÉ

Âge de votre bébé	23ᵉ semaine	24ᵉ semaine	25ᵉ semaine	26ᵉ semaine
Sa taille	• 18 cm de la tête au coccyx. • 28 cm de la tête aux talons.	• 19 cm de la tête au coccyx. • 30 cm de la tête aux talons.	• 20 cm de la tête au coccyx. • 32 cm de la tête aux talons.	• 21 cm de la tête au coccyx. • 33 cm de la tête aux talons.
Son poids	560 g	650 g	750 g	870 g
Son développement	• Les bourgeons dentaires sécrètent l'ivoire des futures dents de lait. • Le lanugo recouvre tout le corps. • Le vernix caseosa qui recouvre la peau s'épaissit. • La différenciation sexuelle est complète. • Câblage du cerveau par l'établissement de circuits neuronaux.	• Formation de graisse sous la peau. • Les ongles sont présents aux mains et aux pieds. • Votre bébé réagit au toucher et aux sons.	• Le câblage du cerveau se poursuit. • Formation des nerfs. • Épaississement du vernix.	• La peau de votre bébé est rouge par la présence de petits vaisseaux qui la parcourent. • La graisse commence à s'accumuler sous la peau. • L'ivoire des futures dents de lait se recouvre d'émail. • Votre bébé urine.
Observations générales	Votre bébé fait en moyenne 20 à 60 mouvements par demi-heure.		Le liquide amniotique est entièrement renouvelé toutes les 3 h.	

RÉCAPITULATIF DU 6ᴱ MOIS DE VOTRE GROSSESSE

Âge de la grossesse	23ᵉ semaine	24ᵉ semaine	25ᵉ semaine	26ᵉ semaine
Observations générales	• L'utérus qui grossit déplace vos organes internes. • Le diaphragme remonte. • Les côtes les plus basses s'écartent. • L'estomac est légèrement déplacé sur le côté.	• Si c'est votre premier bébé, vous le sentez nettement bouger à présent. • La hauteur utérine (HU) est autour de 24 cm.	Votre urine est riche en lactose, un sucre normalement émis pendant la grossesse.	Vous allez prendre 350 à 400 g par semaine pour constituer une graisse de réserve.
Symptômes possibles	Le taux accru de progestérone ralentit la digestion, d'où des régurgitations d'acidité vers l'œsophage.	• Insomnies. • Crampes. • Petites douleurs dues à une mauvaise position.		• Mal au dos. • Mauvaise posture.
Précautions à prendre	• Si vous avez une crise d'herpès, avertissez votre médecin. • Attention à l'anémie.	• Faites un repas léger le soir. • Faites des exercices de relaxation.	• Mangez normalement salé, ni trop ni trop peu. • Vérifiez vous-même régulièrement vos urines pour le sucre et l'albumine. • En cas de doute, voyez votre médecin.	• Faites des exercices physiques pour garder une bonne attitude. • Portez des chaussures confortables.
Examens	Numération globulaire.		• Examen gynécologique et obstétrical. • Examens de laboratoire.	
Démarches			4ᵉ visite médicale obligatoire.	

7ᵉ mois

Votre bébé est viable ! Mais ne soyez pas trop pressée de le voir. Laissez-le encore un peu à l'abri, bien au chaud. Car s'il naissait maintenant, il serait un grand prématuré, avec tous les risques que cela comporte. Alors, ce mois-ci, ne vous agitez pas trop, laissez-le grandir et prendre des forces, doucement.

Votre bébé a déjà une perception aiguisée des sons mais aussi des sensations. Quand il bouge en réponse à une stimulation qui le sollicite, c'est pour marquer son agrément ou son désagrément. Il le fait d'une manière spontanée, tel un réflexe, sans processus intellectuel lui permettant d'interpréter ce qui se passe. Il perçoit ainsi les émotions intenses que vous pouvez ressentir ; il les ressent d'une façon indirecte par l'adrénaline que vous sécrétez soudain et qui traverse le placenta. Ne vous inquiétez pas : il n'en est pas affecté durablement pour autant.

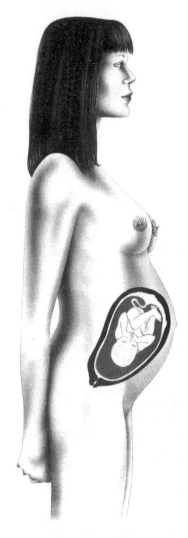

Vous, 27 semaines après votre fécondation.

27e semaine de grossesse

Votre bébé est viable ! Mais s'il naissait maintenant, ses chances de survie seraient très minces. Alors, attention !

Votre bébé à naître

Sa taille est de 22 cm de la tête au coccyx et de 34 cm de la tête aux talons. Son poids est de 1 kg ! Le diamètre de sa tête est aux environs de 7,5 cm.

Au cours du développement pulmonaire, les **bronches** ont subi une série de divisions. Chacune d'entre elles s'est divisée en deux, et ainsi de suite, ce qui aboutit à la fin du 6e mois de grossesse à des bronches de 17e ordre. L'arbre bronchique est entièrement rempli de liquide amniotique, qui se résorbera rapidement au moment de la naissance.

Au niveau du cerveau, l'ensemble des neurones accrochés les uns aux autres par l'intermédiaire de leurs dendrites forme un réseau câblé, support nécessaire à la conduction de l'influx nerveux. Pour que la propagation du message soit rapide et de bonne qualité, il faut que se forme autour des fibres nerveuses une gaine d'une substance, appelée myéline, dont le rôle isolant est semblable à la gaine isolante des fils électriques. Cette **myélinisation des nerfs** est la dernière étape de la maturation du cerveau. Elle va durer près de 20 ans !

La myélinisation débute à la fin du 2e trimestre de la grossesse et est très active pendant tout le 3e trimestre. Elle restera cependant encore très rudimentaire à la naissance, ce qui explique pourquoi le nouveau-né ne marche pas. Il faudra attendre la myélinisation progressive des différentes zones du cerveau pour voir s'accomplir les progrès moteurs, sensoriels et psychiques de l'enfant. Cette myélinisation sera intense de la naissance jusqu'à l'âge de 3 ans, une période de grand apprentissage pendant laquelle l'enfant va acquérir la marche, la propreté, le langage et manifester les premiers signes d'une pensée cohérente ; elle se poursuivra d'une manière plus graduelle pendant toute l'enfance puis au cours de l'adolescence.

Vous, la future maman

Pendant cette 27e semaine, la plupart des mères prennent environ 400 g. Tandis que près de 60 % de cet apport vont au bébé et à ses annexes, 40 % restent à la mère.

Tous vos organes ont grossi pour assumer la nouvelle surcharge de travail. Le foie, quant à lui, n'a pas bougé. Sous l'effet de la progestérone, la vésicule biliaire ne se vide pas aussi bien qu'auparavant, et le risque de calcul biliaire augmente pour les femmes qui y sont prédisposées.

▶ Conseils

Attention à l'accouchement prématuré

À ce stade de son développement, votre bébé est, en théorie, viable ; mais s'il venait au monde maintenant, il aurait beaucoup de mal à passer le premier handicap d'une naissance très prématurée. Faites attention, car le 7e mois est un cap parfois délicat à franchir. Une cause bénigne les mois précédents peut devenir critique à ce moment de la grossesse et déclencher l'accouchement. Aussi soyez très attentive à ce que vous ressentez et signalez toute anomalie à votre médecin.

Si vous découvrez du sang dans votre slip

Consultez sans tarder. Vous avez probablement le placenta inséré dans la partie basse de l'utérus, assez près du col. C'est ce qu'on appelle un placenta *praevia*.

À cette étape de votre grossesse, de légères contractions utérines peuvent décoller en partie le placenta, provoquant des hémorragies plus ou moins importantes. Le médecin consulté vous prescrira le repos absolu, en position couchée, jusqu'au terme de la grossesse.

Si vous attendez des jumeaux

La surveillance médicale est très stricte, car les grossesses gémellaires arrivent difficilement à terme : 75 à 80 % des primipares et 45 % des multipares accouchent avant terme. Cela est dû au fait que l'utérus, plus distendu que d'ordinaire, se contracte plus facilement.

À partir de ce 7ᵉ mois :

• on vous fera une analyse d'urine tous les 15 jours, car les risques d'albuminurie sont plus grands ;

• vous verrez le médecin tous les 15 jours ;

• reposez-vous le plus possible.

D'une façon générale, reposez-vous

Ne vous agitez pas trop. Ce n'est plus le moment de partir en voyage, de déménager ou d'entreprendre une activité fatigante. Ménagez-vous le plus possible. Votre bébé est bien petit, il a encore tellement besoin de vous.

Cessez toute activité sportive

Les activités sportives sont maintenant fortement décon-
seillées. Mais, si vous vous sentez bien, vous pouvez poursuivre ou pratiquer la gymnastique spécifique à la grossesse.

▶ Pour votre information

Les causes de l'accouchement prématuré

On appelle prématuré un enfant né entre la 35ᵉ et la 37ᵉ semaine
d'aménorrhée – des semaines comptées à partir du 1ᵉʳ jour
des dernières règles.

Parmi ces enfants, 20 à 30 % sont des jumeaux.

Un enfant né à moins de 35 semaines est un grand prématuré.

L'accouchement prématuré a des causes diverses :

• l'insertion anormale du placenta, ou placenta *praevia* ;

• une insuffisance de fermeture du col utérin ;

• une distension trop grande de l'utérus ; c'est le cas des grossesses gémellaires ;

• une maladie de la mère telle que le diabète (voir page 298),
l'herpès (voir pages 283-284), le sida (voir pages 123-125),
la toxémie gravidique (voir page 274) ou encore une hypertension artérielle (voir pages 300-301) ;

• une maladie infectieuse contractée par la mère au cours de
la grossesse, comme la toxoplasmose (voir pages 122-123),
la listériose (voir pages 335-337) ou l'hépatite virale (voir

---

S'il y a eu perte des eaux, même sans contractions, vous devez
partir d'urgence à la maternité.

page 121). En fait, il arrive souvent, dans les cas de ces maladies, que le médecin décide de provoquer l'accouchement afin d'éviter à l'enfant les risques encourus par la maladie maternelle ;

• un choc ou un traumatisme, le cas le plus fréquent étant naturellement l'accident de voiture ;

• la fatigue due aux conditions de travail ou de transport.

L'accouchement prématuré est plus fréquent chez les femmes dont le niveau socio-économique est bas.

La menace d'accouchement prématuré se manifeste par des contractions qui deviennent de plus en plus rapprochées et de plus en plus douloureuses. Elles peuvent être accompagnées de pertes légères, roses ou brunâtres. Le mieux est de vous rendre à la maternité, sans affolement ni précipitation. Vous y resterez quelques jours, placée sous surveillance, avec des antispasmodiques et un traitement destiné à arrêter les contractions. Une fois rentrée chez vous, reposez-vous le plus souvent possible, en position allongée.

S'il y a eu perte des eaux, même sans contractions, vous devez partir d'urgence à la maternité.

L'enfant prématuré

Malgré l'amélioration des techniques qui permettent de suppléer aux besoins du bébé né trop tôt, la prématurité reste une situation difficile à vivre pour l'enfant et pour ses parents. Il demande de la part du personnel soignant une disponibilité totale, car c'est de lui que tout dépend.

À poids égal, un bébé prématuré est différent d'un bébé de faible poids né à terme, car ses organes n'ont pas terminé leur maturation. Né à 7 mois, il mettra 2 mois pour arriver à la maturité du terme et gardera assez longtemps ce retard de poids et de taille. Un enfant prématuré né à moins de 35 semaines pèse moins de 2 kg ; son aspect est caractéristique : sa peau est rouge et recouverte de lanugo, ce duvet spécial au fœtus ; très fine, elle laisse apparaître les vaisseaux sanguins les plus gros.

Les soins à donner à ce bébé sont nombreux, car :

• le lanugo empêche la transpiration et contraint à le maintenir dans une atmosphère constamment humide ;

• il faut lui fournir de l'oxygène, car sa capacité respiratoire est réduite ;

• l'autorégulation de sa température interne est encore déficiente ; aussi faut-il lui assurer une température ambiante de 36 °C ;

• ses muscles sont flasques ;

• les parois des vaisseaux sanguins sont fragiles, et le sang qui y circule manque de globules rouges et se coagule mal ;

• sa résistance aux infections est faible ;

• le système nerveux est très immature. C'est la stimulation des sens qui développera le cerveau. Or, le bébé, bien qu'il soit prématuré, a déjà tous ses sens en éveil ; en particulier, il réagit aux sons. C'est la raison pour laquelle il est primordial pour son évolution de le considérer comme un enfant né à terme et de lui accorder énormément d'attention. C'est pour cette raison encore et pour ne pas créer de rupture entre la grossesse et la présence de l'enfant que le contact avec les parents doit se faire le plus tôt possible. Son père ira le voir tous les jours et, dès que sa mère sera sortie de la maternité, elle lui rendra également visite tous les jours.

L'enfant prématuré est nourri dès le premier jour. Mais son estomac possède une toute petite capacité, de l'ordre de 5 à 6 cm³, et ses réflexes de succion et de déglutition sont encore très primitifs. On lui donne donc des solutions lactées par l'intermédiaire d'une sonde gastrique passant par le nez et, pour compléter, on lui administre du sérum glucosé au moyen d'une sonde placée dans une veine de la tête.

Dès que ses réflexes sont suffisamment évolués, ce sont les petits biberons de lait maternel qui prendront le relai. On demande à sa mère de tirer son lait artificiellement et de l'apporter à l'hôpital pour nourrir son enfant, car le lait maternel est vital pour le bébé prématuré. En outre, le lait constitue le lien affectif entre la mère et son enfant. Quand la mère n'a pas de lait, l'hôpital s'adresse à un lactarium.

Dès que possible, le bébé sera sorti de son incubateur pour grands prématurés et placé dans une couveuse moins sophistiquée. Il sera rendu à ses parents quand il atteindra le poids de 2,5 kg.

À savoir

De nos jours, en France, 55 000 bébés environ sont prématurés – nés avant la 37ᵉ semaine d'aménorrhée –, représentant 7 % des naissances. Environ 9 000 sont de grands prématurés – nés avant la 33ᵉ semaine d'aménorrhée.

Plus de 30 % des cas concernent une prématurité provoquée ou médicalement consentie.

28e semaine de grossesse

▸ 30e semaine depuis le premier jour de vos dernières règles

▸ 7e mois de grossesse

Sentez-vous ce léger tressaillement ? C'est votre bébé qui a le hoquet !

Votre bébé à naître

Sa taille est de 23 cm de la tête au coccyx et de 35 cm de la tête aux talons. Son poids est de 1,15 kg. Le diamètre de sa tête est de 7,8 cm.

Un peu de graisse s'est déposée sous la peau de votre bébé, ce qui lui donne un aspect un peu **moins fripé**. Tout son corps commence à s'arrondir légèrement.

Si c'est un garçon, ses testicules descendent maintenant jusque dans l'aine.

Votre bébé ne fait plus de mouvements respiratoires désordonnés mais effectue désormais des mouvements rythmiques coordonnés ; ils tendent à devenir moins fréquents et apparaissent souvent au cours des périodes d'activité des paupières, associées au sommeil ou à la veille. L'**autorégulation de la température interne** se met en place.

Votre bébé vit à l'intérieur de sa bulle d'une façon autonome. Cependant, il n'est pas totalement coupé du monde extérieur : il perçoit les bruits, les voix et, d'une manière plus subtile, **il ressent vos propres émotions**.

Vous, la future maman

Votre **cœur** bat plus vite qu'avant votre grossesse : 12 battements de plus à la minute environ. Votre masse sanguine augmentée circule plus vite : 185 millilitres environ de votre sang traversent le placenta à chaque minute. La **pigmentation de votre peau** continue d'évoluer ; lors du dernier trimestre, beaucoup de femmes enceintes remarquent l'apparition d'une ligne verticale sombre, située au milieu de l'abdomen, du nombril au pubis. Cette ligne redeviendra claire après la délivrance. Ce changement de pigmentation est dû à l'accroissement d'une hormone sécrétée par l'hypophyse.

▌ Conseils

Préparez-vous à l'accouchement

Quelle que soit la méthode choisie, vous avez tout intérêt à suivre une préparation à l'accouchement. Par une préparation à la fois psychique et physique, liée avant tout à l'apprentissage d'une méthode de respiration, vous aborderez le moment venu sans panique et ainsi vous serez capable de participer d'une manière active à la naissance de votre enfant.

Toute femme enceinte devrait commencer sa préparation à l'accouchement le plus tôt possible, car c'est par une pratique régulière que se créent des réflexes qui apparaîtront automatiquement au moment voulu. Hélas, tandis que certaines ne se sentent pas prêtes à commencer avant la date fixée, d'autres n'ont pas le temps. Quant à celles qui ne peuvent se déplacer car elles doivent observer un repos allongé absolu, elles peuvent tout de même travailler la respiration (voir pages 246-251), le périnée (voir pages 257-258) et la relaxation (voir pages 288-292) ; si elles consacrent chaque jour un peu de temps à la répétition de tous ces exercices, elles pourront aborder l'accouchement en pleine confiance.

❯ Pour votre information

Près de 80 % des futures mères suivent des cours de préparation à l'accouchement. La majorité d'entre elles assistent aux cours classiques d'accouchement sans douleur.

La préparation classique

La **psychoprophylaxie obstétricale**, qu'on appelait autrefois l'accouchement sans douleur, n'a pas pour ambition de supprimer toute douleur. Néanmoins, en connaissant bien les principaux mécanismes qui en sont la cause, la femme qui accouche peut mieux les contrôler. Malgré des faiblesses, l'accouchement sans douleur a eu le très grand mérite de permettre aux femmes, qui jusqu'alors ignoraient tout d'elles-mêmes et *a fortiori* du développement de l'enfant qu'elles portaient ainsi que des modalités de l'accouchement, d'accéder à une compréhension de l'ensemble de ces phénomènes physiologiques.

Par la possibilité d'une participation active à son accouchement, la future mère l'aborde avec une certaine sérénité. Elle est d'autant plus détendue que sa connaissance des principales étapes du déroulement de l'accouchement la débarrasse de la peur qu'elle nourrissait jusqu'alors, une peur due à l'ignorance et qui a prévalu au cours des siècles. **Et ne pas avoir peur**, cela signifie avoir des muscles non contractés qui sont capables de répondre à la stimulation et qui accompagnent les phénomènes naturels au lieu de les freiner par des tensions inverses. **Cela veut aussi dire : moins souffrir.**

La préparation classique à l'accouchement est indispensable, même si vous envisagez d'accoucher sous péridurale. Elle est assurée par des sages-femmes, par des kinésithérapeutes et des gynécologues obstétriciens au cours de 8 séances remboursées par la Sécurité sociale. Cette préparation à l'accouchement commence vers le 7e mois de grossesse (voir aussi page 234) ; le plus souvent, le futur père est cordialement invité à y participer.

Cette préparation à l'accouchement étant fondée sur l'idée que la douleur est moindre si la femme comprend ce qui se passe et possède les moyens de faire face à la situation, les cours sont orientés à la fois sur l'information et sur la préparation physique.

La première séance est une prise de contact, comprenant des explications théoriques sur la grossesse, depuis la conception jusqu'au déroulement de l'accouchement. Des informations pratiques sur l'hygiène de la grossesse et l'allaitement, sur toutes les démarches à effectuer et ce qu'il faut prévoir pour soi et son bébé lors du séjour à la maternité complètent les cours. On répondra à toutes vos questions.

Les autres séances sont réservées à l'apprentissage d'exercices physiques, qui sont à répéter tous les jours chez soi. Vous apprendrez à :

• vous relaxer pour profiter au maximum du repos entre les contractions ;

• respirer selon les différents modes de respiration utilisés au cours de l'accouchement ;

• entraîner vos muscles qui auront à fournir un effort particulier, notamment au moment de l'expulsion.

Ces exercices visent aussi à vous donner confiance en vous. C'est déjà essentiel.

Les autres préparations à l'accouchement

À côté de la préparation à l'accouchement classique, dont les séances commencent trop tard, sont trop peu nombreuses et ne proposent souvent que quelques exercices de gymnastique, de nouvelles méthodes de préparation se sont développées, fondées pour la plupart sur des techniques de relaxation.

Votre médecin pourra vous conseiller, suivant vos propres désirs, et vous indiquer quelques adresses utiles. Renseignez-vous également à la maternité.

Le yoga

Cet ensemble de techniques vise à la maîtrise du corps et de l'esprit. Le travail musculaire, tout en douceur mais en profondeur, est lié à une recherche de relaxation optimale.

La pratique du yoga au cours de la grossesse permet une adaptation progressive aux transformations du corps et constitue une excellente préparation à l'accouchement.

Des cours conçus spécialement pour les femmes enceintes n'ayant jamais pratiqué le yoga existent un peu partout. Les exercices sont doux afin de ne pas déclencher un accouchement prématuré. Le yoga est à commencer dès que possible.

La sophrologie

Parvenir à la maîtrise de soi par la relaxation et la suggestion est le but de la sophrologie. Si la préparation comporte 8 séances réparties pendant la grossesse, elle nécessite en réalité des exercices quotidiens commencés le plus tôt possible.

Pour que les bienfaits de la sophrologie soient ressentis lors de la grossesse et pour mettre en place des mécanismes neurophysiologiques, l'entraînement doit être de 20 minutes environ chaque jour. Destinés à renforcer la concentration, les exercices musculaires, articulaires et respiratoires permettent une meilleure adaptation aux événements, qui sont alors vécus avec un certain recul.

La future maman qui se prépare à la naissance de son enfant ne subit plus la grossesse. Elle n'est plus seulement enceinte mais déjà mère, car l'entraînement physique va de pair avec toute évolution intérieure, dont le but est l'accueil progressif du bébé.

Pendant la grossesse, la préparation sophrologique est un remède contre l'angoisse et le stress, générateurs de fatigue et d'insomnie. Au cours de l'accouchement, une femme bien préparée vit et contrôle ce moment inoubliable de son existence.

La préparation en piscine

La préparation dans l'eau permet d'obtenir une bonne relaxation et un excellent entraînement musculaire ; en effet, les mouvements sont plus faciles à réaliser, les problèmes de poids étant supprimés. Le corps travaille harmonieusement et tout en souplesse.

L'haptonomie

Cette préparation, qui ne constitue pas une méthode d'accouchement à proprement parler, a pour but de développer une communication directe avec le bébé par un contact affectif et émotionnel. Cette communication s'établit par l'intermédiaire du toucher de la paroi abdominale de la mère. Le bébé, qui sent les mains de la mère ou du père qui le cherchent et le caressent, manifeste sa présence. C'est l'occasion pour le futur père de participer d'une manière active à la grossesse de sa compagne ; avec les mains posées sur l'abdomen de la maman, il sollicite son enfant tout en lui parlant. Peu à peu, le bébé répond par des mouvements.

L'haptonomie tend à créer les conditions optimales pour développer, dès le moment de la grossesse, l'attachement entre les parents et l'enfant.

En plus de ce contact étroit qui se noue avec le bébé à naître, l'attouchement des mains permet la libération de toutes les contractures et des tensions internes, et modifie donc le tonus corporel. Au moment de l'accouchement, grâce au contact des mains, les muscles abdominaux et le périnée seront détendus et répondront à la demande.

Les bons gestes ne s'improvisent pas. Ils sont à apprendre avec des médecins compétents dans cette technique.

La psychophonie, ou le chant prénatal

C'est la création d'une relation privilégiée entre la mère et son enfant par l'intermédiaire du chant. Dans l'utérus, le bébé est sensible aux sons et tout spécialement aux fréquences graves. Il réagit au chant de sa mère qui perçoit les réactions du bébé suivant que les sons sont aigus ou graves. En outre, la pratique du chant favorise pour la mère la respiration et fait travailler, par l'alternance de contraction et de détente, les muscles abdominaux et le périnée.

La musicothérapie

Cette technique, qui associe des exercices de relaxation à un conditionnement musical, vise à une meilleure prise de conscience de son corps, donc à une plus grande détente.

Quelle que soit la méthode que vous choisirez, vous avez intérêt, en dehors des séances de préparation à l'accouchement, à pratiquer chez vous, tous les jours, des exercices de respiration, de relaxation et de travail du périnée.

29ᵉ semaine de grossesse

▶ *31ᵉ semaine depuis le premier jour de vos dernières règles*
▶ *7ᵉ mois de grossesse*

Votre bébé fait la découverte d'une nouvelle sensation : le goût !

Votre bébé à naître

Sa taille est de 24 cm de la tête au coccyx et de 36 cm de la tête aux talons. Son poids est de 1,3 kg. Le diamètre de sa tête est de 8 cm.

Son corps s'arrondit doucement par le dépôt progressif de tissu adipeux sous-cutané. D'ailleurs, votre bébé prend de plus en plus de place dans l'utérus, et ses mouvements commencent à être moins amples, faute d'espace.

Désormais, les **yeux** de votre bébé sont entièrement ouverts mais, étant donné que la rétine ne reçoit aucune lumière, elle reste inactive. Les **cils** sont déjà très longs.

L'estomac, l'intestin et les reins fonctionnent d'une façon normale en cette 29ᵉ semaine de grossesse. Ils assimilent le liquide amniotique, que votre bébé avale en assez grande quantité.

Il semblerait que le liquide amniotique possède une saveur qui varie en fonction de l'alimentation de la mère, tout comme le lait maternel après la naissance. Ainsi, déjà dans votre ventre, votre bébé découvre et commence à développer un sens qu'il ne cessera d'affiner tout au long de son existence : **le goût**.

Vous, la future maman

Au cours du 1er trimestre, vos **glandes mammaires** se sont hypertrophiées et, maintenant, tout est prêt en vue de la lactation.

Il se peut que vous découvriez sur vos vêtements des taches au niveau des seins. Ne vous inquiétez surtout pas : il s'agit de **colostrum**, un liquide épais et jaunâtre, qui s'écoule d'une manière spontanée. Pressez vos seins et vous le verrez poindre. Le colostrum est le premier lait qu'absorbera votre bébé si vous le faites téter. Il est purgatif et contient de nombreux anticorps.

La production du colostrum dépend de la stimulation des seins par la prolactine. Cette hormone d'origine placentaire est responsable non seulement du colostrum pendant la grossesse puis de sa libération, au moment de l'accouchement, mais également de la synthèse du lait au cours de l'allaitement.

Votre **utérus** a encore augmenté de volume : à ce stade de votre grossesse, il dépasse votre nombril de 4 à 5 cm. Cela accentue, bien sûr, tous les inconvénients déjà mentionnés : la sensation de pesanteur, la tendance à l'essoufflement et autres aigreurs d'estomac (voir pages 248-249 et 103).

▶ Conseils

Attention aux maladies infectieuses

À ce moment de la grossesse, une maladie infectieuse de la mère peut être lourde de conséquences, car de nombreux virus et bactéries sont capables de franchir la barrière placentaire (voir page 264) ; ils pénètrent dans la circulation sanguine du bébé en traversant la membrane des villosités qui est devenue très mince afin de laisser filtrer un maximum d'éléments nutritifs.

Ces virus ou ces bactéries qui provoquent une maladie de la mère sont d'une gravité variable pour elle : cela peut aller d'une simple grippe à une hépatite virale. Pour le développement de l'enfant en ce 7ᵉ mois de gestation, le risque lié aux infections est toujours très sérieux, car le passage du microbe dans son organisme peut, selon les cas, déclencher sa naissance prématurée, ou pire, lui être fatal.

Plus la maladie sera dépistée à un stade précoce, plus le traitement, qui sera aussitôt mis en route, sera efficace. C'est la raison pour laquelle vous devez rester très vigilante à l'égard de votre santé.

Signalez à votre médecin le moindre signe anormal :

• l'apparition inexpliquée d'une fièvre légère et qui dure sans motif apparent ;

• l'apparition d'une fièvre qui, au contraire, se manifeste par de fortes poussées ;

• la congestion du visage ;

• des maux de tête ;

• un mal de gorge ;

• une infection urinaire ;

• une infection génitale ;

• des troubles intestinaux.

◗ Pour votre information

La listériose

Environ 1 femme enceinte sur 1 000 est concernée par la listériose, une maladie infectieuse due à une bactérie, le listeria monocytose. Elle se transmet en priorité par voie digestive du fait de la consommation d'aliments contaminés, en particulier la viande mal cuite et les produits laitiers. La contamination par voie respiratoire au contact d'animaux domestiques ou d'élevage ne doit pas être négligée.

La maladie est bénigne pour la mère et se déclare le plus souvent autour du 7ᵉ mois, époque à laquelle le listeria est capable de franchir la barrière placentaire. L'infection qui en résulte provoque chez la mère une fièvre subite, qui peut être élevée et atteindre 38 à 39 °C, avec une forte congestion du visage. Quand elle est légère – dans 1/4 des cas seulement –, elle dure plus longtemps que pour un simple rhume et récidive sans raison. Elle est souvent accompagnée de courbatures, de maux de tête et de maux de gorge ; des troubles intestinaux ou une infection urinaire peuvent compléter le tableau clinique.

Pour l'enfant, la situation est critique : dans les cas non traités, 2/3 des fœtus contaminés meurent *in utero* ou dans les 48 heures qui suivent la naissance, tandis que 1/3 souffrent d'hypotrophie grave. Plus rarement, la maladie risque de provoquer une septicémie ou une méningite avant ou après la naissance. Dans la majorité des cas, la maladie entraîne un accouchement prématuré.

Tout dépend de la **rapidité d'action** dans le diagnostic ainsi que dans la mise en route du traitement.

Pour tout accès de fièvre, consultez absolument un médecin. Il vous enverra dans un laboratoire pour effectuer un test de dépistage ; mais avant d'en connaître le résultat, il vous prescrira un traitement à base d'antibiotiques. La bactérie est très sensible aux dérivés de la pénicilline et n'y résiste pas plus de 48 heures. Par sécurité, le traitement sera poursuivi pendant 3 semaines.

Soyez simplement vigilante et prudente. Pour tout accès de fièvre, consultez rapidement votre médecin.

Le listeria n'aime pas les aliments très secs, très salés et conservés à basse température.

Avec un traitement déclenché assez tôt, votre enfant aura toutes les chances d'être indemne.

Les précautions à prendre

• Pendant tout le temps de votre grossesse, évitez le contact étroit avec les chiens et les chats.

• Lavez très soigneusement les légumes et les fruits.

• Faites bien cuire la viande.

• Supprimez les produits laitiers non pasteurisés.

• Consultez votre médecin au moindre accès de fièvre, tout en sachant qu'une poussée de fièvre ne signifie pas nécessairement que vous êtes atteinte de listériose.

Ces conseils recoupent ceux préconisés pour se protéger de la toxoplasmose (voir pages 122-123). Cela signifie qu'avec une hygiène de vie correcte, alliant bon sens et prudence, votre grossesse a toutes les chances de se dérouler sans problèmes majeurs.

À savoir

Depuis 1998, la listériose est une maladie à déclaration obligatoire : tout médecin qui diagnostique un cas de listériose doit le déclarer immédiatement à l'Agence régionale de santé (ARS), en précisant s'il s'agit d'une femme enceinte. Les malades interrogés doivent signaler tous les aliments à risque consommés, leur marque ainsi que l'endroit où ils ont été achetés. Les informations, qui sont regroupées à l'Institut de veille sanitaire, permettent de repérer la denrée polluée. Cela n'empêche pas que, chaque année, une cinquantaine de femmes soient contaminées.

30ᵉ semaine de grossesse

▶ *32ᵉ semaine depuis le premier jour de vos dernières règles*

▶ *7ᵉ mois de grossesse*

Avez-vous déjà choisi le prénom de votre bébé ?

Votre bébé à naître

Sa taille est de 25 cm de la tête au coccyx et de 37 cm de la tête aux talons. Son poids est de 1,5 kg. Le diamètre de sa tête est de 8,2 cm.

Votre bébé continue à sucer son pouce. Certains bébés, qui sont peut-être plus gourmands que d'autres, ont, à la naissance, le pouce irrité de l'avoir trop sucé !

Si votre bébé est **un garçon**, ses testicules quittent la région de l'aine pour descendre dans les bourses. Si c'est **une fille**, les millions d'ovogonies – les cellules sexuelles primitives – que contenaient ses ovaires ont dégénéré ; seules 400 à 500 cellules poursuivront leur maturation. Elles représenteront 13 ovocytes émis par an (1 tous les 28 jours) pendant les 40 ans de la vie génitale de la femme. En cette 30ᵉ semaine de grossesse, ces ovogonies restantes sont transformées en ovocytes de premier ordre ; ces derniers sont entourés de cellules folliculaires et forment ainsi les follicules primordiaux. Ce sont eux qui, à partir de la puberté, effectueront un cycle de maturation dont le but sera la libération d'un ovocyte apte à la fécondation. Encore en gestation, votre fille se prépare pour faire de futurs bébés !

Vous, la future maman

À ce stade, il ne faut pas confondre anémie vraie et anémie apparente. En effet, le plasma sanguin de la mère s'accroît plus vite que ne se forment les globules rouges et donc les dilue, donnant l'impression d'une pauvreté en globules. À présent et jusqu'au terme, la fabrication de globules rouges va s'accélérer pour reconstituer l'équilibre quantitatif plasma-globules. Buvez beaucoup d'eau pour alimenter ce volume sanguin et consommez des aliments riches en fer (voir page 140).

▶ Conseils

Partagez votre grossesse

Heureusement, la plupart des femmes partagent leur grossesse avec le père de leur enfant à naître. Dans les moments de fatigue et d'angoisse, de doute et d'inquiétude, elles trouvent en lui un soutien précieux, une aide morale et souvent matérielle pour les tâches de la vie quotidienne.

Future maman qui n'avez ni compagnon ni mari, que vous soyez célibataire, séparée ou veuve, ne restez pas seule pour autant. Comme toutes les femmes enceintes, et plus qu'une autre, vous avez grand besoin d'être écoutée et épaulée dans les moments difficiles qui se manifestent tout au long de la grossesse. Si vous n'avez pas de famille ni d'amis de qui vous rapprocher, sachez qu'il existe des réseaux d'amitié qui vous apporteront du réconfort et de la solidarité. Des associations ainsi que des organismes officiels pourront vous aider sur le plan matériel, vous conseiller et vous renseigner d'une manière très utile pour vous permettre d'affronter au mieux toutes les situations.

Les associations et les sites Internet

Vous pourrez vous procurer sur Internet la liste des associations qui viennent en aide aux mères seules.

Par ailleurs, il existe plusieurs sites qui s'adressent aux familles monoparentales, leur fournissant de nombreux renseignements et organisant des forums de discussion. Parmi eux :

• www.mamansolo.net ;

• www.parent-solo.fr

Les organismes officiels

• Le Mouvement français pour le planning familial (MFPF) : cette célèbre association est un lieu de parole sur toutes les questions concernant la sexualité et les relations amoureuses, les droits des femmes, le sexisme, la famille, la solidarité et la bioéthique ; sur son site (www.planning-familal.org) figurent les coordonnées de tous les centres départementaux de planification qui proposent des consultations médicales sur rendez-vous et des permanences téléphoniques d'information ;

• vous trouverez sur le site du secrétariat d'État en charge de la famille et de la solidarité (www.travail-solidarite.gouv.fr/espaces,770/famille,774) diverses informations sur le soutien à la parentalité ;

• le Centre national d'information et de documentation des femmes et des familles (CNIDFF) : sur le site www.infofemmes.com sont répertoriées les coordonnées des centres régionaux et départementaux.

❯ Pour votre information

Attendre seule un enfant

Qu'elles soient célibataires, séparées, divorcées ou veuves, les femmes seules bénéficient des mêmes avantages sociaux donnés à toutes les femmes enceintes (voir en annexe les droits et démarches).

Si elles témoignent de ressources insuffisantes ou si elles sont entièrement dépourvues de ressources, elles peuvent obtenir des aides supplémentaires.

Le Revenu de Solidarité active (Rsa) et l'allocation de soutien familial (ASF) sont des prestations accordées par la Caisse d'allocations familiales. Pour de plus amples informations, consultez le site Internet www.caf.fr.

Vous pouvez demander les formulaires d'inscription par téléphone ou bien les télécharger et les imprimer sur le site Internet ; vous pouvez également remplir en ligne votre déclaration de ressources et les demandes de certaines prestations. Retournez le plus vite possible le ou les formulaires complétés, datés et signés, et accompagnés des éventuelles pièces justificatives demandées. Si vous tardez, vous risquez de perdre des mensualités.

Le Revenu de solidarité active (Rsa)

• Depuis 2009, l'allocation de parent isolé (API) a été remplacée par le Revenu de solidarité active (Rsa), qui vise à assurer un revenu minimal par mois.
• Exception : si, au titre de l'API, vous êtes encore bénéficiaire de la prime forfaitaire ou du Rsa expérimental, et si vos droits sont plus avantageux que le Rsa, vous allez continuer à bénéficier de ces prestations. Quand vos droits à la prime forfaitaire ou au Rsa forfaitaire prendront fin, votre droit au Rsa sera réétudié par votre Caisse d'allocations familiales.
• Pour bénéficier du Revenu de solidarité active, vos ressources et vos prestations familiales ne doivent pas dépasser un certain montant.

• Le montant forfaitaire du Rsa est calculé selon la composition de votre foyer et le nombre de vos enfants à charge. Il est majoré si vous vivez seule et/ou si l'un de vos enfants a moins de 3 ans.

• Toutes les ressources de votre foyer sont considérées : les rémunérations au titre d'une activité professionnelle, qu'elle soit ou non salariée, ou de stages de formation ; les aides au logement sont prises en compte d'une manière forfaitaire.

• Pour estimer le montant de votre Revenu de solidarité active, faites le test Rsa sur le site de la Caisse des allocations familiales (www.caf.fr).

• Si vous êtes sans activité ou si les revenus de votre foyer sont inférieurs au niveau du montant forfaitaire du Rsa, prenez rendez-vous avec votre Caisse d'allocations familiales pour l'étude de votre dossier ; l'ensemble de vos droits seront alors évoqués, en particulier pour l'assurance maladie.

• Si vous exercez une activité ou si les revenus de votre foyer sont supérieurs au niveau du montant forfaitaire du Rsa, le test sur le site www.caf.fr vous permettra de savoir si vous pouvez en bénéficier.

• Après le versement des 3 premières mensualités, votre Caisse d'allocations familiales vous adressera, chaque trimestre, une déclaration à remplir pour connaître vos ressources et recalculer éventuellement votre prestation.

L'allocation de soutien familial (ASF)

• Si vous avez au moins un enfant à charge et si vous vivez seule, cette allocation peut vous être versée par la Caisse des allocations familiales.

• Si votre enfant est orphelin de père ou si son père ne l'a pas reconnu, vous avez droit automatiquement à l'allocation de soutien familial.

• Si le père de votre enfant ne participe plus à son entretien depuis 2 mois au moins, vous pouvez bénéficier de l'allocation de soutien familial d'une manière provisoire et selon certaines conditions : si son père est hors d'état d'assumer son obligation d'entretien ; si son père se soustrait à son obligation d'entretien, l'allocation de soutien familial vous sera versée pendant 4 mois au moins ; enfin, si son père se soustrait au versement d'une pension alimentaire, la Caisse des allocations familiales engagera à votre place une action en justice et vous versera cette allocation à titre d'avance.

L'allocation du bureau d'aide sociale de la mairie

• Pour les femmes seules, une allocation mensuelle peut être accordée par le bureau d'aide sociale de la mairie pendant les 6 semaines qui précèdent la naissance.

• Son montant varie en fonction des ressources de la future mère.

• Dans le cas d'une absence totale de ressources, cette allocation peut être encore perçue après l'accouchement.

• Cette allocation peut être cumulée avec les allocations familiales si vous avez au moins deux enfants.

Par ailleurs, une aide au logement peut être fournie aux familles monoparentales ; son attribution dépendra de vos ressources.

Pour vous informer et vous aider

• Tous les bureaux d'aide sociale des mairies.

• Les Caisses d'allocations familiales.

• Les centres de Sécurité sociale.

• Les centres de protection maternelle et infantile (PMI).

La reconnaissance de l'enfant

Quand un enfant naît hors mariage – ce qui est aujourd'hui le cas pour 50 % des enfants en France –, sa reconnaissance est un acte officiel : il établit sa filiation avec son père et sa

---

Si vous êtes seule et si vous rencontrez des difficultés, pensez aux associations qui vous apporteront réconfort et solidarité.

mère, qui pourront alors exercer conjointement leur autorité parentale. Cette reconnaissance doit être effectuée par chacun d'entre eux, ou par les deux ensemble ; elle est distincte de la déclaration de naissance (voir page 438).

Le père et la mère peuvent reconnaître leur enfant :

• soit pendant la grossesse : c'est la reconnaissance anticipée, ou prénatale ;

• soit au moment de la naissance ;

• soit après la naissance.

Elle s'effectue au service de l'état civil, à la mairie, avec une pièce d'identité.

Quand un enfant naît hors mariage, c'est sa reconnaissance qui confère à l'un ou à l'autre parent, ou aux deux, l'exercice de l'autorité parentale.

Si le père reconnaît son enfant, cela l'engage à contribuer à son entretien. S'il ne le fait pas, vous pouvez vous adresser au tribunal d'instance dont dépend votre domicile pour l'obliger à vous verser une pension alimentaire.

Le nom de l'enfant

Depuis 2005 modifiée, les parents, qu'ils soient ou non mariés, peuvent donner à leur enfant :

• soit le nom du père ;

• soit le nom de la mère ;

• soit les deux noms accolés, selon l'ordre qu'ils décident.

Ce choix est définitif pour les enfants nés ou à naître.

RÉCAPITULATIF DU 7E MOIS DE VOTRE BÉBÉ

Âge de votre bébé	27e semaine	28e semaine	29e semaine	30e semaine
Sa taille	• 22 cm de la tête au coccyx. • 34 cm de la tête aux talons.	• 23 cm de la tête au coccyx. • 35 cm de la tête aux talons.	• 24 cm de la tête au coccyx. • 36 cm de la tête aux talons.	• 24 cm de la tête au coccyx. • 36 cm de la tête aux talons.
Son poids	1 kg	1,150 kg	1,300 kg	1,500 kg
Son développement	• La myélinisation des nerfs commence. • C'est la dernière étape de la maturation du cerveau. Elle va durer près de 20 ans.	• Le corps de votre bébé commence à s'arrondir légèrement. • Si votre bébé est un garçon, ses testicules descendent dans l'aine. • Les mouvements respiratoires sont maintenant coordonnés. • Autorégulation de la température interne.	• Les mouvements de votre bébé se réduisent, faute de place. • Les yeux sont ouverts. • Les cils sont déjà longs. • Votre bébé découvre le sens du goût.	• Les testicules du garçon descendent dans le scrotum. • Chez la fille, formation des follicules primordiaux dans l'ovaire. • Votre bébé occupe presque tout le volume de l'utérus.
Observations générales	Le poids actuel de votre bébé est à peu près le tiers de son poids de naissance.			

RÉCAPITULATIF DU 7ᴱ MOIS DE VOTRE GROSSESSE				
Âge de la grossesse	27ᵉ semaine	28ᵉ semaine	29ᵉ semaine	30ᵉ semaine
Observations générales	Tous vos organes ont grossi, sauf le foie.	Votre cœur bat plus vite : environ 12 battements de plus à la minute.	• Vos seins peuvent sécréter un peu de colostrum. • L'utérus dépasse le nombril de 4 à 5 cm.	Une ligne verticale sombre peut apparaître au milieu de l'abdomen.
Symptômes possibles			Sensation de pesanteur, aigreurs d'estomac, tendance à l'essoufflement.	
Précautions à prendre	Attention à l'accouchement prématuré : - reposez-vous ; - cessez toute activité sportive.	Commencez une préparation à l'accouchement.	• Attention aux maladies infectieuses : - évitez les chiens et les chats ; - lavez les légumes et les fruits ; - cuisez très bien la viande ; - supprimer laitages et fromages au lait cru. • Au moindre signe de fièvre : consultez immédiatement.	• Consommez des aliments riches en fer. • Buvez beaucoup d'eau pour alimenter le volume sanguin.
Examens	Si vous attendez des jumeaux : analyse d'urine et visite médicale tous les 15 jours.			3ᵉ échographie.
Démarches			5ᵉ visite médicale obligatoire.	

8e mois

Depuis une quinzaine de jours, votre bébé a commencé à grossir. Il ne va plus s'arrêter pour devenir, le jour de sa naissance, un petit poupon bien rond.

Pendant ses deux derniers mois et demi de vie intra-utérine, il prendra 50 % du poids total qu'il aura à terme. C'est la raison pour laquelle votre alimentation est d'une importance capitale. C'est ce que vous mangez qui construit votre bébé.

Ce mois-ci, s'il ne l'a pas déjà fait, votre bébé va se retourner pour s'orienter dans la bonne direction. La tête en bas, il prend dès maintenant ses dispositions pour sortir, avant d'être trop gros et de ne plus pouvoir le faire.

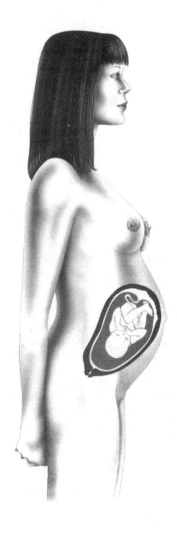

Vous, 31 semaines après votre fécondation.

31e semaine de grossesse

Votre bébé est maintenant un grand : finies les cabrioles !

Votre bébé à naître

Sa taille est de 26 cm de la tête au coccyx et de 39 cm de la tête aux talons. Son poids est de 1,7 kg. Le diamètre de sa tête est de 8,5 cm.

À ce stade de son développement, votre bébé occupe presque tout le volume de l'utérus. Il n'a plus assez de place pour jouer à l'alpiniste, pour se balancer au bout de son cordon et pour se déplacer d'un point à un autre. Il va encore beaucoup grandir et grossir ; l'utérus aussi, d'une manière parallèle, mais l'espace est définitivement restreint. Avant de bouger plus discrètement, votre bébé va faire une dernière galipette et se retourner entièrement, prenant ainsi la **position définitive** qu'il aura au moment de l'accouchement.

Grâce à l'échographie pratiquée entre la 30e et la 32e semaine de grossesse, il sera possible de voir comment votre bébé fera son entrée dans le monde : la tête la première ou par le siège. C'est ce qu'on appelle la **présentation**.

Des stimulations sonores telles que la musique ou encore la voix des parents, en particulier celle du père car elle est à fréquence plus basse, déclenchent des mouvements chez votre bébé, ainsi qu'une accélération du cœur, qui sont perceptibles lors de l'échographie.

Vous, la future maman

L'**utérus** est un organe remarquable. Au cours de la grossesse, il multiplie son poids au moins par 10 et augmente environ de 500 fois en volume. La progestérone joue probablement un rôle dans cet incroyable étirement.

En augmentant de volume, l'utérus appuie sur le diaphragme, qui remonte et porte sur le bord de la cage thoracique. C'est en position assise que vous sentez avant tout cette gêne qui peut finir par être douloureuse. Si c'est le cas, levez-vous et étirez-vous en levant les bras tout en inspirant. Baissez les bras en expirant.

La peau de votre abdomen étant très tendue, votre nombril est, lui aussi, tiré et aplati. Chez certaines femmes, il est si tiré qu'il se retourne et apparaît alors en relief.

▶ Conseils

Faites une troisième échographie

Entre la 32e et la 34e semaine d'aménorrhée, c'est le moment de faire une 3e échographie, la meilleure date étant la 32e semaine d'aménorrhée, c'est-à-dire la 30e semaine de grossesse. Cette 3e échographie a sa raison d'être si :

• on craint un retard de développement du fœtus, par exemple quand la mère a contracté une maladie infectieuse (voir page 334) ; on vérifie alors la taille du bébé, ses mouvements cardiaques et ses mouvements réflexes au bruit et à la lumière ;

• on soupçonne une anomalie curable. L'échographie permet de voir et ensuite d'agir vite, dès la naissance. Tel est le cas pour la sténose du pylore ou une malformation cardiaque par exemple ;

• le placenta est situé très près de l'orifice interne du col de l'utérus. On mesure alors la distance définitive qui les sépare. Certains placentas *praevia* descendent très bas, jusqu'à recouvrir l'orifice du col, obligeant à procéder, le moment venu, à une césarienne ;

• on craint une mauvaise présentation. Le bébé amorce sa descente vers l'entrée du bassin maternel aux alentours de la 31e semaine d'aménorrhée dans le cas d'une première grossesse. Il est en place définitivement aux alentours de la 34e semaine. Chez les multipares, le positionnement du bébé peut avoir lieu plus près du terme.

En vue de l'accouchement, on mesure le BIP, ou bipariétal, c'est-à-dire le diamètre de la tête du bébé. On mesure également son diamètre abdominal, au niveau de l'ombilic. Ces deux mesures doivent être en harmonie.

Aujourd'hui, certaines anomalies fœtales peuvent être opérées *in utero*. C'est l'échographie qui guidera la main du chirurgien. En 2005, à l'hôpital pédiatrique de Boston un fœtus de 30 semaines a été opéré pour malformation cardiaque. C'était une première mondiale.

▶ Pour votre information

La présentation

La présentation est la façon dont le bébé se place dans l'utérus vers la fin du 7e mois. Elle est dès à présent presque définitive, et son diagnostic est fait vers 7 1/2 à 8 mois. Elle est appréciée par palpation de l'abdomen et, s'il y a un doute, par échographie ou par radiographie fœto-pelvienne.

Il est essentiel que la présentation soit verticale pour le déroulement normal de l'accouchement. Cette présentation verticale peut être tête en bas – le cas de loin le plus fréquent – ou tête en haut.

La présentation céphalique

L'enfant qui occupe tout l'espace de son habitacle s'adapte au mieux à la forme de celui-ci. C'est pourquoi, dans 97 % des cas, il place la partie la plus volumineuse de son corps dans la zone de l'utérus la plus large. Il se retrouve donc la tête en bas, avec le dos le plus souvent orienté à gauche.

La présentation du sommet

C'est la présentation la plus fréquente. Le sommet du crâne se présente à l'entrée du bassin. La tête s'engagera dans le bassin, au moment de l'accouchement, le menton sur le thorax.

La présentation de la face

Dans ce cas, la tête est complètement rejetée en arrière. L'accouchement est souvent difficile et peut nécessiter une césarienne.

La présentation du front

La césarienne est ici obligatoire, car la tête de l'enfant se présente dans son plus grand diamètre et rend l'accouchement impossible.

La présentation du siège

L'enfant est en position verticale mais dans le mauvais sens : il présente les fesses au lieu de la tête. Cette disposition peut être due à un utérus trop petit ou mal formé.

Au moment de l'accouchement, l'expulsion peut être difficile et nécessiter une anesthésie générale.

La présentation transverse

L'enfant est placé en travers de l'entrée du bassin. Il en ferme le passage avec son dos. C'est alors l'épaule qui se présente en premier. Une césarienne est indispensable.

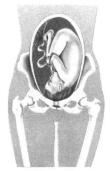

La présentation du sommet : 95 % des cas.

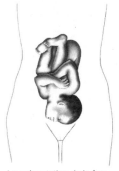

La présentation de la face.

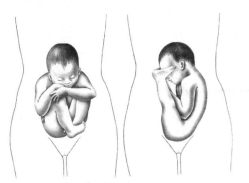

La présentation transverse.

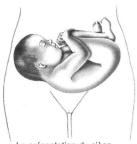

La présentation du siège.

Les différentes présentations du bébé au moment de l'accouchement.

32e semaine de grossesse

‣ *34e semaine depuis le premier jour de vos dernières règles*

‣ *8e mois de grossesse*

Connaissez-vous le menu favori de votre bébé ? Calcium et fer !

Votre bébé à naître

Sa taille est de 27 cm de la tête au coccyx et de 40,5 cm de la tête aux talons. Son poids est de 1,9 kg. Le diamètre de sa tête est de 8,7 cm.

Les **ongles** de votre bébé atteignent à présent le bout de ses doigts mais pas encore l'extrémité de ses orteils.

S'il continue à accumuler de la graisse, son corps possède encore néanmoins une **apparence fripée**.

Sa peau est un peu moins rouge, plutôt rose, et son revêtement protecteur, le vernix caseosa, est à présent très épais.

En cette 32e semaine de grossesse, le niveau du **calcium** dans le sang du bébé est plus haut que dans celui de la mère. Le placenta est quelquefois surnommé la « pompe à calcium », car il distribue le minéral de la mère au bébé, en une quantité considérable, pour permettre l'élongation des os.

Situées au sommet des reins, les **glandes surrénales** sont, chez votre bébé, de la taille de celles d'un adolescent. Chaque jour, ces glandes produisent près de 10 fois plus d'hormones stéroïdes que celles d'un adulte normal ! Une partie de ces hormones est transformée en une hormone œstrogène, qui se trouve à l'origine du colostrum, ce premier lait, épais et jaunâtre, qui peut s'écouler désormais de vos seins (voir page 334).

Après la naissance, les glandes surrénales régresseront d'une manière incroyable, puisqu'elles seront, cette fois-ci, proportionnelles à la taille de votre bébé.

Vous, la future maman

Les os de votre bébé continuent de s'allonger et de s'épaissir. Il ne faut pas que ce soit au détriment de votre propre squelette ou de votre dentition. Consommez tous les jours du lait et des fromages pasteurisés afin de lui apporter la quantité de calcium dont il a besoin.

Par ailleurs, ne négligez pas :

• votre poids. Continuez à vous peser régulièrement ;

• le contrôle de vos urines.

▶ Conseils

Vous êtes à 7 semaines du terme. Votre congé de maternité va commencer dans les 7 jours à venir.

Le congé de maternité n'est pas un luxe. Vous êtes alourdie par un utérus très gros, fatiguée par une circulation sanguine et une respiration difficiles, car tous les organes sont comprimés. Mettez ce temps à profit pour vous reposer et continuer à vous préparer, sur le plan matériel et psychique, à la venue de votre bébé.

À la fin de cette 32ᵉ semaine, vous pourrez saluer vos collègues et votre patron. Ils ne vous verront pas avant un certain temps. Dans 4 mois, ils ne vous reconnaîtront pas. Vous les quittez un peu lasse de porter vos formes épanouies et ils retrouveront une jeune mère alerte et heureuse.

Pendant votre congé de maternité

• **Reposez-vous le plus possible.** évitez toute activité ou imprudence qui pourrait déclencher un accouchement prématuré. Si la nature a décidé que la gestation est de 9 mois, c'est qu'il faut 9 mois à votre bébé pour parvenir à une maturation complète de ses organes. Plus il naîtra tardivement, plus il aura de chances de réussir une bonne entrée dans la vie.

• **Faites vos exercices** de relaxation, de respiration et d'assouplissement du périnée.

• **Achevez de préparer la chambre du bébé.** Il est préférable qu'il ne dorme pas dans votre chambre mais dans la sienne. Si vous êtes angoissée à la pensée de ne pas l'entendre, placez pendant quelque temps son berceau tout à côté de votre chambre et laissez la porte ouverte. Sachez qu'il existe des babyphones, des petits interphones qui vous permettront d'entendre votre bébé où que vous soyez dans la maison.

• **Organisez la garde de vos autres enfants** pendant votre séjour à la maternité.

• **Pensez à vous faire aider** durant les premiers jours de votre retour de la maternité. Si le papa n'est pas disponible et si vous n'avez ni mère ni belle-mère près de vous, vous pouvez vous adresser à votre mairie qui vous indiquera une aide familiale. Au retour de la maternité, vous devrez vous reposer et avoir du temps pour suivre les cours de gymnastique ou de rééducation du périnée. Pour cela, vous devez être déchargée de temps en temps de la garde de votre bébé.

Pour obtenir la liste des associations d'aide familiale de votre région, consultez Internet ou adressez-vous à la mairie de votre domicile.

▶ Pour votre information

Le congé de maternité : les modalités légales

Soumises régulièrement à diverses modifications, les modalités légales du congé de maternité peuvent être consultées sur Internet : www.caf.fr ou www.ameli.fr

• Le congé de maternité comprend un congé prénatal – avant l'accouchement – et un congé postnatal – après l'accouchement. La durée de chaque congé varie selon le nombre d'enfants que vous attendez et s'il s'agit ou non votre premier enfant (voir le tableau ci-contre). Si vous attendez un seul enfant et si c'est votre premier, le repos prénatal commence 6 semaines avant l'accouchement et se poursuit par un repos postnatal de 10 semaines après l'accouchement. Avec la loi du 5 mars 2007, il est possible, pour celles qui le souhaitent et après l'accord de leur médecin, de reporter une partie du congé de maternité après la naissance de l'enfant. Le repos prénatal doit alors être de 3 semaines au minimum. Le congé de maternité classique comprend donc 16 semaines de repos.

• La durée légale du congé de maternité, qui est déterminée par le Code du travail, peut varier selon votre convention collective. Si vous êtes salariée, renseignez-vous.

• Si l'accouchement est prématuré, les semaines qui n'ont pas été prises pendant le congé prénatal pourront être reportées à la suite du congé postnatal afin de constituer les 16 semaines légales. Si l'accouchement a lieu avant le début du congé prénatal, l'ensemble des 16 semaines sera reporté en congé postnatal.

• Si l'accouchement a lieu plus de 6 semaines avant la date prévue et réclame l'hospitalisation du bébé, la mère bénéficiera d'une période supplémentaire d'indemnisation par l'assurance maternité.

Le retour à la maison avec le bébé n'est pas toujours facile. Prévoyez de vous faire aider, le temps de vous organiser.

• Si l'accouchement a lieu après la date prévue, le congé prénatal sera prolongé jusqu'à la date de l'accouchement ; le congé postnatal ne sera pas modifié.

	Vous attendez	Congé prénatal	Congé postnatal
Vous n'avez pas d'enfant	votre 1ᵉʳ enfant des jumeaux des triplés et plus	6 semaines 12 semaines 24 semaines	10 semaines 22 semaines 22 semaines
Vous avez déjà un enfant	un 2ᵉ enfant des jumeaux des triplés et plus	6 semaines 12 semaines 24 semaines	10 semaines 22 semaines 22 semaines
Vous avez déjà deux enfants et plus	un nouvel enfant des jumeaux des triplés et plus	8 semaines 12 semaines 24 semaines	18 semaines 24 semaines 22 semaines

• Si la mère est malade à partir du 6ᵉ mois de sa grossesse, elle peut bénéficier au maximum d'un congé prénatal de 2 semaines supplémentaires, qui seront indemnisées au tarif du congé de maternité ; les autres congés maladie pris au cours de la grossesse seront indemnisés au tarif maladie.

• Si le bébé est hospitalisé, la mère peut reprendre son travail pendant cette période. Les semaines de congé postnatal qu'elle n'aura donc pas prises pourront l'être plus tard, quand l'enfant aura quitté l'hôpital.

• Si le bébé décède, la mère peut prendre son congé postnatal.

• Toute femme a le droit de prendre un congé plus court, à condition toutefois de s'arrêter au moins 2 semaines avant l'accouchement et 6 semaines après, sous peine de perdre ses droits aux indemnités journalières.

• À la fin de votre congé de maternité, envoyez à votre caisse de Sécurité sociale une attestation de reprise de travail signée par votre employeur.

Si vous ne désirez pas reprendre le travail

• **Si vous travaillez dans le secteur public**, vous avez droit à un congé sans solde pendant 3 ans. À la fin de ce congé, vous serez réintégrée dans votre emploi ; vous pouvez demander un mi-temps, mais ce droit n'est pas systématiquement accordé.

• **Si vous travaillez dans le secteur privé**, vous avez une possibilité légale : le congé parental d'éducation (voir ci-contre).

Les congés du père

Le congé de naissance

Pour la naissance de son enfant, tout père qui est salarié – sauf s'il est travailleur temporaire ou salarié agricole – dispose de **3 jours** de congés rémunérés, quelle que soit son ancienneté dans l'entreprise.

Ce congé de naissance doit être pris dans les 15 jours qui précèdent ou qui suivent l'accouchement. Certaines conventions collectives peuvent également prévoir des congés supplémentaires, assortis d'une condition d'ancienneté.

Le congé de paternité

Tout père actif – qu'il soit salarié, fonctionnaire, travailleur indépendant, employeur ou chômeur indemnisé – peut prendre **11 jours** de congés rémunérés dans les 4 mois qui suivent la naissance de son enfant, ou 18 jours en cas de naissances multiples.

Ce congé de paternité est cumulable avec les 3 jours de congé de naissance ; il est indemnisé dans les mêmes proportions que le congé de maternité.

Le futur père doit avertir son employeur 1 mois avant le début de son congé.

À savoir

Pour un salarié, le congé de paternité équivaut au maintien de son salaire net dans la limite du plafond de la Sécurité sociale ; pour un non-salarié, il équivaut aux indemnités journalières forfaitaires égales à 1/60ᵉ du plafond de la Sécurité sociale ; pour un fonctionnaire, le traitement est maintenu.

Le congé parental d'éducation

Le congé parental d'éducation est un congé qui est accordé pour 1 an et qui peut être renouvelé 2 fois. Il peut être pris soit à mi-temps soit à plein temps. L'employeur ne peut refuser ce congé à la mère ou au père, quel que soit l'effectif de son entreprise.

À ce congé parental d'éducation s'ajoute depuis 2006 un nouveau congé parental, le complément optionnel de libre choix d'activité de la prestation d'accueil du jeune enfant (**PAJE**) [voir en annexe les prestations de la Caisse des allocations familiales]. D'une durée de 1 an, pouvant être partagé entre le père et la mère, il s'applique uniquement dans le cas d'un troisième enfant. Les deux types de congé ne peuvent être cumulés.

Pour demander un congé parental d'éducation, il faut, à la naissance de son enfant :

• avoir travaillé au moins 1 an dans l'entreprise ;

• prévenir son employeur par lettre recommandée avec accusé de réception de son intention de prendre un congé parental d'éducation. Il faut le faire au moins 1 mois avant l'expiration

---

⚠️ Envoyez à la Sécurité sociale une attestation d'arrêt de travail remplie et signée par votre employeur.

À la fin de votre congé de maternité, envoyez à votre caisse de Sécurité sociale une attestation de reprise de travail signée par votre employeur.

du congé de maternité et 2 mois avant de s'arrêter, dans le cas d'une reprise de travail entre-temps.

Le parent n'est pas obligé de prendre le congé parental d'éducation à la suite du congé de maternité ; il peut le faire dans les 2 ans qui le suivent. Dans ce cas, si la mère a repris son travail avant de demander le congé, ce dernier sera diminué de la période pendant laquelle elle a travaillé.

Si c'est le père qui demande le congé parental d'éducation, la mère doit envoyer à l'employeur de celui-ci une lettre recommandée avec accusé de réception, précisant qu'elle ne peut pas ou qu'elle ne veut pas prendre ce congé. En théorie, à l'expiration du congé, le parent retrouve son emploi ou un emploi similaire.

33ᵉ semaine de grossesse

❱ *35ᵉ semaine depuis le premier jour de vos dernières règles*

❱ *8ᵉ mois de grossesse*

« Je ne veux pas sortir ! » se dit votre bébé bien au chaud dans sa bulle. Alors, pensant tourner le dos au monde... il se retourne !

Votre bébé à naître

Sa taille est de 28 cm de la tête au coccyx et de 42 cm de la tête aux talons. Son poids est de 2,1 kg. Le diamètre de sa tête est d'environ 8,8 cm.

Votre bébé avale beaucoup de liquide amniotique et urine beaucoup. Le **méconium**, constitué à partir de débris cellulaires et graisseux contenus dans le liquide amniotique, de mucus et de bile qui se déverse de la vésicule, s'accumule dans ses intestins. Il s'agit d'une matière verdâtre ou noirâtre, épaisse et visqueuse, que le bébé éliminera naturellement à la naissance. Il le rejettera d'autant mieux s'il tète au sein maternel le colostrum, qui est un léger purgatif.

À partir de ce 8ᵉ mois de grossesse et jusqu'à la naissance, la détection de méconium dans le liquide amniotique, qui normalement doit être clair, est un **signe de détresse fœtale**. La première manifestation de souffrance fœtale est en effet la contraction de l'intestin. Des dispositions doivent alors être prises. En général, le médecin décide de provoquer l'accouchement.

Le méconium est repéré dans le liquide amniotique par **amnioscopie**. Cet examen est pratiqué près du terme, uniquement en cas de suspicion de souffrance fœtale, par exemple à la suite d'une maladie infectieuse contractée par la mère. Il consiste, à regarder l'aspect du liquide à travers les membranes formant la cavité amniotique en introduisant un tube fin dans le col de l'utérus.

S'il ne l'a pas déjà fait, votre bébé se retourne pour placer sa tête dans la partie la plus étroite de l'utérus. 97 % des bébés ont ainsi la tête en bas, le dos orienté vers la gauche (voir page 354).

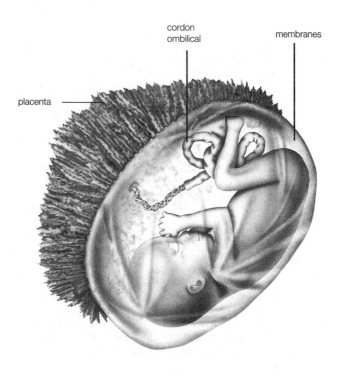

cordon
ombilical

membranes

placenta

Vous, la future maman

Un accroissement continuel de l'utérus s'est produit tout au long de votre grossesse. Ce développement s'est fait sur plusieurs paramètres : le volume et le poids. Le poids actuel de votre utérus, indépendamment du bébé qu'il contient, est supérieur de 1 kg environ à celui d'un utérus non gravide.

◗ Conseils

La sixième visite médicale obligatoire

Cette visite doit impérativement avoir lieu lors des 2 premières semaines du 8ᵉ mois.

Comme la visite précédente, elle a pour but :

• de contrôler si la croissance du bébé est normale, si le col est encore correctement fermé et si la santé de la mère est satisfaisante ;

• d'apprécier si la présentation est bonne, car le bébé a maintenant pris sa position presque définitive ;

• de juger, au cours de l'examen obstétrical, de la forme et des dimensions du bassin. S'il est inférieur aux normes, on pourra compléter l'examen par une radiopelvimétrie (voir page 389), c'est-à-dire un examen radiologique du bassin osseux qui en donne les mensurations exactes.

◗ Pour votre information

L'assurance maternité

On désigne sous le terme « assurance maternité » l'ensemble des avantages qui, pour toute femme assurée sociale ou ayant-droit d'un assuré social, vient compléter l'assurance maladie (voir en annexe les remboursements de l'assurance maternité). Ces avantages sont accordés par la caisse de Sécurité sociale. Il s'agit :

• des remboursements des frais médicaux et des divers examens occasionnés par la grossesse et par l'accouchement ;

• des remboursements pour l'enfant ;

• des prestations familiales accordées aux femmes qui se soumettent aux visites médicales obligatoires et aux examens prénataux et postnataux ;

• des indemnités journalières de congé prénatal et postnatal versées aux femmes qui travaillent (voir pages 360-361).

La condition de durée de travail nécessaire pour bénéficier de l'assurance maternité est la même que celle requise pour l'assurance maladie.

Passez toutes les visites médicales obligatoires et les divers examens pour bénéficer des avantages et des prestations de l'assurance maternité.

34e semaine de grossesse

❱ *36e semaine depuis le premier jour de vos dernières règles*
❱ *8e mois de grossesse*

Votre bébé commence à être tout dodu !

Votre bébé à naître

Sa taille est de 29 cm de la tête au coccyx et de 43 cm de la tête aux talons. Son poids est de 2,2 kg. Le diamètre de sa tête est de 9 cm.

Alors qu'il était jusqu'alors plutôt maigre et fripé, votre bébé a maintenant, en cette 34e semaine de grossesse, des **contours un peu plus ronds**, et son visage est lisse. La plupart de ses rides ont disparu au fur et à mesure que les couches de graisse se déposaient sous sa peau.

Si c'est une fille, les ovaires ne sont toujours pas descendus dans l'abdomen. Ils migreront seulement après la naissance.

Au cours du développement peuvent survenir des défauts mineurs, qui seront visibles à la naissance, par exemple une tache qu'on appelle une **marque de naissance** ou encore une **envie**. L'appellation est mauvaise, car ces taches n'ont aucun rapport avec le mécanisme de la naissance et ne résultent d'aucun traumatisme, pas plus qu'elles ne proviennent d'une envie non satisfaite de la future mère.

La marque de naissance n'est pas une tumeur et pousse à peu près à la même vitesse que les tissus qui l'entourent. Si n'importe quelle partie du corps peut être touchée, plus de la moitié des marques de naissance apparaissent sur la peau du visage, de la tête ou du cou.

Tandis que quelques marques de naissance persistent pendant toute l'existence, d'autres régressent d'une façon appréciable ou disparaissent entièrement au cours de l'enfance. Le laser est utilisé avec succès dans leur suppression.

Vous, la future maman

À ce stade de leur grossesse, nombreuses sont les femmes qui ont des contractions utérines périodiques. Elles ressentent habituellement au sommet de l'utérus comme une raideur ou une tension, qui s'étend vers le bas, puis se relâche.

Si quelques contractions peuvent être fortes, elles ne sont pas fréquentes et, surtout, elles sont à intervalles irréguliers. Aussi, les distingue-t-on facilement des contractions qui signalent le commencement du travail de l'accouchement.

Ne vous affolez pas ; prévenez néanmoins votre médecin.

◗ Conseils

Préparez votre valise et celle de votre bébé

Vous n'êtes plus tellement loin du terme et votre bébé peut maintenant arriver à tout moment. Aussi vaut-il mieux prévoir un départ anticipé à la maternité et tout préparer à l'avance, sur le plan administratif et pratique.

N'oubliez surtout pas vos papiers

Rassemblez vos papiers dans une grande enveloppe pour être sûre d'avoir tout sous la main : votre livret de famille, votre pièce d'identité, votre carte de groupe sanguin, votre guide de surveillance médicale, les derniers résultats d'analyses, ainsi que votre fiche d'inscription à la maternité avec le reçu de la somme déjà versée au moment de l'inscription s'il s'agit d'une clinique agréée.

Si vous accouchez dans un hôpital

En théorie, vous n'avez besoin de rien : tout le linge vous est fourni, pour vous et pour votre bébé. Vous pouvez donc vous contenter d'apporter simplement votre nécessaire de toilette, c'est-à-dire vos objets personnels, sans oublier naturellement une robe de chambre et des pantoufles. Toutefois, il sera plus agréable pour vous de recevoir votre famille et vos amis dans une jolie chemise de nuit. Tout comme on ne vous empêchera pas de mettre à votre bébé la grenouillère que vous aurez apportée pour lui.

Si vous accouchez dans une clinique privée

Vous devez apporter votre linge et celui de votre bébé. Notez que dans une clinique, le séjour est souvent plus long de 1 à 2 jours qu'à l'hôpital : cela permet de vous aider à commencer au mieux l'allaitement de votre bébé et de voir si tout va bien.

Votre valise pour l'accouchement

• un tee-shirt ample dans lequel vous êtes à l'aise ;

• des chaussettes.

Votre valise pour le séjour

• 2 chemises de nuit courtes qui s'ouvrent facilement devant, surtout si vous allaitez ;

• une robe de chambre et des pantoufles ;

• 2 soutiens-gorge qui s'ouvrent devant, si vous allaitez, et des coussinets d'allaitement ;

• des serviettes hygiéniques et des culottes jetables ;

• du linge et votre nécessaire de toilette ;

• de quoi lire et écrire.

La valise de votre bébé

Lors des cours de préparation à l'accouchement, la sage-femme vous dira ce qu'il faut emporter. Il faut prévoir :

• 4 pyjamas ;

• 4 chemises en coton ;

• 4 grenouillères en tissu-éponge ;

• 4 paires de chaussettes ou de chaussons ;

• 1 rouleau de filet élastique, acheté en pharmacie, pour le nombril ;

• 1 bonnet et une tenue complète pour la sortie.

Renseignez-vous à propos des couches : la maternité les fournit-elle ou non ?

▶ Pour votre information

Peut-on encore faire l'amour ?

Sauf contre-indication majeure, une femme enceinte peut faire l'amour jusqu'à son accouchement, à condition de prendre quelques précautions :

• choisir des positions adaptées pour éviter tout faux mouvement douloureux ;

• éviter les pénétrations trop longues ou trop fortes qui risqueraient de déclencher des contractions.

• des contre-indications à la pénétration existent néanmoins en cas de grossesse gémellaire ou multiple, d'un accouchement prématuré précédent, d'hypertension artérielle et de placenta implanté trop bas (placenta *praevia*). L'absence de pénétration momentanée n'empêche nullement les caresses, donc le plaisir chez un couple.

Le sperme contient des prostaglandines, des hormones qui agissent directement sur les fibres musculaires de l'utérus et déclenchent des contractions. C'est la raison pour laquelle les rapports sexuels à un stade avancé de la grossesse provoquent souvent l'accouchement.

Les contractions utérines

L'utérus est un muscle constitué de plusieurs types de fibres qui, en se contractant, vont jouer un rôle précis au cours de l'accouchement. Les fibres musculaires longitudinales qui constituent l'extérieur de l'utérus permettent, en se contractant, l'effacement du col. La conjugaison des contractions simultanées de fibres circulaires et de fibres longitudinales internes font descendre l'enfant vers la partie inférieure de l'utérus afin d'en être expulsé.

Le déclenchement des contractions

La cause précise du déclenchement de l'accouchement est encore ignorée. Si on connaît bien sûr un certain nombre de facteurs déclenchants, on ne sait pas ce qui soudain décide du moment.

Les facteurs hormonaux

• Par sécrétion d'une hormone hypophysaire du bébé, le taux de progestérone de la mère, jusqu'alors très élevé, chute d'une manière brutale. Cela entraîne la sécrétion par l'hypophyse de la mère d'une nouvelle hormone, l'ocytocine, dont la présence est essentielle pour l'accouchement, car elle déclenche les contractions de l'utérus. D'ailleurs, on en administre aux femmes dont les contractions ne sont pas assez efficaces ou pour déclencher le travail lors d'un accouchement provoqué.

• Le taux de prostaglandines, des hormones sécrétées par le muscle utérin lui-même, augmente, provoquant des contractions.

Les facteurs mécaniques

• À un moment, la distension de l'utérus déclenche la sécrétion des prostaglandines.

• Engagée dans le bassin, la tête de l'enfant exerce une pression et tire sur le col. Par un réflexe nerveux dont le point de départ est le col, des contractions peuvent être amorcées et entretenues ; il n'est pas rare qu'un examen de fin de grossesse déclenche l'accouchement dans les 24 heures.

Le résultat des contractions

L'effacement du col

Les contractions exercent leur force du fond de l'utérus vers le col. À chaque contraction, les parois de l'utérus tirent le col vers le haut. Il se raccourcit ainsi peu à peu jusqu'à disparaître complètement ; s'il finit par se confondre avec le reste de l'utérus, il reste cependant toujours fermé par le bouchon muqueux. Dans certaines grossesses à risque, l'effacement du col peut avoir lieu plusieurs semaines avant l'accouchement.

Chez les primipares, la dilatation commence une fois le col effacé. Il peut mettre plusieurs heures à s'effacer.

La dilatation du col

Toujours sous l'effet des contractions, le col s'ouvre peu à peu. La dilatation complète du col correspond à une ouverture de 10 cm de diamètre. Le corps de l'utérus se trouve alors en continuité avec le vagin.

L'enfant ne peut pas sortir de l'utérus tant que la dilatation du col est incomplète, et la mère qui sent la tête de l'enfant appuyer en bas de l'utérus a tendance à vouloir pousser. Cela ne sert à rien. Attendez que le médecin ou la sage-femme qui dirige l'accouchement vous le demande.

Chez les multipares, l'effacement et la dilatation ont lieu plus ou moins en même temps.

La poussée de l'enfant en avant

Les contractions agissent sur l'enfant en le poussant peu à peu en avant ; elles l'aident à se tourner légèrement pour s'orienter selon le meilleur axe de passage à travers le bassin. Au moment de l'expulsion, les contractions utérines ont pour rôle de pousser le bébé vers l'extérieur.

La délivrance

Après la naissance du bébé et après un temps d'arrêt des contractions, celles-ci reprennent, mais cette fois-ci de façon beaucoup moins douloureuse. Elles ont pour objectif le décollement et l'expulsion du placenta par rétraction de l'utérus, ainsi que la ligature naturelle des vaisseaux sanguins qui les reliaient.

L'espèce humaine est la seule espèce qui perd une forte quantité de sang au moment de la délivrance – environ un demi-litre.

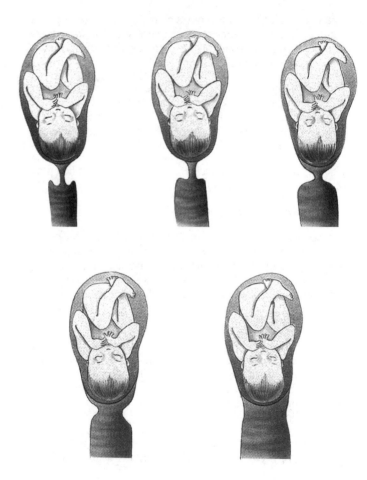

La dilatation complète du col correspond à une ouverture
de 10 cm de diamètre. Le corps de l'utérus
se trouve alors en continuité avec le vagin.

L'effacement et la dilatation du col au cours de l'accouchement.

RÉCAPITULATIF DU 8ᵉ MOIS DE VOTRE BÉBÉ

Âge de votre bébé	31ᵉ semaine	32ᵉ semaine	33ᵉ semaine	34ᵉ semaine
Sa taille	• 26 cm de la tête au coccyx. • 39 cm de la tête aux talons.	• 27 cm de la tête au coccyx. • 40,5 cm de la tête aux talons.	• 28 cm de la tête au coccyx. • 42 cm de la tête aux talons.	• 29 cm de la tête au coccyx. • 43 cm de la tête aux talons.
Son poids	1,700 kg	1,900 kg	2,100 kg	2,200 kg
Son développement	Les stimulations sonores provoquent des mouvements du bébé et une accélération cardiaque perceptible à l'échographie.	• Les ongles de votre bébé atteignent le bout des doigts mais pas encore celui des orteils. • La peau est à présent rose. Elle a encore une apparence fripée.	• Votre bébé avale beaucoup de liquide amniotique et urine beaucoup. • Le méconium s'accumule dans son intestin.	• Votre bébé excrète environ deux cuillères à soupe d'urine par heure. • Si c'est une fille, les ovaires ne sont toujours pas descendus dans l'abdomen.
Observations générales	Mesure du diamètre de la tête possible par échographie.	Votre bébé absorbe énormément de calcium pour l'élongation de ses os.	Il se retourne, la tête en bas.	La détection de méconium dans le liquide amniotique est un signe de détresse fœtale.

RÉCAPITULATIF DU 8E MOIS DE VOTRE GROSSESSE

Âge de la grossesse	31e semaine	32e semaine	33e semaine	34e semaine
Observations générales		Votre bébé consomme énormément de calcium et de fer. Si votre alimentation est trop pauvre, ce sera à votre détriment.	Du fait de son accroissement, votre utérus pèse 1 kg de plus qu'avant votre grossesse.	
Symptômes possibles	Gêne de l'utérus en position assise.			Vous pouvez avoir quelques contractions utérines. Pas d'affolement.
Précautions à prendre		Pour la sauvegarde de vos dents, consommez tous les jours du lait et des fromages, riches en calcium.		
Examens	3e échographie si elle n'a pas eu lieu à la 30e semaine.	Si besoin est : mesures exactes du bassin osseux par radiopelvimétrie.	Amnioscopie en cas de suspicion de souffrance fœtale (maladie infectieuse de la mère).	
Démarches		• 6e visite médicale obligatoire. • Envoyez à la Sécurité sociale une attestation d'arrêt de travail remplie et signée par votre employeur.	Renseignements sur les aides financières auprès de votre centre de Sécurité sociale et de la Caisse d'allocations familiales.	

9e mois

Ça y est, c'est bientôt la fin de votre long parcours ! Vous n'êtes pas la seule à désirer que cette gestation s'achève : votre bébé aussi ! Il a hâte de sortir de son habitacle de plus en plus étroit pour voir enfin ce monde qui l'entoure et dont il entend les bruits.

Il est surtout pressé de vous rencontrer : il connaît votre voix, le bruit de votre cœur ; il sait si vous dormez, si vous mangez ou bien si vous marchez. Et il aime beaucoup quand vous marchez ! C'est pour lui un réel plaisir, car il est bercé au rythme de vos pas. Un plaisir qu'il réclamera à grands cris quand il sera né !

Vous vivez ensemble depuis bientôt neuf mois. Enfin, vous allez vous découvrir. Vous vous aimez déjà, mais ce n'est que le début.

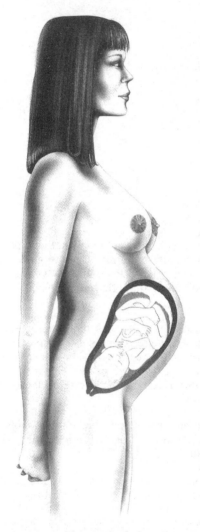

Vous, 35 semaines après votre fécondation.

35ᵉ semaine de grossesse

▶ *37ᵉ semaine depuis le premier jour de vos dernières règles*

▶ *9ᵉ mois de grossesse*

Si votre bébé naît maintenant, c'est pratiquement sans aucun risque.

Votre bébé à naître

Sa taille est de 30 cm de la tête au coccyx et de 45 cm de la tête aux talons. Son poids est de 2,4 kg. Le diamètre de sa tête mesure 9,2 cm.

Votre bébé excrète environ 25 à 30 millilitres d'urine par heure, soit 2 cuillères à soupe. Cette urine est rejetée dans le liquide amniotique dans lequel il baigne. Le liquide amniotique se trouve à l'intérieur de 2 sacs : un sac externe, le **chorion**, qui entoure le sac interne, l'**amnios**. Ces 2 sacs sont tellement accolés qu'ils donnent l'apparence de n'être qu'un. Ils forment ce qu'on appelle les **membranes** ; le tout constitue la poche des eaux.

Quand les membranes sont rompues, habituellement pendant le travail de l'accouchement, le liquide s'écoule par le col en cours de dilatation et par le vagin. Il sert alors de **lubrifiant** pour le passage de l'enfant.

Le **placenta** a un diamètre de 20 cm pour une épaisseur de 3 cm. Son poids est de 500 g environ. Cette augmentation phénoménale en taille tient au besoin énorme d'échanges de nutriments et de déchets entre la mère et l'enfant.

Le **lanugo**, ce fin duvet qui recouvre le corps de votre bébé, commence à disparaître.

Vous, la future maman

Sans doute ressentez-vous dans le bas du ventre un **poids**, des **tiraillements** et des **douleurs diffuses.** Ces douleurs sont dues au **relâchement des articulations** du bassin, qui commencent à s'écarter un peu en vue du passage du bébé. Cet écartement tire sur les ligaments et est ressenti d'une manière douloureuse par la mère.

Vos **hanches** se sont donc un peu élargies. Elles reprendront la position qui était la leur avant la grossesse après une année environ.

Le poids qui appuie parfois fortement dans le bas-ventre est celui de votre bébé qui a commencé à **descendre dans le bassin.** Cet engagement peut se produire à la fin de la grossesse, dans les semaines qui précèdent l'accouchement, notamment pour un premier enfant, comme il peut avoir lieu seulement quelques jours ou parfois quelques heures avant le début des contractions.

Plus de la moitié des accouchements prématurés commencent à cette période, sans raison précise. À ce stade de la grossesse, un enfant né prématurément a 99 % de chances de survie. Parmi les autres, le problème n'est pas tant d'être né trop tôt, mais la raison qui les a fait naître trop tôt.

▶ Conseils

Bien accoucher

Accoucher dans les meilleurs conditions, sans complications et sans souffrance excessive, est bien sûr le rêve de chaque femme. Un rêve qui se réalise dans 90 % des cas. Parmi les autres, il y a celles qui ont un problème, toujours détecté à l'avance quand il est lié à une pathologie ou à une malformation ; il y a celles, enfin, pour lesquelles tout devrait bien se passer mais qui ont un accouchement long et difficile qui ne leur laissera pas un bon souvenir.

Quelques conseils pour arriver détendue à la maternité et accoucher dans des conditions optimales :

• **Ne vous laissez pas envahir par l'appréhension** de l'accouchement qui approche. Continuez à faire d'une manière régulière vos exercices de relaxation et de respiration (voir pages 291 et 249-253). Ils vous apportent la détente et la confiance dont vous avez besoin. Le moment venu, ils seront une aide précieuse pour vous empêcher de paniquer face à la douleur. Cela est essentiel, car la peur joue un rôle extrêmement négatif dans le travail de la naissance.

• **Ne pensez pas à vous** ni à ce qui va vous arriver, car vous risquez bien d'être très pessimiste : vous allez avoir peur de souffrir, peur que cela se passe mal, peur de mal faire, peur que votre bébé n'ait un problème… Toutes vos craintes refoulées pendant les 9 mois de grossesse vont rejaillir à la surface.

• **Soyez décontractée.** Pour cela, souriez en pensant à votre bébé dans la jolie petite grenouillère que vous lui avez achetée. Essayez d'imaginer ses cheveux : sont-ils bruns ou blonds ? Pensez à ses yeux : sont-ils bleus comme les vôtres ou marron comme ceux de son père ? Aura-t-il votre nez, votre bouche ? En un mot, à qui ressemblera-t-il ? Autant de surprises qu'il vous réserve, bien que vous sachiez déjà beaucoup de choses sur lui. En particulier, si vous n'avez pas pu résister à l'envie de savoir si c'est un garçon ou une fille. Alors, parlez-lui doucement en l'appelant par le prénom que vous avez peut-être choisi depuis longtemps.

• **Soyez détendue.** Ne vous contrariez pas pour des petites choses. Évitez toutes les tensions inutiles, les crispations et toutes les sortes de stress. Cela vous agite et vous contracte intérieurement d'une manière tout à fait inutile. Vous allez vivre un grand moment, prenez-en pleinement conscience dans la sérénité, l'optimisme et la joie.

◗ Pour votre information

Un obstacle à franchir : le bassin maternel

Le bassin osseux est l'obstacle à franchir pour votre bébé. C'est un véritable tunnel au bout duquel se trouvent, dans un monde tout nouveau pour lui, la lumière et la découverte de la vie.

Le bassin osseux est formé de 4 os : le sacrum, situé en bas de la colonne vertébrale avec, à son extrémité, le coccyx et les os iliaques qui entourent, à droite et à gauche, la symphyse pubienne.

Pendant tout le temps de la grossesse, l'enfant est situé au-dessus du bassin. C'est vers la fin du 7ᵉ mois, ou au cours du 8ᵉ, qu'il se présente, la tête en bas, vers l'orifice d'entrée du bassin.

Au cours de l'accouchement, le bébé va entrer complètement dans le bassin par l'orifice d'entrée, appelé détroit supérieur, le traverser et finalement en sortir par l'orifice de sortie, appelé détroit inférieur. De surcroît, le détroit inférieur est fermé par les muscles du périnée et la vulve.

Pour franchir ces différents obstacles, votre bébé devra effectuer une série de mouvements afin de s'adapter, au cours de sa progression, à la forme du passage. En même temps que la tête s'engage, fléchie sur la poitrine, dans le détroit supérieur, elle se tourne légèrement vers le côté droit ou gauche pour entrer plus facilement dans le bassin. Ce premier détroit franchi, la tête du bébé descend ensuite doucement dans le bassin, puis effectue une deuxième rotation afin de se trouver au niveau d'ouverture maximal de l'orifice de sortie. Cela signifie que, au cours de la traversée du bassin, l'enfant change deux fois l'orientation de sa tête. D'une manière schématique, on peut dire qu'il entre dans le bassin en regardant l'une de ses épaules et qu'il en sort en regardant le sol (voir les dessins page 416).

La tête est la partie la plus volumineuse de l'enfant.

Lorsqu'elle a franchi un obstacle, le reste du corps suit sans difficulté. Plusieurs éléments interviennent d'une façon simultanée dans la traversée du bassin :

• la malléabilité du crâne du bébé, dont les os ne sont pas encore complètement soudés, et qui peut ainsi épouser la forme du passage ;

• le relâchement des articulations du bassin maternel ;

• les contractions de l'utérus qui poussent l'enfant en avant et lui font effectuer les deux mouvements essentiels de la tête.

Vous allez vivre un grand moment : la venue au monde de votre bébé. Soyez confiante et détendue.

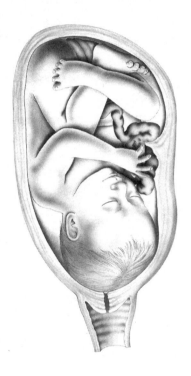

Votre bébé attend patiemment le jour de votre rencontre.

36e semaine de grossesse

C'est la dernière ligne droite pour vous et votre bébé !

Votre bébé à naître

Sa taille est de 32 cm de la tête au coccyx et de 46,5 cm de la tête aux talons. Son poids atteint 2,65 kg. Le diamètre de sa tête est de 9,3 cm.

Le lanugo a maintenant disparu. La peau de votre bébé n'est presque plus ridée, car la graisse s'est beaucoup épaissie sur toute la surface du corps. **Désormais, votre bébé est bien dodu !**

Tout de suite après la naissance, la circulation sanguine du nouveau-né sera entièrement différente de celle qui fut la sienne durant les 9 mois de vie intra-utérine. La raison est simple : avant la naissance, le **placenta** fait le travail des poumons, ce qui permet à la presque totalité du sang fœtal de les éviter.

Après la naissance, l'enfant sera devenu totalement autonome, et l'ensemble de son sang devra traverser ses poumons pour rendre possibles les échanges d'oxygène et de gaz carbonique.

Vous, la future maman

Depuis que vous êtes enceinte, vous voyez le monde sous un nouvel angle ! En effet, l'augmentation importante du poids sur le devant de votre corps est compensée par un accroissement de la courbure de la colonne vertébrale ainsi que par un déplacement des épaules vers l'arrière. Cela a pour effet de rejeter la tête en arrière, ce qui, par voie de conséquence, change la ligne de vision.

Vous le voyez, c'est simple : c'est parce que votre centre de gravité a changé que vous commettez un peu plus de maladresses qu'auparavant !

▶ Conseils

Le dernier examen prénatal obligatoire

Cette dernière visite médicale obligatoire comporte :

Un **examen obstétrical**, qui permet de :

• constater, par l'appréciation du volume de l'utérus, si l'enfant continue ou non de se développer normalement ;

• prévoir la manière dont se déroulera l'accouchement. En observant le positionnement du corps de l'enfant, on peut savoir s'il se présente bien par la tête ou s'il faut s'attendre à quelques difficultés. On mesure également les dimensions du bassin maternel, qui s'est sensiblement élargi au cours des derniers mois : c'est seulement maintenant qu'il atteint ses dimensions définitives.

Suivant ses diverses observations, le médecin peut demander une radiopelvimétrie (voir ci-contre).

Des examens de surveillance générale

Il s'agit du contrôle du poids de la mère et de sa pression artérielle.

À partir de maintenant, une analyse d'urines sera effectuée chaque semaine afin de dépister toute éventualité de toxémie gravidique (voir page 274).

▶ Pour votre information

La radiopelvimétrie

La radiopelvimétrie est un examen d'une innocuité totale, qui concerne aujourd'hui 3 à 4 % des futures mères. Elle est demandée par le médecin dans le cas :

• d'un doute sur la présentation de l'enfant ;

• d'un bassin trop étroit de la future mère ;

• d'un bassin ayant subi un traumatisme grave au cours d'un accident.

Cet examen permet de mesurer, au millimètre près, les dimensions du bassin de la mère et de les comparer avec celles du tour de tête du bébé, calculées par échographie.

La radiopelvimétrie ne nécessite aucune préparation particulière ; elle peut être réalisée par la radiologie classique ou par le scanner.

Si l'examen révèle que votre bassin est trop étroit pour accoucher par voie basse, votre médecin sera amené à pratiquer une césarienne. S'il estime que votre bébé a une petite chance de naître par les voies naturelles, il la lui laissera : c'est ce qu'on appelle « l'épreuve du travail ». Mais tout sera prêt pour intervenir et, si besoin, pour procéder à la césarienne.

L'accouchement avec interventions

Dans la très grande majorité des cas, l'accouchement se déroule tout à fait normalement. Cependant, des complications, qu'elles soient ou non prévues, peuvent apparaître ; une intervention instrumentale ou chirurgicale doit alors avoir lieu.

Les interventions instrumentales

L'accouchement se déroulant normalement, il peut arriver que, pour différentes raisons, le bébé ne puisse pas sortir tout seul. Dans ce cas, le médecin ou la sage-femme vont s'aider d'instruments.

Les forceps

Il s'agit d'une grande pince dont l'extrémité en forme de cuillères s'adapte à la tête de l'enfant. Les forceps sont destinés à le tirer hors de sa mère au cours de difficultés survenant au moment de l'expulsion.

Autrefois dénommés les « fers », les forceps ne présentent plus aucun danger ni pour la mère ni pour l'enfant ; en effet, en cas de difficulté majeure, une césarienne est aussitôt pratiquée. Les forceps sont employés dans 1 accouchement sur 10.

Ils sont utilisés quand :

• le bébé est trop gros ;

• il s'agit d'un bébé prématuré, trop petit et trop faible, afin que sa tête ne souffre pas trop des efforts de la poussée et qu'il ne se fatigue pas au moment de l'expulsion ;

Dans la très grande majorité des cas, l'accouchement se déroule tout à fait normalement.

• il y a eu une anesthésie par péridurale. Cela n'est pas systématique, loin de là, mais selon la sensibilité à l'anesthésique, le besoin de pousser peut être diminué ;

• quand on veut tout simplement éviter une expulsion longue et fatigante.

Les forceps peuvent être de simples petites pinces, appelées **spatules**. Certains médecins accoucheurs préfèrent encore utiliser une **ventouse**, appelée *vacuum extractor*. La ventouse permet de maintenir la tête de l'enfant entre deux contractions et de profiter de la force de la contraction pour le tirer vers l'extérieur.

Les interventions chirurgicales

Il existe essentiellement deux interventions chirurgicales, qui sont pratiquées d'une manière courante, et dont la technique, parfaitement maîtrisée, ne fait courir aucun danger ni à la mère ni à l'enfant.

La césarienne

La césarienne consiste à inciser la peau de l'abdomen, les muscles et enfin l'utérus afin de sortir l'enfant qui ne peut naître par les voies naturelles. Près de 20 % des accouchements se font aujourd'hui par césarienne, parmi lesquels une forte proportion parmi les grossesses à risque, souvent interrompues avant le terme sous peine d'être dangereuses pour l'enfant. C'est en particulier le cas quand la future mère présente un diabète grave, de l'herpès génital, une hypertension artérielle ou encore une insuffisance rénale. Une césarienne peut également être pratiquée lorsque la future mère a développé une maladie au cours de sa grossesse telle que la toxémie gravidique, la toxoplasmose ou la listériose. Le taux de césariennes varie selon les maternités.

Les suites d'une césarienne ne sont guère plus longues que celles d'un accouchement normal.

Certaines causes de la césarienne sont purement physiques quand :

• le bassin de la mère est trop étroit et l'enfant trop gros, ou encore s'il présente une malformation ;

• le placenta recouvre en partie ou en totalité l'ouverture du col ;

• il y a procidence du cordon, c'est-à-dire que le cordon ombilical sort en premier et se trouve comprimé par la tête du bébé qui, subitement, est alors mal alimenté en sang, donc en oxygène ; le cordon peut également être trop court et empêcher l'enfant de descendre ;

• la présentation de l'enfant est transverse ou lorsqu'elle est par la face ou par le front.

Dans tous ces cas, le problème a été observé au cours des examens de surveillance de la grossesse, et la césarienne a été programmée.

Il se peut que la césarienne soit décidée en cours de travail. C'est le cas lorsque l'accouchement traîne en longueur, parce que l'enfant ne peut pas descendre ou parce que le col se dilate mal. Dans ces conditions, dès que le médecin détecte, en particulier grâce au monitoring (voir page 400), une souffrance fœtale, la décision de pratiquer une césarienne est prise.

L'utérus est incisé dans sa partie la plus mince, d'une manière horizontale, sur 8 à 9 cm, juste au-dessus du pubis ; cela présentera l'avantage de laisser une cicatrice invisible, car elle sera dissimulée par les poils. Cependant, dans les cas d'urgence, il peut arriver que l'incision soit pratiquée d'une manière verticale, sur toute la longueur de l'abdomen de la femme, afin de donner au médecin accoucheur une plus grande facilité et une plus grande rapidité de mouvements.

On pratique de plus en plus rarement une anesthésie générale ; cette dernière est faite au dernier moment, quand tout est prêt, pour éviter à l'enfant d'être soumis trop longtemps à l'anesthésique.

Dans la majorité des cas, la césarienne est réalisée sous **anesthésie péridurale.** La mère aura ainsi le bonheur d'assister à la venue au monde de son enfant, d'entendre son premier cri et de le tenir contre elle quelques instants : elle ne connaîtra pas la frustration des mères qui ne voient pas la naissance de leur enfant. En cas d'anesthésie générale, cette frustration peut être diminuée, par le rôle actif du père lors de la naissance : il doit y participer au maximum, car, en tant que témoin privilégié, il pourra raconter à sa compagne comment leur enfant est né et comment il l'a accueilli.

Les suites de césarienne ne sont guère plus longues que celles d'un accouchement normal. La jeune mère peut se lever dès le lendemain, aller et venir dès le 2ᵉ ou le 3ᵉ jour. La Sécurité sociale accorde plus de jours d'hospitalisation – en général 2 jours de plus – que pour un accouchement normal.

Après une césarienne, il est possible d'accoucher ultérieurement par les voies naturelles : tel est le cas pour 50 % des femmes césarisées. Il est coutumier de dire qu'on ne peut pas avoir plus de 3 césariennes, mais c'est plus par excès de prudence que par contre-indication absolue.

L'épisiotomie

L'épisiotomie est l'incision de la paroi vaginale et surtout des muscles sous-jacents du périnée ; elle est pratiquée par le médecin au moment de l'expulsion afin d'éviter une déchirure. C'est une intervention tout à fait bénigne, qui est réalisée par certains médecins d'une manière systématique, tandis que d'autres n'y recourent qu'en cas de stricte nécessité. Elle est particulièrement indiquée dans le cas :

• d'un bébé dont le périmètre crânien est important ;

• dans le cas de souffrance fœtale ;

• s'il y a nécessité d'utiliser les forceps.

Elle est toujours réalisée, quand le bébé est prématuré, pour éviter à sa tête de forcer.

L'épisiotomie est pratiquée quand la tête du bébé est visible, au moment d'une poussée. La distension du périnée insensibilise provisoirement la région et ne nécessite pas de piqûre d'anesthésique. Cependant, cette dernière sera faite après l'accouchement afin de recoudre l'incision.

Les 2-3 jours qui suivent l'épisiotomie sont assez pénibles pour la mère, car la position assise est douloureuse. Il faut compter 3 à 4 semaines pour que la cicatrice soit tout à fait insensible. Une hygiène rigoureuse de cette région est bien sûr indispensable ; l'abstention de rapports sexuels est souhaitable tant que la cicatrice est un peu douloureuse : cela évitera surtout que s'installe une appréhension des rapports sexuels.

L'épisiotomie est une intervention importante : en évitant la déchirure des muscles du périnée, elle préserve une bonne continence urinaire et anale, une bonne tonicité des parois vaginales et donc le maintien d'une vie sexuelle satisfaisante.

Pour faciliter la cicatrisation :

• lavez-vous doucement après chaque selle pour ne pas infecter la cicatrice ;

• séchez-vous avec un mouchoir en papier pour supprimer l'humidité locale.

Et si malgré une bonne préparation du périnée, vous vous trouvez dans le cas d'une épisiotomie obligatoire, sachez qu'il s'agit là d'un moindre mal : la récupération de la tonicité de cette région génitale en sera grandement facilitée.

À savoir

Aujourd'hui, l'épisiotomie pratiquée d'une manière systématique est remise en cause. Au début des années 1990, l'Organisation mondiale de la santé (OMS) a ainsi annoncé que le taux d'épisiotomies ne devrait pas dépasser 20 %, ce geste systématique ne présentant aucun bénéfice ni pour la sortie du bébé ni pour la protection du périnée de la mère. Le taux d'épisiotomies est encore, en France, de 51 % – et de 71 % pour un premier enfant. Il varie selon les maternités.

37ᵉ semaine de grossesse

Votre bébé attend le moment propice pour s'annoncer !

Votre bébé à naître

Sa taille est de 33 cm de la tête au coccyx et de 48 cm de la tête aux talons. Son poids est d'environ 2,9 kg. Le diamètre de sa tête avoisine 9,4 cm.

À présent, **la peau de votre bébé est bien lisse**. Le lanugo qui recouvrait tout le corps est tombé, tandis que le vernix qui tapissait la peau en une couche épaisse s'est en partie détaché et flotte sous la forme de gros flocons dans le liquide amniotique.

Votre bébé ne fait plus de galipettes, car il est maintenant bien trop grand et bien trop gros. Il ne possède plus l'espace nécessaire dans l'utérus pour faire sa petite gymnastique. Malgré tout, il donne encore de petits coups de pied, de coude ou de tête pour vous montrer qu'il est toujours là. **Il se tient la tête en bas**, les bras croisés sur la poitrine, les jambes relevées et pliées afin de tenir le moins de place possible. En fin de compte, il sera sans doute très content de sortir pour se dégourdir un peu !

Vous, la future maman

À tout moment, vous risquez de partir pour la maternité. En effet, si l'accouchement se situe normalement à la 40ᵉ semaine d'aménorrhée, il peut avoir lieu entre la 38ᵉ et la 41ᵉ semaine.

Votre médecin peut décider de vous faire accoucher avant terme. Dans ce cas, l'accouchement sera déclenché artificiellement.

L'accouchement provoqué peut l'être pour des raisons médicales : si la mère est diabétique ou souffre d'hypertension ou d'une maladie de cœur ; s'il y a incompatibilité de rhésus entre la mère et son bébé, ou encore si la poche des eaux est rompue.

Il peut l'être également pour des raisons personnelles : si la future mère tient expressément à être accouchée par le médecin qui l'a suivie au cours de sa grossesse, alors que l'emploi du temps de ce dernier ne le permettrait pas ; ou encore pour des questions d'organisation du service de la maternité.

Dans tous les cas, le médecin veille à ce que l'enfant soit assez descendu et examine si le col de l'utérus est suffisamment mûr pour se prêter à la dilatation. En ce qui concerne l'enfant, il ne s'agit pas de faire naître un prématuré. Aussi, si l'accouchement est déclenché un peu tôt pour des raisons médicales, on s'assurera, par la recherche dans le liquide amniotique prélevé par amniocentèse, de la présence des éléments caractéristiques du surfactant, qui empêche les alvéoles pulmonaires de se rétracter. La condition essentielle à la naissance du bébé est qu'il puisse respirer.

L'accouchement est provoqué par l'**injection d'ocytocine et de prostaglandines**, des hormones qui déclenchent les contractions. Étant donné qu'elles sont très fortes dès le début du travail tout en étant moins efficaces, une péridurale est le plus souvent pratiquée. Le travail est plus long et plus pénible pour la mère et pour l'enfant que lors d'un accouchement déclenché d'une manière naturelle : en règle générale, la nature n'apprécie pas d'être contrariée.

▶ Conseils

La présence du père à l'accouchement

Si certaines femmes n'imaginent pas de mettre leur enfant au monde sans la présence du père, d'autres se trouvent au contraire partagées entre deux sentiments :

• avoir quelqu'un près d'elles pour les soutenir ;

• être seules pour vivre leur accouchement sans contraintes, crier si elles en ont envie, ne pas être contractées par l'angoisse de ne pas être à la hauteur, ou la peur de montrer d'elles une image qu'elles estiment peu flatteuse.

Si, pour certains pères, leur présence auprès de leur compagne qui accouche est tout à fait naturelle, pour d'autres il s'agit plutôt d'un devoir, d'une obligation qui leur est imposée par la pression sociale du moment et par l'entourage. Mal à l'aise et gauches, impressionnés par une situation trop riche en émotions, ils se sentent inutiles et n'apportent pas une grande aide à leur compagne.

Il y a donc matière à réfléchir sur la présence du père à l'accouchement.

Pour l'harmonie future du couple, il est essentiel qu'il n'y ait, à ce sujet, ni frustrations ni contraintes pour l'un comme pour l'autre. La future mère doit être capable de comprendre les réticences du père à assister à son accouchement, tout comme il doit comprendre le besoin qu'elle a d'un environnement psychologique, affectif et sécurisant dans ce moment de stress intense pour elle.

Dans un **climat de respect réciproque**, une décision satisfaisante pour l'un et pour l'autre peut être prise. Chacun saura à l'avance ce qu'il peut attendre de l'autre et quelles seront les limites. La mère doit bien prendre conscience que la présence du père à l'accouchement n'est pas un acte anodin et qu'elle peut témoigner de ramifications psychologiques et affectives profondes, pouvant avoir un retentissement sur leurs futures relations sexuelles.

La présence du père à l'accouchement doit donc être entièrement consentie et souhaitée par lui, de même qu'il revient à la mère seule de décider du mode d'allaitement de son enfant.

Pendant le travail de la dilatation

S'il le préfère, le futur père peut éventuellement assister sa compagne uniquement pendant le travail de la dilatation : cela dure 7 heures environ pour une primipare, autant de moments partagés avec la mère à lui tenir compagnie et à lui parler pour éviter qu'elle ne s'angoisse.

En attendant les venues répétées de la sage-femme, qui s'assure de temps en temps de la bonne avancée du travail, le père pourra aider sa compagne en suivant le tracé des contractions sur le monitoring. Il lui annoncera la fin de la contraction afin qu'elle sache qu'une phase de repos est là, toute proche. En revanche, il évitera de lui annoncer l'approche de la contraction suivante, car elle aurait pour réflexe immédiat de se crisper, ce qui est contraire à la relaxation préconisée. S'il a suivi avec elle les cours de préparation à la naissance, il peut également aider sa compagne à respirer au moment des contractions.

Pour que le père vive bien l'instant de l'accouchement, il ne doit à aucun moment se sentir un témoin gênant et gêné. Aussi, ne faut-il pas lui demander plus qu'il ne peut donner.

Au moment de l'expulsion

Lorsque la dilatation est terminée et que la mère est installée sur la table d'accouchement, le père peut ne pas avoir particulièrement envie d'assister à la phase finale. Son comportement est tout à fait compréhensible. La mère ne doit pas insister pour qu'il regarde naître son enfant.

Voir sa femme en train de souffrir et voir du sang, c'est autre chose que de regarder un documentaire sur la naissance. Cette vision peut le traumatiser d'une manière beaucoup plus profonde qu'on le pense. Aussi, quand arrivera le moment de l'expulsion, il doit être tout à fait libre d'aller dans le couloir où on ira le chercher dès la sortie de l'enfant, afin de partager le plaisir de son arrivée avec la maman.

S'il veut continuer à soutenir sa compagne et entendre le premier cri de son enfant sans pour autant tout voir, le futur père restera sur le côté, près de la tête de sa compagne, à qui il parlera doucement. Il pourra se rendre utile en lui passant, à sa demande, le masque à oxygène ou en l'aidant dans la mise en pratique de ses exercices de respiration. Le père joue ainsi son rôle de soutien auprès de la mère, qui se sent alors en pleine confiance.

Le dialogue avant l'accouchement entre les futurs parents apparaît donc essentiel : c'est lui qui permettra de définir l'attente et le rôle de chacun. Cette capacité de dialogue est synonyme de réussite du couple, car elle est sans cesse mise à l'épreuve.

▶ Pour votre information

La médicalisation de l'accouchement

Accrue depuis plus d'une vingtaine d'années, la surveillance médicale concerne non seulement la grossesse, mais également l'accouchement. Accoucher n'est plus une entreprise périlleuse. À chaque étape, la technologie est là pour informer et la compétence médicale pour décider.

Le monitoring

Le terme « monitoring » désigne un appareillage de surveillance électronique du travail de l'accouchement. Il permet de dépister à tout moment une éventuelle souffrance de l'enfant. Le déroulement de l'accouchement est estimé d'après l'enregistrement des contractions, tandis que la bonne santé du bébé est appréciée par celui des bruits de son cœur.

À côté de la sécurité apportée par le monitoring grâce à une surveillance constante du bébé, signalons qu'il existe en retour une certaine servitude. En effet, le plus souvent, dès le début du travail la future mère est reliée à l'appareil par des capteurs posés sur son ventre, et ne possède donc plus sa liberté de mouvements.

Le rythme cardiaque du bébé est normalement de 120 à 160 battements par minute. Au cours des contractions, il s'accélère jusqu'à atteindre 180 battements. Le monitoring permet de surveiller ces changements de rythme. Si le cœur révèle un rythme élevé de 200 battements par minute ou, au contraire, s'il faiblit au point de n'en avoir plus que 60 à la minute, l'équipe médicale fait en sorte d'accélérer l'accouchement. Si la dilatation est complètement terminée, l'enfant sera aidé par les forceps pour naître plus rapidement. Si la dilatation est incomplète et semble traîner en longueur, le médecin décidera de pratiquer une césarienne.

La perfusion

La majorité des maternités mettent systématiquement les femmes qui accouchent sous perfusion, même dans le cas d'un accouchement qui se déroule parfaitement bien, car cela constitue une sécurité supplémentaire.

La perfusion permet d'injecter en cas de besoin :

• un tranquillisant, si le stress de la mère est trop important, au point de contrarier l'efficacité des contractions par une sécrétion d'adrénaline ;

• un analgésique, pour diminuer l'intensité de la douleur ;

• du calcium et du magnésium en cas de tétanisation, c'est-à-dire d'une crispation intense des muscles ;

• du sérum enrichi en glucose, pour hydrater la mère tout en lui apportant quelques calories dans le cas d'un travail très long.

Mais l'intérêt premier de la mise en place d'une perfusion est de ne pas perdre de temps à chercher une veine en cas de complications et permettre, par exemple :

• l'injection d'un anesthésique, pour une césarienne urgente ou pour l'utilisation des forceps ;

• l'injection d'ocytociques, des hormones de synthèse semblables aux hormones naturelles, qui accélèrent la dilatation quand les contractions sont inefficaces ou irrégulières en intensité et en durée ;

• l'injection d'un régularisateur de la pression artérielle, qui a tendance à baisser lorsqu'une péridurale a été pratiquée.

La perfusion est posée dans une veine de l'avant-bras afin de ne pas gêner l'articulation du coude. En général, elle est mise en place quand le travail est déjà bien commencé.

La médecine au secours de la douleur

Accoucher sans douleur, est-ce possible ? *A priori* non, sauf dans quelques cas exceptionnels. En règle générale, la douleur est tout à fait supportable, sauf pour 25 % des femmes qui la trouvent intolérable. Cela dépend beaucoup de l'état psychologique de la future mère au moment de l'accouchement.

Si vous arrivez avec une confiance en vous et en la préparation à la naissance que vous avez suivie à la maternité, vous possédez déjà quelques techniques qui vous rassureront, en vous donnant l'impression de pouvoir faire face à la situation. Et c'est vrai. Pour un accouchement normal, où tout se déroule sans aucun problème – ce qui est la grande majorité des cas –, les techniques de respiration et de relaxation bien menées (voir pages 291 et 249-253) vous aideront d'une manière efficace tout au long du travail.

À l'inverse, une femme mal préparée, et surtout trop anxieuse pour prendre un peu de recul par rapport à l'événement qu'elle est en train de vivre, n'arrive pas à contrôler sa douleur. Elle la vit d'une manière si intense qu'elle la crée elle-même. Et cela n'est pas purement suggestif, comme on pourrait le croire, mais il s'agit d'un phénomène tout à fait physiologique.

Adrénaline contre endorphines

Sous l'effet de la douleur, le cerveau sécrète des substances proches de la morphine, qui ont pour rôle de l'atténuer : ce sont les endorphines. Or, sous l'effet d'un stress aussi grand que peuvent l'être l'angoisse et la peur, les glandes surrénales se mettent à sécréter de l'adrénaline, qui inhibe la production des endorphines. Le résultat est une perception de la douleur aiguisée, associée à une accélération des rythmes cardiaque et respiratoire, ainsi qu'une augmentation de la tension artérielle. Par conséquent, le muscle utérin, qui est d'une part stimulé par l'ocytocine et d'autre part freiné par l'adrénaline, travaille d'une façon parfaitement incohérente, sans aucune efficacité ; il se charge de toxines émanant de la fatigue musculaire engendrée par les contractions et, de ce fait, devient de plus en plus douloureux. Le travail traîne en longueur, la dilatation se ralentit, voire s'arrête complètement. La douleur devient alors parfaitement insupportable.

Un soutien sécurisant

La douleur n'est plus, comme autrefois, considérée comme un mal nécessaire à l'enfantement. Le milieu médical propose des solutions pour l'atténuer ou la supprimer, par exemple la péridurale. Cependant, beaucoup de femmes préfèrent encore vivre pleinement leur accouchement – une sorte de défi lancé à elles-mêmes, une expérience à la fois physique et et émotionnelle. Elles souhaitent repousser leurs propres limites et, surtout, aller jusqu'au bout de cette expérience.

Néanmoins, elles se sentent sécurisées de savoir qu'en dernier recours, si la douleur devient trop forte et trop difficile à supporter, une médication pourra leur être donnée, ou une péridurale pourra être pratiquée ; cette dernière ne fera effet que 10 à 20 minutes plus tard. Cette confiance des femmes qui accouchent dans le déroulement de l'action leur permet d'être beaucoup plus détendues et, par là-même, de bien mieux supporter la douleur. Dès lors, le recours à la péridurale devient superflu.

Quoi qu'il en soit, la douleur doit rester supportable. Et une préparation à l'accouchement bien faite est d'un réel secours. Il n'en reste pas moins vrai que, dans certains cas, elle ne suffit pas. Soulager la douleur quand elle atteint une certaine intensité évite de transformer l'accouchement en un véritable cauchemar que la future mère ne voudra revivre à aucun prix.

Quant à savoir si la douleur est supportable ou non, l'appréciation en revient à la femme et à elle seule. La capacité à supporter la douleur n'étant pas la même pour toutes, une thérapeutique analgésique doit pouvoir être envisagée quand la femme en exprime le besoin.

L'atténuation de la douleur relève de techniques qui sont maintenant bien contrôlées. Toutefois, il faut savoir que, quelle que soit la méthode employée, elle ne peut pas être envisagée dès le commencement du travail.

> Une préparation bien faite est d'un réel secours, mais elle ne suffit pas toujours. N'hésitez pas à envisager une péridurale.

L'accouchement sous anesthésie

L'anesthésie générale

Elle est pratiquée quand la future mère souffre trop et quand son état d'épuisement ou de panique compromet la bonne venue de l'enfant. En général, elle ne dépasse pas une heure. Par conséquent, elle est commencée seulement lorsque la dilatation du col est déjà bien avancée, c'est-à-dire en fin d'accouchement, quand les contractions sont trop fortes et surtout dans le cas de difficultés à sortir l'enfant.

L'anesthésie générale est beaucoup moins utilisée depuis que la péridurale a pris le relais. On la pratique désormais quand cette dernière ne peut avoir lieu si :

• il y a urgence à pratiquer une césarienne ;

• il est nécessaire d'utiliser les forceps, dans certaines conditions, au moment de l'expulsion ;

• le placenta doit être décollé manuellement s'il ne l'a pas été naturellement ;

• la femme présente un empêchement physique, une malformation de la colonne vertébrale par exemple.

L'anesthésie péridurale

La péridurale est pratiquée d'une façon courante. Elle présente un avantage considérable sur l'anesthésie générale : en insensibilisant uniquement la partie inférieure du corps, elle laisse la conscience en éveil. Selon le dosage pratiqué, une femme qui accouche perçoit encore des sensations, ou ne perçoit plus rien du tout.

La péridurale est pratiquée quand la dilatation du col est déjà avancée, autour de 3 cm environ. L'anesthésiste injecte entre la 3e et la 4e vertèbre lombaire un produit anesthésique qui agit sur les nerfs partant de la moelle épinière. Un cathéter – un fin tube en plastique – est laissé en place pour une éventuelle réinjection. En effet, la première dose est faible afin de ne pas insensibiliser complètement le petit bassin et ne pas frustrer la mère de toutes ses sensations, pour ne pas lui « voler », en quelque sorte, son accouchement.

La péridurale nécessite la présence d'un anesthésiste en permanence. Aussi devez-vous poser la question lorsque vous vous inscrivez dans une maternité : pratique-t-on la péridurale d'une façon courante ou non ?

Les indications de la péridurale

• Elle évite l'anesthésie générale dans tous les cas où cette dernière était auparavant pratiquée : l'utilisation des forceps et même le recours à une césarienne. La césarienne sous péridurale permet à la mère d'assister à la naissance de son enfant, d'entendre son premier cri et de le toucher. Les suites d'une césarienne sous péridurale sont moins pénibles que sous anesthésie générale, car il n'y a pas les inconvénients du réveil.

• Elle est utile lors d'un accouchement trop long et trop douloureux.

• Elle est indiquée quand la dilatation n'avance pas. Par son effet antispasmodique sur le col, elle le rend plus souple et accélère ainsi la dilatation.

• Enfin, elle permet de faire accoucher normalement des femmes à risque, diabétiques ou cardiaques, qui, sinon, auraient dû subir une césarienne.

Les inconvénients de la péridurale sont peu nombreux en regard du soutien qu'elle apporte.

La péridurale présente quelques inconvénients, peu nombreux en regard de ce qu'elle apporte :

• elle augmente les recours aux forceps chez les femmes primipares : du fait de l'insensibilisation du petit bassin, l'envie de pousser est diminuée ;

• des douleurs lombaires peuvent se faire sentir 24 à 36 heures après ;

• des maux de tête importants pendant les 2 à 3 jours qui suivent l'accouchement peuvent également se manifester.

À *savoir*

L'anesthésie péridurale est remboursée par la Sécurité sociale.

En moyenne, 80 à 90 % des futures mamans la demandent. Cette proportion varie selon les maternités.

Par ailleurs, vous êtes tout à fait libre de refuser la péridurale pour accoucher naturellement. Cependant, sachez qu'une péridurale se décide à l'avance avec le médecin accoucheur et ne peut donc pas être pratiquée au dernier moment, dans le cas d'un accouchement douloureux.

La rachianesthésie

Proche de la péridurale, cette technique est uniquement réservée aux femmmes chez qui est pratiquée une césarienne. Mais, contrairement à la péridurale, il n'y a pas de diffusion du produit anesthésique en continu. Une seule injection suffit, car la césarienne est plus rapide qu'un accouchement par les voies naturelles. L'aiguille est plus fine et il n'existe aucun risque de fuite du liquide céphalorachidien, qui peut être responsable de maux de tête.

L'acupuncture

Dans le cadre de l'accouchement, la technique de l'acupuncture reste une méthode marginale. Son intérêt réside dans le fait qu'elle ne nécessite pas la présence d'un anesthésiste et qu'elle peut être pratiquée par une sage-femme formée spécialement.

L'acupuncture permet de :

• déclencher l'accouchement ;

• soulager rapidement la douleur, en particulier les douleurs lombaires appelées « l'accouchement par les reins » ;

• diminuer les doses de médicaments associés lors d'une complication.

Les autres méthodes

Il existe d'autres méthodes de soulagement de la douleur pendant l'accouchement, qui reposent sur une relaxation maximale liée à une décontraction musculaire. Il s'agit de la sophrologie (voir page 329) et de l'haptonomie (voir page 330), une technique manuelle qui semble faciliter la descente et l'engagement de l'enfant, ainsi que le relâchement musculaire de la mère. Dans ce cas, il faut avoir suivi les cours de préparation à la naissance pendant la grossesse.

38e semaine de grossesse

▶ *40e semaine depuis le premier jour de vos dernières règles*

▶ *9e mois de grossesse*

Vous arrivez au terme de votre grossesse. D'ici à la fin de cette semaine, vous allez enfin voir ce bébé avec qui vous vivez depuis 9 mois.

Votre bébé à naître

Sa taille est de 50 cm de la tête aux talons et son poids de 3,3 kg. Le diamètre de la tête est de 9,5 cm. C'est la plus grande circonférence de toutes les parties du corps.

Dès la naissance, un certain nombre de changements vont intervenir dans le fonctionnement des organes de votre bébé. Tout d'abord, sa **circulation sanguine** va se modifier. Une fois le cordon ombilical coupé, votre bébé deviendra autonome ; il devra assumer tout seul ses fonctions de nutrition et d'oxygénation. Son sang, chargé en gaz carbonique résultant du métabolisme de ses cellules, ne pourra plus s'en débarrasser dans le sang de sa mère mais au contact de ses propres alvéoles pulmonaires. De même, l'oxygène ne lui sera plus fourni par le sang de sa mère mais par l'air qu'il respirera. Un circuit entre le cœur et les poumons va ainsi s'établir.

Après la naissance, l'**arbre pulmonaire** va subir 6 nouvelles divisions avant d'atteindre sa forme définitive. Lors des premières inspirations d'air qui auront lieu au moment de la naissance, le liquide amniotique qui le remplit se résorbera rapidement, tandis que l'extrémité des bronches se déploiera afin de former les alvéoles pulmonaires. Toutes les alvéoles seront dilatées vers le 3ᵉ jour qui suivra la naissance de votre bébé.

Le **foie** abandonne, d'une manière définitive, le pouvoir qu'il avait de fabriquer les globules rouges et blancs du sang. C'est désormais la moelle osseuse qui assurera cette fonction.

L'organe le moins développé à la naissance est le **cerveau**. Il va poursuivre lentement sa maturation biologique jusqu'à ce que l'enfant ait atteint l'âge de 18 à 20 ans.

Le cerveau

• À la naissance, le poids du cerveau atteint 300 à 350 g.

• À 1 an, il est de 800 g, soit 60 % de celui d'un adulte.

• À 3 ans, il pèse 1,3 kg. Sa croissance est alors presque complète.

• De la naissance à 6 mois de vie postnatale, le cerveau grossit de 2 g par jour, soit de 60 g par mois.

• Du 6ᵉ au 36ᵉ mois, la croissance est de 0,35 g par jour, soit 11 g par mois.

• De 3 à 6 ans, elle est de 0,15 g par jour, soit 5 g par mois.

• De 6 à 20 ans, elle est de 0,027 g par jour, soit 0,80 g par mois.

Il est à noter que **le degré d'intelligence n'est pas lié à la taille du cerveau**.

À la naissance, le cerveau représente donc une puissance potentielle. Sa destinée est de s'autoconstruire à partir des expériences de l'existence. Il va poursuivre son développement en accroissant et en complexifiant ses connexions nerveuses. Sous l'influence de diverses stimulations motrices, sensorielles, affectives et psychosociales, les cellules cérébrales nobles que constituent les neurones vont former, en réponse à ces stimulations, des dendrites en nombre considérable – plusieurs milliers par cellule. Elles vont se rejoindre de cellule à cellule et établir ainsi d'innombrables connexions, tels des circuits électriques, qui permettent la transmission et la circulation de l'influx nerveux. Les montages et les circuits s'élaborent comme ceux d'un ordinateur, au fur et à mesure de la perception des informations.

Ce processus aboutit à un type de câblage qui sera différent pour chaque personne, donc à des facultés d'adaptation et de compréhension propres à chacun, aboutissant à **l'élaboration de la pensée individuelle**.

Vous, la future maman

L'approche de l'accouchement

Vous allez savoir que vous êtes bientôt tout près de la date de votre accouchement par différents petits signes, qui vont se manifester quelques jours auparavant, voire la veille du jour J :

• vous pouvez soudainement ressentir une grande fatigue et un état nauséeux alors que, jusqu'à présent, tout allait très bien. La modification hormonale qui survient à la fin de la grossesse en vue du déclenchement de l'accouchement est responsable de ces sensations ;

• vous allez perdre le bouchon muqueux. L'expulsion de la glaire qui a bouché le col de l'utérus pendant tout le temps de la grossesse a lieu en général au moment des contractions, quelquefois 3 jours avant l'accouchement ;

• il se peut que vous vous surpreniez à faire le ménage à fond, à astiquer pour que tout brille. Vous avez à cœur que tout soit impeccable, rangé et propre. Cette frénésie de rangement annonce l'imminence de l'arrivée du bébé. Ce comportement instinctif est commun à tous les mammifères. En effet, les femelles de toutes les espèces s'affairent le moment venu afin que le nid soit accueillant. L'espèce humaine n'échappe pas à cette règle.

L'envie d'allaiter

Tout au long de votre grossesse, sans vous en rendre compte, vous avez évolué sur le plan psychologique. Dans les premiers mois, vous ne désiriez pas allaiter puis, lentement, au fur et à mesure que vous avez senti votre bébé grandir en vous, vous avez commencé à ressentir le besoin de prolonger cette relation exceptionnelle. Maintenant qu'il est bientôt là, vous avez envie de lui donner ce qu'il y a de mieux : votre lait maternel (voir page 179).

N'hésitez surtout pas, même si ce besoin d'allaiter votre bébé s'impose au tout dernier moment, quand vous découvrirez sa petite frimousse.

Faites-vous aider

• À la maternité : vous avez fait part de votre désir d'allaiter. Une sage-femme vous aidera pour les premières mises au sein et vous prodiguera ses conseils.

• Chez vous : une fois rentrée à votre domicile, dans la mesure où vous n'avez pas eu de préparation à l'allaitement, vous risquez de vous poser de nombreuses questions. Ne vous inquiétez pas, vous n'êtes pas seule : dans les centres de protection maternelle et infantile (PMI), des sages-femmes et des puéricultrices peuvent vous aider ; de nombreuses associations existent, par exemple **Solidarilait** (aide téléphonique : 01 40 44 70 70 et sur Internet : www.solidarilait.org) et la Leche League.

La **Leche League** est une organisation internationale qui, depuis cinquante ans, milite pour l'allaitement maternel. Elle est là pour vous aider et vous épauler à tout moment. N'hésitez pas à les contacter : des femmes ayant allaité ou qui sont en cours d'allaitement sauront répondre à vos questions, à vos doutes et à vos angoisses, et vous conseiller utilement. Des réunions mensuelles sont organisées ; chaque femme peut y assister, pendant sa grossesse ou après la naissance de son bébé. Vous y trouverez un soutien, un contact de mère à mère. Près de 190 antennes locales existent en France.

Vous connaîtrez les coordonnées de l'animatrice de permanence en composant le 01 39 584 584 (répondeur national).

Sur Internet : www.lllfrance.org

Courriel : boitecontact@lllfrance.org

La place du père

N'excluez pas le père de cette relation privilégiée et intime qui commence à se nouer entre vous et votre bébé. Faites-le participer le plus possible : en vous aidant à trouver la bonne position, en vous encourageant, en allant chercher le bébé pour la tétée, en le portant pour lui faire faire son rot… Voilà autant de gestes qui aideront votre compagnon à partager avec vous ce moment précieux de l'alimentation de votre enfant.

▶ Conseils

Pas d'affolement : ne partez pas trop tôt à la maternité

Votre départ à la maternité va être conditionné par deux événements principaux, qui peuvent survenir ensemble ou d'une manière séparée :

• l'apparition de contractions régulières ;

• la perte des eaux.

Les contractions

Surtout s'il s'agit de votre premier enfant, il est inutile de vous précipiter sur votre valise à la première contraction régulière. Vous avez grandement le temps de vous rendre à la maternité, puisque entre les premières contractions et la dilatation complète du col, plusieurs heures vont s'écouler.

Assurez-vous qu'il ne s'agit pas d'une fausse alerte. Il n'est pas rare qu'au cours des dernières semaines de la grossesse votre utérus se contracte. Ces contractions indolores et sans rythme précis n'indiquent pas le début de l'accouchement.

L'accouchement débute réellement à la perception de **contractions douloureuses,** qui sont ressenties dans le ventre ou au niveau des reins. Posez la main sur votre ventre, vous le sentez durcir en même temps que vous ressentez la douleur. Si ces contractions ne cèdent pas à la prise d'analgésiques, c'est qu'il s'agit de véritables contractions annonçant le début du travail.

L'accouchement est caractérisé par des contractions régulières, de plus en plus rapprochées, de plus en plus longues et de plus en plus fortes. Vous sentez monter la contraction, qui devient de plus en plus douloureuse au fur et à mesure que votre utérus se durcit. Elle atteint un sommet, puis redescend. Vous n'avez alors plus mal. C'est le repos, avant qu'une autre contraction apparaisse, et ainsi de suite.

Notez le temps de repos entre 2 contractions. Quand elles apparaîtront d'une façon régulière toutes les 10 minutes, vous pourrez alors partir pour la maternité. Dès cet instant, ne buvez et ne mangez plus rien, car il vaut mieux avoir l'estomac vide pour le cas où une anesthésie serait nécessaire.

S'il s'agit de votre 2ᵉ enfant et *a fortiori* de votre 3ᵉ enfant, partez à la maternité dès que les contractions deviendront régulières, car la dilatation se fait en général d'une façon beaucoup plus rapide.

La perte des eaux

À présent, vous le savez, votre bébé baigne dans le liquide amniotique – qu'on appelle les « eaux » –, qui est contenu dans les membranes qui constituent la « poche des eaux ».

Quand le col de l'utérus est effacé et le bouchon muqueux évacué, seules les membranes protègent l'enfant et ses annexes (voir pages 62-63). À ce moment, les membranes peuvent alors se fissurer ou se rompre, et le liquide amniotique peut s'écouler.

La perte des eaux est un **signe de départ immédiat** pour la maternité, même si vous n'avez aucune contraction.

En effet, la rupture prématurée de la poche des eaux peut entraîner :

• un risque d'infection de l'enfant et de ses annexes par les germes qui remontent du vagin ;

• le risque pour le cordon ombilical d'être entraîné vers le bas, ce qui va provoquer son dessèchement ou sa compression au moment de l'accouchement. C'est ce qu'on appelle la procidence du cordon.

Si vous perdez les eaux, partez tout de suite à la maternité. Effectuez si possible le trajet en position allongée ou semi-assise.

Si vous êtes seule :

• prenez un taxi ou une ambulance pour vous conduire à la maternité ;

L'imminence de l'accouchement est caractérisée par des contractions régulières, de plus en plus rapprochées, de plus en plus longues, de plus en plus fortes. Si vous perdez les eaux, partez tout de suite à la maternité.

• pensez à demander une facture pour vous faire rembourser le trajet par la Sécurité sociale ;

• en cas d'extrême urgence, appelez le Samu ou bien les pompiers, qui vous transporteront.

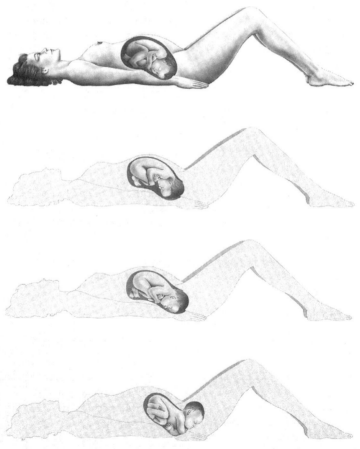

Les positions du bébé au cours de la naissance.

▶ Pour votre information

Le jour de l'accouchement

Le jour de votre accouchement est une journée extraordinaire pour votre bébé, puisque c'est celle de son entrée dans le monde. Il va enfin pouvoir faire connaissance avec vous qui l'avez conçu, et vous allez enfin le découvrir dans ses moindres détails ! Si vous savez déjà beaucoup de choses sur lui, lui aussi vous connaît déjà un petit peu !

L'arrivée à la maternité

Sachez qu'à votre arrivée à la maternité, on ne se précipitera pas sur vous pour vous examiner. Rien ne presse. La première chose à laquelle vous avez à vous soumettre, ce sont les **formalités administratives**.

Vous êtes un peu angoissée, c'est tout à fait normal. Vous commencez à ressentir les contractions d'une manière beaucoup plus forte. Ne les contrariez pas avec une inquiétude mal fondée. Détendez-vous, tout va très bien se passer. L'accouchement est un acte naturel, pour lequel vous avez la chance d'être assistée sur le plan médical. Pensez à votre bébé dans vos bras, imaginez les vacances avec lui… C'est pour bientôt.

Une fois les formalités administratives terminées, on va s'occuper de vous sur le **plan médical** :

• on contrôle votre tension artérielle, votre température et vos urines ;

• on mesure la dilatation de votre col. Si elle n'en est qu'à son début, on vous installe dans une chambre pour la durée de ce travail de dilatation ;

• en général, on vous rase pour rendre visible et net votre périnée ;

• un lavement est normalement effectué, car l'enfant ne peut sortir qu'une fois le rectum vidé. Si cela n'est pas prévu par la maternité, prévoyez de prendre un suppositoire de glycérine pour aller à la selle.

La dilatation

C'est la partie la plus longue de l'accouchement : elle dure en moyenne 7 à 8 heures pour un premier enfant et 4 à 5 heures pour un deuxième. Ces indications sont des moyennes statistiques, et votre cas peut être légèrement différent. Quoi qu'il en soit, on ne laisse plus traîner en longueur les accouchements ; on possède tous les moyens médicaux pour accélérer les choses.

Ce sont les 3 premiers centimètres de dilatation qui sont les plus longs à atteindre. Ils représentent près de la moitié de la durée totale de la dilatation. À partir de ces 3 cm, on accélère un peu le processus par les ocytociques. C'est en général à ce moment de la dilatation que la maman est placée sous monitoring et sous perfusion.

En général, la poche des eaux se rompt entre 2 et 5 cm de dilatation. Quelquefois, elle se rompt au tout début du travail, quelquefois pas du tout. Dans ce dernier cas, le médecin attend une dilatation de 5 cm, avec la tête du bébé bien engagée, pour percer la poche avec une petite pince. Cette intervention est entièrement indolore.

Quelle position prendre pendant la dilatation ?

Il n'existe pas de règle quant au choix de la position. C'est avant tout une question de confort personnel : tandis que certaines femmes préfèrent rester allongées et sommeiller entre les contractions, d'autres préfèrent rester debout et marcher, du moins au début. C'est tout à fait possible, à condition toutefois que la poche des eaux ne soit pas rompue. La position verticale aurait l'avantage de faciliter la descente de l'enfant, pendant que la pression de la tête sur le col favoriserait la dilatation.

Les positions peuvent donc être variables :

• debout, en marchant ou pas ;

• assise ;

• à moitié assise ;

• accroupie.

Cependant, le choix de la position est limité par la présence du monitoring (voir page 400), même s'il existe aujourd'hui des monitorings sans fil, qui laissent donc les femmes libres de leurs mouvements et leur permettent de se détendre sur un ballon ou même d'aller dans l'eau.

Pendant la dilatation, vous êtes seule la plupart du temps, même si vous êtes surveillée d'une manière régulière. Ne pensez pas que vous êtes délaissée ; sachez que cette première étape de votre accouchement ne demande pas une présence constante du corps médical. Lorsque la sage-femme passera vous voir, elle constatera :

• l'efficacité des contractions et la bonne condition de l'enfant par l'observation des tracés du monitoring ;

• la progression de la dilatation du col par un toucher vaginal.

C'est un moment éprouvant pour la future maman, car à la douleur ressentie se greffe l'inquiétude de savoir si tout va bien se passer. À ce moment-là, le rôle du futur père est très important, même s'il ne tient pas à assister à l'accouchement proprement dit. Il va pouvoir réconforter sa femme, l'aider à se souvenir de ses mouvements de respiration, lui tenir la main pendant qu'elle se repose entre deux contractions et, par sa présence rassurante, apaiser la future maman.

Mettez en pratique vos cours de préparation à la naissance

La douleur n'est pas constante. Elle survient quand l'utérus se contracte pour dilater le col ; pendant le relâchement de la contraction, elle cesse. Chaque contraction a pour but de dilater le col davantage, et plus il se dilate, plus l'intensité des contractions augmente.

La contraction constitue un travail musculaire qui, à l'instar de tout travail musculaire, consomme de l'oxygène et rejette du gaz carbonique. Une bonne respiration est donc essentielle.

Quand la contraction arrive

Concentrez-vous et respirez calmement en soufflant profondément et longuement pendant le temps de la contraction. Il faut qu'un maximum d'oxygène circule dans votre sang pour alimenter votre utérus qui travaille et votre bébé qui en consomme également beaucoup.

Quand la contraction est là

Évitez de vous raidir, comme on a tendance à le faire quand monte une douleur. Au contraire, décontractez-vous en relâchant tous vos muscles. Ils consommeront ainsi moins d'oxygène, qui sera alors disponible pour le muscle utérin. En restant détendue, vous n'opposerez pas de résistance à la contraction, et la dilatation se fera mieux. Tout en vous détendant, continuez à respirer et expirer lentement ou bien pratiquez la respiration superficielle. Ainsi, votre diaphragme bouge très peu et n'appuie pas sur l'utérus, ce qui le gênerait dans sa contraction.

Quand la contraction est passée

Faites une respiration complète et respirez normalement en attendant la contraction suivante.

Quand la dilatation est à 5 cm et si les contractions sont trop douloureuses, on vous donnera un analgésique ou on vous fera une péridurale, si le service est équipé pour cela et si vous le demandez.

	Contraction utérine	Repos	Durée totale
Début du travail	15 s	15 à 20 min	environ 7 à 8 heures pour un 1ᵉʳ enfant
Dilatation à 1 cm	30 s	10 à 12 min	
Dilatation à 5 cm	45 s	4 à 5 min	
Expulsion	60 s	2 à 3 min	environ 30 min

L'expulsion

Voici la phase terminale de votre accouchement : la naissance de votre bébé. L'expulsion dure environ 30 minutes pour un premier enfant, moins de 20 minutes pour un second.

Quand la dilatation est presque terminée, les contractions sont très fortes et très rapprochées : en moyenne 1 minute de contraction pour 2 minutes de repos.

À ce moment, vous serez dirigée vers la salle d'accouchement où vous allez vous installer sur la table gynécologique, car la venue au monde de votre bébé ne saurait tarder. À présent, vous allez être extrêmement entourée par l'équipe médicale, qui est là au grand complet.

Quelle position prendre pendant l'expulsion ?

La question se discute.

En France, les femmes accouchent sur une table gynécologique, couchées sur le dos, les jambes relevées dans des étriers. Cette position est avant tout commode pour le médecin ou pour la sage-femme, qui voient ainsi parfaitement ce qui se passe et peuvent intervenir sans être gênés. Ce n'est donc pas nécessairement la position la plus appropriée pour faciliter l'accouchement lui-même.

Si la position accroupie, en se suspendant, ou assise serait, sur le plan physique, la plus appropriée, elle ne fait pas partie de notre culture médicalisée. Toutefois, il est possible de s'en inspirer pour aménager la position gynécologique classique (voir par exemple l'ouvrage du Dr Bernadette de Gasquet, *Trouver sa position d'accouchement*, Marabout, 2009).

Mettez en pratique vos cours de préparation à la naissance

En fin de dilatation, la tête du bébé, qui vient de franchir l'orifice de sortie du bassin osseux, appuie sur les muscles du périnée, déclenchant un réflexe de poussée. L'envie de pousser est si intense qu'elle domine toutes les autres sensations, même la douleur des contractions.

À cette étape de votre accouchement, vous devrez suivre les indications du médecin ou de la sage-femme qui vous accouchent. S'ils vous disent de ne pas pousser, malgré une envie impérieuse, c'est que le col n'est pas entièrement dilaté et, dans ce cas, vous gêneriez le bébé dans sa progression.

Cette envie de pousser qui devient tout à fait irrépressible quand la tête du bébé appuie sur l'ensemble du vagin et du périnée est extrêmement difficile à contrôler. La respiration sera votre aide précieuse ; un bon entraînement lors de la préparation à l'accouchement trouve ici toute sa justification.

À l'arrivée de la contraction

Inspirez longuement par le nez et soufflez très lentement par la bouche légèrement entrouverte. Soudain, vous allez entendre la sage-femme crier : « **Poussez !** » Le moment est venu de libérer votre bébé. La poussée n'est pas douloureuse. C'est une force qui, avec l'aide de vos muscles abdominaux, sort votre enfant hors de vous. Pour vous aider, la respiration est, là encore, essentielle.

Quand la contraction commence

Faites une respiration complète tout en relâchant bien le périnée.

Quand la contraction est là

Inspirez par le nez, la bouche fermée. Bloquez votre respiration et poussez, en contractant vos muscles abdominaux le plus longtemps possible. L'air des poumons appuie sur le diaphragme qui, lui-même, pousse l'utérus en avant.

Une technique différente, fondée non plus sur le blocage de la respiration mais sur l'expiration forcée – c'est-à-dire en expirant très lentement, en ouvrant le périnée – serait préférable. Cette technique requiert une excellente préparation (voir page 253).

Quand la contraction est passée

Inspirez et expirez. Entre deux contractions, relâchez vos muscles et respirez normalement. Recommencez à chaque contraction, tant que la sage-femme vous le demandera ; elle vous guidera tout du long et, au fur et à mesure, vous dira ce que vous devez faire.

Quand la tête de votre bébé pointera au niveau de la vulve, la sage-femme vous demandera de ne plus pousser pour que le périnée et la vulve aient le temps de se détendre. Relâchez au maximum vos muscles abdominaux et votre périnée. Inspirez et soufflez lentement. La sage-femme va dégager lentement la tête de l'enfant qui apparaît, afin d'éviter un risque de déchirure. Une fois la tête sortie, vous pousserez encore un peu à la demande de la sage-femme pour la sortie du corps tout entier. Puis vous vous reposerez.

Pour un premier bébé, l'accouchement dure environ 7 à 8 heures, depuis le début des contractions jusqu'à la naissance. Il est en général plus court pour un deuxième bébé.

Le cordon ombilical sera ligaturé, puis coupé. Dès cet instant précis, votre bébé est un être autonome sur le plan physiologique. Une nouvelle vie commence pour lui.

La délivrance

Environ 20 minutes après la naissance de votre bébé, vous ressentirez à nouveau des contractions, mais beaucoup plus légères que pendant l'accouchement. Elles visent à décoller le placenta qui adhérait à l'utérus. Pour le détacher, la sage-femme appuie sur l'utérus, puis tire sur le cordon pour le faire sortir. Votre accouchement est terminé. Vous allez rester encore 1 ou 2 heures sous surveillance dans la salle d'accouchement, puis vous retournerez dans votre chambre, où votre bébé vous rejoindra.

Accoucher de jumeaux

L'accouchement de jumeaux ne présente aucune complication particulière. Il est simplement un peu plus long qu'un accouchement normal, puisqu'il s'écoule un temps de repos de 15 à 30 minutes avant que de nouvelles contractions commencent en vue de la seconde naissance.

En général, l'expulsion est simple, car les jumeaux sont souvent de petite taille. S'il y a deux poches distinctes, on perce la seconde poche après la naissance du premier enfant et on attend la reprise des contractions pour la seconde expulsion. La délivrance a lieu après la naissance du second bébé, qu'il y ait un seul ou deux œufs. L'aîné des enfants est celui qui sort le premier. La perte de sang est beaucoup plus abondante que pour un seul enfant, les risques d'hémorragie également. C'est la raison pour laquelle il est nécessaire d'accoucher dans une maternité très bien équipée lorsqu'on attend plusieurs enfants.

39ᵉ semaine de grossesse
La naissance

▶ *41ᵉ semaine depuis le premier jour de vos dernières règles*
▶ *Fin du 9ᵉ mois*

Votre bébé est là. Bonjour bébé !

Votre bébé est né

Dès que votre bébé est sorti de vous, on l'a posé sur votre ventre pendant quelques instants. Vous avez alors pu sentir, sur vous, tout contre vous, cette petite masse chaude qui poussait des cris. Sa première sensation de douceur après l'épreuve de la naissance est votre corps doux et chaud, dans lequel il s'enfonce. Ses cris vont très vite cesser à votre contact et, si on lui en laisse le temps, il va peut-être exercer le réflexe de succion, ou **réflexe de fouissement**, qui fait qu'un nouveau-né tète d'une manière instinctive le sein de sa mère.

Le **cri** que le bébé pousse à sa naissance peut être plus ou moins fort. Ce n'est pas un signe de détresse devant sa nouvelle vie mais tout simplement un **besoin vital**. La cage thoracique comprimée pendant l'accouchement décompresse dès sa sortie de la mère, provoquant une entrée d'air brutale dans **la bouche qui s'ouvre**.

Tandis que les alvéoles pulmonaires se déplissent rapidement, le liquide amniotique qui jusqu'alors remplissait l'arbre pulmonaire se résorbe. Le sang venant du cœur se précipite dans les vaisseaux pulmonaires afin de se charger de l'oxygène qui vient d'arriver par cette première inspiration et se décharger du gaz carbonique au cours de l'expiration. **La circulation cœur-poumons est ainsi établie.**

Votre bébé, muni d'un petit bracelet portant son nom, va maintenant recevoir les premiers soins.

Les premiers soins de bébé

• Tout d'abord, on va **désobstruer ses voies respiratoires**, c'est-à-dire aspirer les mucosités qui peuvent plus ou moins encombrer la bouche et le nez. Le médecin s'assure ainsi que les voies respiratoires sont bien dégagées.

• Environ 5 minutes après la naissance, **on serre le cordon ombilical** par 2 pinces. On coupe entre les pinces, à quelques centimètres du ventre du bébé. Avant de faire un léger pansement maintenu par une bande de gaze ou un sparadrap, on prélève un peu de sang au cordon pour différents examens. La partie restante du cordon va se sécher et tomber après une petite semaine, laissant sur l'abdomen du bébé une légère plaie, qui se cicatrisera rapidement.

• On verse 2 gouttes de **collyre** dans chacun des yeux.

• **On pèse votre bébé.** S'il pèse moins de 2,7 kg, c'est un petit bébé. S'il pèse plus de 3,7 kg, c'est un gros bébé. **On mesure sa taille** ainsi que la circonférence de sa tête, qui se situe entre 33 et 35 cm, et celle de sa cage thoracique.

Dans les jours qui suivent sa naissance, votre bébé perd environ le 10e de son poids de naissance. Cette **perte de poids,** tout à fait physiologique, est due à l'évacuation du méconium qui remplit son intestin et au fait qu'il est peu nourri. Il reprendra du poids dès le 3e jour pour ensuite retrouver son poids de naissance autour du 10e jour.

Tous les soins sont donnés sur une table chauffante ou sous un cône de chaleur, car le bébé se refroidit très vite. Il ne faut pas oublier qu'il vient de vivre de longs mois à une température, toujours égale, de 37 °C, et que soudain il se retrouve à 22 °C. Il n'est pas encore capable d'adapter sa **température**

interne, qui baisse de 1 à 2,5 °C. Ce n'est que 2 à 3 jours plus tard qu'il retrouvera une température de 37 °C.

De plus en plus fréquemment, les premiers soins étant donnés, on fait prendre un **bain** chaud au bébé pour lui rappeler le milieu d'où il vient. Il manifeste son bien-être en retrouvant immédiatement son calme. On le trempe 5 minutes environ, sans le laver, afin de ne pas lui retirer son vernix, un enduit blanchâtre, qui protège sa peau fragile.

Après les premiers soins et le bain, votre bébé va subir une série de **tests** qui ont pour but de vérifier sa respiration, ses battements cardiaques, qui sont aux alentours de 100 à 120 par minute, son tonus musculaire ainsi que ses réflexes. Ces tests ont pour but de renseigner le médecin sur le bon fonctionnement du système nerveux central.

À quoi ressemble votre bébé ?

Lorsque votre bébé a été posé sur vous, vous l'avez regardé et, malgré votre joie, vous n'avez pas osé vous avouer une légère déception. Vous ne le trouvez pas beau ! Vous imaginiez un bébé rose et joufflu, et le bébé que vous avez là n'est pas du tout comme cela ! C'est parfaitement normal. Tous les bébés sont ainsi le jour de leur naissance. Attendez deux à trois semaines et vous aurez un bébé qui répond à votre attente.

• Tout d'abord, vous êtes assez surprise par le volume de sa tête. Oui, c'est vrai, **votre bébé a une grosse tête !** En effet, chez tous les nouveau-nés, la tête représente le quart de la taille totale, alors que chez un adulte la tête ne représente que le septième de la taille totale. Le front est également très grand par rapport au reste du visage, puisqu'il en

---

Votre bébé a une grosse tête, et c'est normal : elle représente le quart de sa taille totale.

Et cette tête est encore trop lourde pour les muscles du cou. Soutenez-la bien.

représente les trois quarts au lieu de la moitié. À la suite de l'accouchement et selon la manière dont il s'est déroulé, la tête de votre bébé peut être allongée en pain de sucre ou bien bosselée d'un côté ou de l'autre. Rassurez-vous : dans une quinzaine de jours, il n'y paraîtra plus, et votre bébé aura une belle petite tête toute ronde.

• **Les os de son crâne ne sont pas encore soudés.** Ils sont séparés par des espaces de tissus fibreux. Ces espaces sont très larges en deux endroits : sur le dessus du front et à l'arrière du crâne. Ce sont les **fontanelles.** Elles se réduiront lentement, au fur et à mesure que le crâne grandira, et se fermeront entièrement vers l'âge de 8 mois pour celle de l'arrière et vers l'âge de 18 mois pour celle du front.

• **La tête de votre bébé est trop lourde** pour les muscles de son cou. C'est la raison pour laquelle il n'arrive pas à la redresser. Lorsque vous le porterez, vous devrez bien la soutenir en mettant une main sous sa nuque.

• **Ses yeux paraissent très grands**. C'est normal : leur taille correspond aux deux tiers de ceux de l'adulte, alors que la tête est plus petite. Ils paraissent souvent bleus à la naissance, mais ils vont changer de teinte et adopteront leur couleur définitive dans 1 mois environ, parfois plus tard.

• **Les paupières sont épaisses**, avec des cils apparents.

• **Son nez** peut avoir été très aplati pendant l'accouchement, mais lui aussi va se redresser.

• Quant à sa **bouche,** elle paraît immense.

• Votre bébé est né sans **cheveux** ou, au contraire, avec une abondante chevelure. Dans ce cas, elle va tomber progressivement pendant plusieurs semaines – dès à présent ou dans plusieurs mois – pour être ultérieurement remplacée par de nouveaux cheveux, qui seront en général plus fins et plus clairs.

• Si, au moment de sa naissance, votre bébé avait encore le corps recouvert de duvet, ce dernier va bientôt tomber. Recouverte du vernix à la naissance, la peau pèle durant les premiers jours et devient à la fois plus fine et plus claire. Il se peut également qu'elle prenne une belle couleur orangée lors du 2e ou du 3e jour après la naissance. Ne vous alarmez surtout pas : cela est simplement le signe que votre bébé fait une petite jaunisse, appelée l'**ictère physiologique du nouveau-né**, comme le font 80 % des nouveau-nés.

• **Les ongles de votre bébé peuvent être très longs.** Même s'il se griffe légèrement avec, il ne faut pas les lui couper avant une ou deux semaines afin d'éviter une éventuelle infection.

• Les **organes génitaux** de votre bébé sont très développés, surtout si c'est un garçon. Si c'est une fille, quelques gouttes de sang peuvent apparaître dans les couches. Cela n'a rien d'alarmant, car c'est tout à fait physiologique. De même, les seins des bébés, qu'ils soient filles ou garçons, sont gonflés et sécrètent une substance blanchâtre. C'est la conséquence du passage à travers le placenta d'une petite quantité d'hormones qui doit provoquer la montée laiteuse chez la mère. Dans quelques jours, les seins de votre bébé seront parfaitement normaux. En attendant, n'y touchez pas. Tous ces signes caractérisent ce qu'on appelle la crise génitale du nouveau-né.

Les sens de votre bébé

Votre bébé n'est pas un simple tube digestif, comme on le disait volontiers autrefois. Loin de là ! C'est un être désormais entièrement autonome sur le plan physiologique et qui témoigne déjà de nombreuses sensations. Il voit, il entend, il sent, il goûte et il ressent.

Profitez au mieux de ces premiers instants partagés avec votre bébé. Observez tous ses gestes et toutes ses mimiques qui indiquent qu'il est à présent un petit être autonome, qui voit, entend et sent, et ressent toutes sortes d'émotions.

• **Sa vision** n'est pas encore très bonne, puisqu'il ne perçoit les choses que sur un petit arc de cercle de 20°, à condition qu'elles soient placées à 20 ou à 25 cm de ses yeux. Il ne voit pas les couleurs, sauf peut-être la couleur rouge. Cette difficulté de la vision du nouveau-né vient du fait qu'il a toujours vécu dans un milieu obscur. Il lui faudra un certain temps pour que sa rétine s'adapte à la lumière et devienne totalement fonctionnelle.

• **Son ouïe** est meilleure que sa vision. Il est vrai que votre bébé entend, depuis plusieurs mois déjà, et qu'il est déjà habitué à de nombreux sons. Il reconnaît parfaitement la voix humaine puisqu'il l'entendait déjà avant de naître. Il entend même quand il dort, et de légers bruits peuvent le réveiller.

• **Son odorat** est également développé, et c'est grâce à lui qu'il reconnaît le sein maternel. C'est le sens le plus développé pour la reconnaissance de la mère, puisqu'il la reconnaît à son odeur à 10 jours, tandis qu'il ne la reconnaîtra par la voix au bout de 5 semaines seulement et par les yeux pas avant 3 à 5 mois.

• **Son goût** s'est développé lors de la grossesse en avalant du liquide amniotique. Il va donc être capable de distinguer et d'apprécier immédiatement un lait à la saveur agréable. Si vous allaitez votre bébé, il goûtera à tout ce que vous goûterez. Si vous mangez du fenouil ou du cumin par exemple, votre lait sera légèrement parfumé, pour son plus grand plaisir !

• **Son toucher** : sans doute allez-vous être surprise par le fait de retrouver votre bébé la tête toujours collée contre le haut de son berceau. Dans cette position qui vous semble des plus inconfortables, il dort, le sourire aux lèvres. Ce besoin de contact est pour lui nécessaire : le vide qui soudain l'entoure lui fait peur ; il y a quelques jours encore, dans votre ventre, il était lové contre les parois de l'utérus. C'est la raison pour laquelle être tenu dans vos bras, être bien appuyé contre vous, le réconforte et le comble d'aise.

• **Sa réceptivité** : si vous le sollicitez, votre bébé vous sourit aux anges ou vous regarde. La communication entre la mère qui parle et qui sourit à son enfant qui, en retour, la regarde, s'établit ainsi ; elle se renforcera au fur et à mesure des sollicitations de la mère, des sollicitations qui engendreront des stimulations nerveuses chez le bébé, qui y répondra alors selon ses possibilités. Ce sont toutes ces diverses stimulations qui permettront la lente maturation du système nerveux central. Le cerveau se câble au fur et à mesure de la réception des informations, et la pensée d'un individu sera d'autant plus riche que les circuits seront plus nombreux. Vous le savez déjà, il faut entre 18 et 20 ans environ pour que le cerveau soit câblé d'une manière intégrale et définitive. Cela montre l'importance cruciale que possède l'éducation dans le comportement d'un futur adulte.

• **Son attente de stimulations** : tous les moyens sont bons pour entrer en communication avec votre bébé – les gestes, les caresses, les paroles, les sourires, les mimiques, la musique… Non seulement il aime ces stimulations, mais il les attend. Ces contacts vont s'intensifier et s'enrichir au fil du temps qui passe, car votre bébé deviendra de plus en plus réceptif et sera capable de répondre d'une manière de plus en plus active. Inéxorablement, un lien très fort d'affection va se tisser entre vous. Et à votre amour maternel répondra l'amour de votre enfant.

Vous, la jeune maman

L'accouchement après le terme

Peut-être faites-vous partie des 3 % de femmes qui dépassent le terme et, dans ce cas, votre bébé n'est pas encore là !

On considère que le terme est dépassé au début de la 41e semaine depuis le 1er jour de vos dernières règles. Si vous êtes dans ce cas, on vous convoquera tous les 2 jours, voire tous les jours, pour écouter les bruits du cœur de votre bébé.

Une amnioscopie sera réalisée pour observer la couleur du liquide amniotique (voir page 365). S'il devient verdâtre, c'est que le bébé rejette son méconium, donc qu'il souffre. Il faut alors intervenir en déclenchant l'accouchement. Par le doppler (voir page 154), on examinera également la vitalité du placenta car, en fin de grossesse, il commence à s'altérer et remplit moins bien ses fonctions de nutrition et d'oxygénation.

Si, après 41 semaines d'aménorrhée, votre bébé tarde toujours à se manifester, on provoquera artificiellement sa naissance. En général, le bébé naît en bonne santé et ne demande pas de soins particuliers. Sa peau, qui a perdu tout son vernix, pèle et ses ongles sont très longs. Il était grand temps qu'il vienne au monde !

Les suites de couches

Tout de suite après l'accouchement, l'utérus se contracte et commence à involuer, c'est-à-dire à diminuer de volume. Il descend d'un centimètre par jour et n'est plus palpable vers le 10ᵉ jour. Cette contraction de l'utérus permet une ligature naturelle des vaisseaux, évitant ainsi les hémorragies. Néanmoins, un **écoulement sanguin** va persister pendant quelque temps. Durant les 2 ou 3 jours qui suivent l'accouchement, ils sont assez abondants, car ils permettent d'entraîner la partie muqueuse de l'utérus, ou caduque, qui entourait initialement l'œuf. Ces saignements, ou **lochies**, diminuent au bout de quelques jours pour s'arrêter entièrement vers la fin de la 3ᵉ semaine. Chez certaines femmes cependant, ils peuvent durer jusqu'au retour de couches. Un écoulement plus impor-

Le retour de couches se produit, avec imprécision, 6 à 8 semaines après l'accouchement. Cela signifie qu'une ovulation a eu lieu 15 jours avant. Alors, prudence, si vous ne voulez pas donner tout de suite un petit frère à votre bébé...

tant peut se produire 12 à 15 jours après l'accouchement : c'est le petit retour de couches, qui ne durera pas plus de 3 à 4 jours.

Des contractions douloureuses de l'utérus apparaissent chez les femmes ayant déjà eu un ou plusieurs enfants. Elles provoquent un écoulement de sang plus important : ce sont les **tranchées**. Elles sont plus fortes lorsque la mère allaite et nécessitent un léger analgésique pendant quelques jours.

Si vous avez eu une **épisiotomie**, vous ressentirez une petite douleur locale durant quelques jours, surtout quand vous urinerez. Plusieurs fois par jour, envoyez de l'air chaud, à l'aide d'un sèche-cheveux, dans la zone de l'épisiotomie afin de supprimer l'humidité locale ; la cicatrisation sera plus rapide.

La montée de lait

Dès l'expulsion du placenta, l'hypophyse sécrète une hormone de lactation, la **prolactine**, qui va agir directement sur les glandes mammaires. 2 à 3 jours après l'accouchement, vos seins vont gonfler et durcir : c'est la montée laiteuse. Cela peut prendre un jour de plus si vous avez eu une césarienne.

Si vous allaitez, vos seins vont rester distendus pendant tout le temps de l'allaitement. Aussi devrez-vous les soutenir d'une manière efficace par un bon soutien-gorge que vous garderez jour et nuit. Si vous décidez de ne pas allaiter, on vous fera prendre quelques comprimés qui arrêteront la montée de lait ; portez un bon soutien-gorge.

Le retour de couches

Il s'agit de la réapparition des premières règles, donc du rétablissement d'un cycle menstruel normal. Le retour de couches peut survenir à des dates variables, selon que vous allaitez ou non.

• Si vous allaitez, il se produit environ 4 mois après votre accouchement, parfois plus tôt, mais le plus souvent plus tard, c'est-à-dire tant que dure l'allaitement, sauf s'il se prolonge de nombreux mois.

• Si vous n'allaitez pas, le retour des règles survient plus vite, en général 4 à 6 semaines après votre accouchement, avec des variations individuelles. La plupart du temps, l'écoulement de sang de ces premières règles est supérieur à la normale.

▶ Conseils

Le retour à la normale : allez-y doucement !

• Profitez de votre séjour à la maternité pour **vous reposer**. Neuf mois de grossesse suivis des efforts de l'accouchement vous ont fatiguée et, si vous ne bénéficiez pas de ce répit, vous risquez de le regretter dans les semaines qui suivent.

• Dès le lendemain de l'accouchement, **vous pourrez vous lever**, mais modérément. Votre périnée s'est trouvé très distendu au moment de l'expulsion. Or, vous le savez, le périnée est cet ensemble de muscles sur lesquels reposent les organes génito-urinaires. Encore gros et lourd, l'utérus aura tendance à accentuer le relâchement et, insuffisamment maintenu, il risque de se retourner vers l'arrière : c'est la rétroversion de l'utérus. En conséquence de quoi, levez-vous pour faire votre toilette, marchez un peu mais ne restez pas debout trop longtemps et, surtout, ne portez pas de charge.

• Dès à présent, **rééduquez votre périnée** sans faire de mouvements intempestifs mais en contractant les uns après les autres les muscles de la région anale, puis génitale. Même si votre accouchement s'est bien passé, vos muscles formant le périnée ont été distendus. Rééduquez cette région par des exercices appropriés afin d'éviter des fuites urinaires, pour les années à venir (voir pages 257-258).

• Ne vous déprimez pas à la vue de votre ventre mou et fripé. Il a été incroyablement distendu par la grossesse ; laissez-lui le temps de revenir à la normale. Attendez d'avoir récupéré entièrement votre périnée – ce qui demande 6 semaines environ – avant d'entreprendre la série de **gymnastique abdominale** rééducative prise en charge par la Sécurité sociale. Si vous en éprouvez le besoin, vous pourrez demander une série supplémentaire sur prescription médicale. Quand vous n'aurez plus aucun saignement et quand la vulve sera complètement cicatrisée, surtout si vous avez eu une épisiotomie, vous pourrez aller nager à la piscine le plus souvent possible. Ces exercices, joints à une alimentation équilibrée et légère, vous rendront la ligne en quelque temps.

Le baby blues

Rentrée chez vous avec votre bébé, vous retrouvez avec bonheur votre compagnon et votre maison. Tout est pour le mieux, ou du moins pourrait être pour le mieux, car, chose incompréhensible et inexplicable, vous n'avez pas le moral et vous voyez tout en noir. Vous avez envie de pleurer sans raison et vous n'avez plus goût à rien. Pour un peu, même le bébé, pourtant si désiré, vous indifférerait. C'est la dépression du post-partum, c'est-à-dire la dépression des accouchées.

Due au bouleversement hormonal énorme qui a été la cause du déclenchement de l'accouchement, cette déprime d'origine avant tout physiologique est encore accentuée par la fatigue des 9 mois de grossesse, celle des efforts de l'accouchement, du sang perdu et du sommeil perturbé par l'alimentation et les soins à donner au bébé. Sans compter toutes les questions angoissantes que peut se poser une jeune mère face à son nouveau-né.

Pensez à rééduquer votre périnée puis, dans un second temps, vos abdominaux, qui ont été soumis à rude épreuve.

Ne laissez pas s'installer le baby blues, cette dépression des accouchées. Ne restez pas seule.

Sachez que cet état existe et qu'il n'a rien de honteux. Et si votre compagnon réservait ses jours de congé de paternité, et pourquoi pas une semaine de congés payés supplémentaire, pour vous seconder ? Si cela n'est pas possible, essayez d'avoir près de vous votre mère, votre belle-mère ou encore une amie qui gardera le bébé, ce qui vous permettra de décompresser un peu et de sortir pour vous changer les idées.

Ne laissez surtout pas s'installer en vous un état dépressif, car si vous vous heurtez à l'incompréhension de votre entourage, vous glisserez vite de la simple déprime à la véritable dépression. Aux premiers signes, voyez votre médecin. Par une aide avant tout psychologique voire médicamenteuse, vous retrouverez votre tonus et votre sourire.

Selon une étude anglaise de 2005, 4 % des pères connaissent le *baby blues*. Une prise en charge psychologique de toute la famille est souhaitable pour aider le parent touché.

La reprise des relations sexuelles

Pour reprendre des relations sexuelles, attendez que les saignements qui suivent l'accouchement soient arrêtés et surtout que la vulve soit cicatrisée. N'ayez pas de relations sexuelles si elles sont douloureuses, car vous finiriez par avoir inconsciemment un réflexe négatif d'autodéfense. Dans ce cas, consultez le médecin qui vous a accouchée. Des soins souvent très simples résoudront ce problème.

Avec votre compagnon, ayez une hygiène irréprochable afin d'éviter tout risque d'infection qui pourrait monter dans l'appareil génital.

Dès l'instant où vous reprendrez des relations sexuelles, vous devrez envisager une **contraception** si vous ne voulez pas entamer une nouvelle grossesse. En effet, le retour de couches arrive, avec imprécision, 6 à 8 semaines après l'accouchement. Cela signifie qu'une ovulation a eu lieu 15 jours auparavant. C'est l'inconnu total. Autrement dit, une seconde grossesse peut survenir 4 à 6 semaines après votre accouchement.

Si vous allaitez, méfiance ! Ne croyez pas la tradition selon laquelle une femme qui allaite est protégée d'une nouvelle grossesse. Cela n'est vrai qu'en partie. Une femme qui allaite complètement est protégée seulement pendant les 3 premiers mois. C'est ainsi que 7 % des femmes qui allaitent se retrouvent enceintes instantanément. Sachez qu'il existe une pilule contraceptive faiblement dosée en progestérone, qui peut être prise pendant l'allaitement.

Votre gynécologue décidera avec vous de la contraception la mieux adaptée. Il sait s'il s'agit de votre premier enfant, si vous avez eu une césarienne, si vos cycles étaient réguliers… Autant d'éléments qui le guideront dans le choix d'une contraception. Celle-ci peut d'ailleurs être temporaire et remplacée au bout de quelque temps par une autre.

▌ Pour votre information

Les obligations postnatales

Après la naissance de votre bébé, vous avez quelques obligations à remplir à l'égard de l'administration. Ne les négligez pas, car ce serait pour vous la perte des prestations familiales (voir en annexe les prestations de la Caisse des allocations familiales).

Pour vous : une visite médicale

Cette visite médicale obligatoire doit avoir lieu dans les 8 semaines qui suivent l'accouchement, l'idéal se situant 1 mois après votre accouchement.

Elle consiste en un examen clinique au cours duquel votre médecin vérifie que tous vos organes génitaux ont retrouvé leur place et qu'ils sont en bon état. De plus, il examinera vos seins, votre paroi abdominale et votre périnée. C'est à vous de lui signaler toute anomalie ou toute gêne telle que la présence de varices vulvaires ou encore d'hémorroïdes.

Si cela n'a pas déjà été fait par l'équipe médicale de la maternité, il vous prescrira une contraception.

Pour votre enfant : la déclaration de naissance

À la maternité, il vous sera remis un **certificat** attestant la naissance de votre enfant. Muni de ce certificat et du livret de famille si vous êtes mariée, le père, ou à défaut une personne déléguée par la maternité, doit déclarer l'enfant à la mairie de l'endroit où a eu lieu l'accouchement. Cette déclaration doit obligatoirement être faite dans les 3 jours qui suivent la naissance sous peine d'entraîner des complications coûteuses. Elle est portée sur le livret de famille.

Les services de la mairie qui enregistrent la naissance remettent à la personne qui fait la déclaration un **carnet de santé** pour l'enfant et des **extraits de l'acte de naissance**, qui seront nécessaires pour les démarches ultérieures.

Si vous n'êtes pas mariée, vous pourrez, à ce moment-là, déposer à la mairie une demande de livret de famille.

La surveillance médicale de votre enfant

Votre bébé sera soumis à des visites médicales obligatoires, qui doivent avoir lieu à des périodes précises sous peine, pour vous, de perdre le droit aux prestations familiales.

• Au cours de la 1re année de votre enfant, neuf visites sont obligatoires : une au cours de la semaine qui suit la naissance – effectuée par l'équipe médicale de la maternité –, une avant la fin du 1er mois et une au cours des 2e, 3e, 4e, 5e, 6e, 9e et 12e mois.

• Au cours de la 2e année de votre enfant, trois visites sont obligatoires : au cours du 16e, du 20e et du 24e mois.

Il est important de ne pas négliger les obligations administratives afin de ne pas perdre vos avantages.

• Ensuite, jusqu'à sa 6ᵉ année, votre enfant sera soumis à une visite obligatoire tous les 6 mois pendant les 4 années suivantes.

Lors de certaines de ces visites – celles du 8ᵉ jour, du 9ᵉ et du 24ᵉ mois –, le médecin établira un certificat de santé que vous enverrez à votre Caisse d'allocations familiales.

Ces visites obligatoires peuvent être effectuées par le médecin généraliste ou par le pédiatre que vous aurez choisi, consultant soit dans son cabinet, soit dans un centre de protection maternelle et infantile (PMI) ; les consultations et les vaccins obligatoires seront alors gratuits. Cependant, sachez que le centre de PMI n'est pas un centre de soins ; le jour où votre enfant sera malade, vous devrez consulter un médecin.

RÉCAPITULATIF DU 9ᵉ MOIS DE VOTRE BÉBÉ

Âge de votre bébé	35ᵉ semaine	36ᵉ semaine	37ᵉ semaine	38ᵉ semaine
Sa taille	• 30 cm de la tête au coccyx. • 45 cm de la tête aux talons.	• 32 cm de la tête au coccyx. • 46,5 cm de la tête aux talons.	• 32 cm de la tête au coccyx. • 46,5 cm de la tête aux talons.	50 cm de la tête aux talons.
Son poids	2,400 kg	2,650 kg	2,900 kg	3,300 kg
Son développement	• Votre bébé commence à se défriper par accumulation de graisse sous la peau. • Le lanugo commence à disparaître. • Descente du bébé dans le bassin.	Le lanugo a disparu.	• Le vernix qui recouvre la peau se détache en partie. • Votre bébé bouge peu, car il manque d'espace. Il se tient la tête en bas, les bras repliés sur la poitrine. Il vous donne encore de petits coups de tête, de coude ou de pied pour vous montrer qu'il est toujours là.	• Dès sa naissance, le bébé est une personne autonome. • La circulation sanguine va changer : un circuit cœur-poumons va s'établir. • Le foie ne fabrique plus de globules rouges. C'est la moelle osseuse qui s'en charge. • Les alvéoles pulmonaires se déploient à la naissance.
Observations générales	Le placenta a un diamètre de 20 cm et une épaisseur de 3 cm. Il pèse environ 500 g.			

RÉCAPITULATIF DU 9e MOIS DE VOTRE GROSSESSE

Âge de la grossesse	35e semaine	36e semaine	37e semaine	38e semaine
Obser-vations générales	• Les articulations du bassin commencent à s'écarter un peu. • Tiraillements. • Douleurs diffuses dues au relâchement des articulations.	La courbure de votre colonne vertébrale s'est accentuée pour compenser l'accroissement du poids sur le devant du corps.	Tenez-vous prête à partir pour la maternité.	L'accouchement est imminent.
Symptômes possibles		Maladresse possible due au changement de votre centre de gravité.		• État nauséeux. • Perte du bouchon muqueux 1 à 3 jours avant l'accouchement. • Fébrilité de rangement.
Précautions à prendre	Reposez-vous.			• Ne vous affolez pas aux premières contractions. • Pour partir à la maternité, attendez des contractions régulières. • Si vous perdez les eaux, partez immédiatement.
Examens		7e examen prénatal obligatoire.	Si besoin : radiopelvimétrie. Décerclage si vous avez eu un cerclage.	
Démarches				Prévoyez des massages et une rééducation périnéale après l'accouchement.

Après l'aventure magique de la grossesse que vous venez de vivre, étape par étape, pendant neuf mois, vous ne serez plus jamais la même. Vous avez donné la vie et, de cette vie, vous êtes à présent responsable. Votre enfant est là, et votre rôle auprès de lui ne fait que commencer. Un rôle fabuleux, puisqu'il s'agit maintenant de l'élever et de l'éduquer.

Parlez beaucoup à votre enfant. Ne laissez jamais passer l'occasion d'une conversation : non seulement vous éveillerez son esprit, mais au fil des ans se créeront entre vous une confiance et une complicité. Devenu adolescent, il continuera à vous parler de ses problèmes et sollicitera vos conseils. Votre titre de « mère » aura alors trouvé toute sa signification.

Ne soyez pas anxieuse devant l'avenir : laissez-vous guider par le bon sens et l'amour que vous donnerez à votre enfant et qu'il vous rendra au-delà de ce que vous pouvez imaginer.

Annexes

Droits et démarches

Les renseignements qui suivent sont donnés à titre indicatif, car les mesures protégeant la femme enceinte, puis la mère et son enfant, sont nombreuses et souvent remaniées.

Pour savoir quels sont vos droits, dans votre cas précis, en matière de remboursement de soins, pour la perception d'indemnités journalières ou pour l'attribution de diverses prestations, renseignez-vous auprès de votre centre de Sécurité sociale ou auprès de votre Caisse d'allocations familiales (tél. pour Paris : 0 820 25 75 10). Vous pouvez également les consulter sur Internet : www.caf.fr ou www.ameli.fr ou www.service-public.fr. Ces sites sont régulièrement mis à jour en fonction de l'application des nouvelles lois.

• Sur le congé de maternité : voir pages 360-364.

• Sur le congé de paternité : voir page 362.

• Sur le congé parental d'éducation : voir pages 363-364.

• Sur la protection sociale des femmes seules : voir pages 342-344.

Les remboursements de l'assurance maternité

Toute assurée sociale ou tout ayant-droit d'un assuré social a droit à l'assurance maternité.

Pour en bénéficier :

• **passez le 1er examen prénatal** avant la fin de la 14e semaine de grossesse, soit avant la fin du 3e mois. Envoyez la déclaration de grossesse signée par votre médecin ou par la sage-femme à votre centre de Sécurité sociale et à la Caisse des allocations familiales. Vous recevrez le guide de surveillance médicale mère et nourrisson, qui vous indiquera le calendrier des examens à effectuer avant et après l'accouchement ;

• **passez les examens médicaux obligatoires** aux 4e, 5e, 6e, 7e, 8e et 9e mois de grossesse ;

• **passez les examens médicaux obligatoires après l'accouchement** : 1 pour vous, dans les 8 semaines après l'accouchement ; 3 pour votre enfant dans les 8 jours après la naissance, avant la fin du 1er mois et avant la fin du 2e mois ;

• **à la naissance de votre enfant,** envoyez un extrait d'acte de naissance ou une copie du livret de famille à votre centre de paiement. Vous recevrez le guide de surveillance enfant, qui vous indiquera tous les futurs examens médicaux à effectuer pour lui.

Les remboursements pour la mère

Dès la déclaration de grossesse effectuée avant la fin du 3e mois, les consultations et les examens liés à la grossesse sont pris en charge à 100 % par la Sécurité sociale.

À partir du 1er jour du 6e mois de grossesse et jusqu'à 12 jours après votre accouchement, vous serez remboursée à 100 % par la Sécurité sociale de l'ensemble des frais médicaux et pharmaceutiques, des analyses et examens de laboratoire, et des frais d'hospitalisation, qu'ils soient ou non liés à votre grossesse.

Tous ces remboursements sont effectués sur la base et dans la limite des tarifs de la Sécurité sociale. **Les dépassements d'honoraires ne sont pas pris en charge par l'assurance maternité** (notamment pour les consultations de médecins conventionnés qui appartiennent au secteur 2) ; renseignez-vous éventuellement auprès de votre mutuelle.

Les remboursements concernent :

• **les 7 examens prénataux obligatoires** ; ils peuvent être passés pendant votre temps de travail, sans incidence sur votre salaire. Vous pouvez aller consulter un médecin généraliste, un gynécologue ou une sage-femme, exerçant en milieu libéral, en milieu hospitalier ou dans un centre de protection maternelle et infantile (PMI) ;

• **les médicaments** : pendant les 5 premiers mois, le remboursement varie, selon les vignettes, de 40 à 100 % ; après le 6e mois, tous les médicaments (sauf vignette bleue) sont remboursés à 100 % ;

• **les 3 échographies,** à raison de 1 par trimestre ; le remboursement est de 70 % jusqu'à la fin du 5e mois et de 100 % au-delà. S'il y a grossesse pathologique ou bien pathologie fœtale, les échographies supplémentaires peuvent être remboursées après entente préalable avec le service médical de votre centre de Sécurité sociale ;

• **l'amniocentèse** ; si votre grossesse présente un risque, si vous avez plus de 38 ans (voir page 217), elle est prise en charge à 100 % après entente préalable avec le service médical de votre centre de Sécurité sociale ;

• **les 8 séances de préparation à l'accouchement**, pratiquées par un médecin ou par une sage-femme ;

• **une hospitalisation éventuelle avant l'accouchement** ;

• **le transport vers la maternité** en taxi ou en ambulance, sur présentation d'une prescription médicale ou d'une facture ;

• **le séjour à la maternité** (12 jours maximum), que ce soit à l'hôpital ou en clinique conventionnée ;

• **les honoraires d'accouchement** ;

• **l'examen postnatal obligatoire** ;

• **les 10 séances de rééducation postnatale**, après accord préalable.

Les remboursements pour le nouveau-né

Sont pris en charge à 100 % du tarif conventionné de la Sécurité sociale :

• les soins au nouveau-né pendant son séjour à la maternité ;

• son éventuelle hospitalisation après la naissance, pendant un mois ;

• toutes les consultations médicales obligatoires.

Les prestations
de la Caisse des allocations familiales

La grande majorité des prestations sont soumises à des conditions d'attribution. Des formulaires et des déclarations de situation et de ressources sont à remplir.

La prestation d'accueil du jeune enfant (PAJE)

Cette prestation est composée de 4 aides financières : une prime à la naissance ou à l'adoption, une allocation de base, un complément de libre choix d'activité et un complément de libre choix du mode de garde.

• Vos ressources ne doivent pas dépasser un certain seuil.

• La prime à la naissance ou à l'adoption est versée au cours du 7e mois de grossesse.

• L'allocation de base est versée de la naissance au 3e anniversaire de votre enfant. Elle peut être cumulée avec l'allocation journalière de présence parentale (AJPP).

• Le complément de libre choix d'activité peut vous être versé si vous vous arrêtez de travailler ou si vous exercez à temps partiel.

• Si votre 3e enfant est né ou adopté après le 1er juillet 2006 et si vous avez arrêté de travailler pour vous occuper de vos enfants, vous pouvez bénéficier soit du complément de libre choix d'activité (CLCA) [voir ci-dessus], soit du complément optionnel de libre choix d'activité (COLCA), plus court mais d'un montant plus élevé (voir aussi le congé parental d'éducation, pages 363-364) ; votre choix sera définitif.

• Le complément de libre choix du mode de garde peut vous être versé si vous faites appel à une assistante maternelle ou à une garde à domicile (voir page 107).

• Déclarez votre grossesse avant la fin des 14 premières semaines auprès de votre centre d'assurance maladie et de la Caisse d'allocations familiales.

• Passez les 7 visites médicales obligatoires pendant la grossesse.

• Envoyez le feuillet correspondant à l'accouchement, signé par le médecin, dans les 2 jours qui suivent la naissance de votre enfant. Joignez la déclaration d'accouchement remise par la maternité.

• Faites passer à votre enfant les visites médicales obligatoires. Envoyez à la Caisse des allocations familiales les 3 attestations remplies par le pédiatre : la 1re dans les 8 jours après la naissance, la 2e au 9e mois et la 3e au 24e mois.

Les allocations familiales (AF)

• Vous avez droit aux allocations familiales à partir de votre 2e enfant, quels que soient votre situation familiale et le montant de vos revenus. Vos enfants ne doivent pas avoir plus de 18 ans s'ils ne sont pas étudiants et plus de 20 ans s'ils sont étudiants ou apprentis.

• Vous n'avez aucune formalité à remplir.

• Les allocations familiales vous sont versées automatiquement.

Le complément familial (CF)

• Pour en bénéficier, vous devez avoir au moins 3 enfants à charge.

• Vos enfants doivent avoir plus de 3 ans et moins de 17 ans pour ceux qui ont quitté l'école, et moins de 20 ans pour les étudiants.

• Le complément familial est suspendu quand vous n'avez plus que 2 enfants à charge.

• Déclarez vos revenus, qui ne doivent pas dépasser un certain seuil.

• Si vous attendez un nouvel enfant, vous ne pouvez pas cumuler le complément familial et la PAJE (voir pages 450-451).

Le Revenu de solidarité active (Rsa)

Voir aussi pages 342-343.

• Depuis 2009, l'allocation de parent isolé (API) a été remplacée par le Revenu de solidarité active (Rsa), qui vise à assurer un revenu minimal par mois.

• Pour en bénéficier, vos ressources et vos prestations familiales ne doivent pas dépasser un certain montant. Renseignez-vous auprès de la Caisse des allocations familiales (caf.fr).

• Déclarez votre grossesse et effectuez les examens médicaux obligatoires.

• Déclarez vos revenus chaque trimestre.

L'allocation de soutien familial (ASF)

Voir aussi page 343.

• Pour en bénéficier, vous devez élever seule un ou plusieurs enfants.

• Si le père de votre enfant est décédé ou bien si le père n'a pas reconnu son enfant, vous avez droit à l'allocation de soutien familial.

L'allocation journalière de présence parentale (AJPP)

• Si l'un de vos enfants est malade, accidenté ou handicapé et si vous avez arrêté ponctuellement votre travail pour vous en occuper, vous pouvez demander à bénéficier de l'AJPP.

L'allocation d'éducation de l'enfant handicapé (AEEH)

• Vous pouvez en bénéficier si votre enfant est atteint d'un handicap permanent.

• Les conditions d'obtention de cette allocation dépendent du taux d'incapacité de votre enfant.

Adresses utiles

L'assistance médicale à la procréation

• CECOS, centres d'étude et de conservation des œufs et du sperme humains : pour connaître les adresses et les coordonnées des établissements habilités pour le don de sperme : amp-chu-besancon.univ-fcomte.fr/cecos/cecos%20index.htm

Se faire aider pour arrêter le tabac, l'alcool et la drogue

• Drogues Info Service : 0 800 23 13 13, tous les jours de 8 h à 2 h. Sur Internet : www.drogues.gouv.fr

• Écoute Alcool : 0 811 91 30 30, tous les jours de 14 h à 2 h.

• Écoute Cannabis : 0 811 91 20 20, tous les jours de 8 h à 20 h.

• Institut national de prévention et d'éducation pour la santé (INPES) : www.inpes.sante.fr

• Tabac Info Service : 3989, du lundi au samedi de 8 h à 20 h. Sur Internet : www.tabac-info-service.fr

Le sida

• Sida Info Service : 0 800 840 800, tous les jours, 24 h/24.

Pour parler

• Grossesse secours : 01 45 84 55 91.

• Jumeaux et plus : 28, place Saint-Georges. 75009 Paris. Tél. : 01 44 53 06 03. Sur Internet : www.jumeaux-et-plus.fr

• La Maison verte : ce lieu d'accueil et d'écoute créé par Françoise Dolto en 1979 est destiné aux tout-petits avec leurs parents, et aux femmes enceintes. « Maison mère » : 13, rue Meilhac. 75015 Paris. Tél. : 01 43 06 02 82.

Pour connaître les autres lieux créés sur ce modèle : www.lamaisonverte.asso.fr

• SOS Femmes Accueil : si vous êtes victime de violences et si vous avez besoin d'aide, de soutien, d'un renseignement ou d'un conseil : 39 19. Sur Internet : sosfemmes.com

• SOS Grossesse : 05 63 35 80 70. Sur Internet : sosgrossesse.org

Glossaire

ADN : longue molécule qui est située dans le noyau de toute cellule. Elle est indispensable au maintien de la vie cellulaire ainsi qu'à la transmission des caractères héréditaires. L'ADN est toujours associé à des protéines, formant ainsi une fibre de chromatine*.

Aménorrhée : absence de règles.

Amnios : enveloppe qui entoure la cavité amniotique.

Annexes embryonnaires : organes présents, d'une façon transitoire, entre la mère et l'enfant. Il s'agit essentiellement du placenta et de l'amnios*.

Anticorps : substance engendrée dans l'organisme par l'introduction d'une substance étrangère, appelée antigène*. L'anticorps a pour rôle de neutraliser l'antigène.

Antigène : toute substance qui est étrangère et toxique à l'organisme. Son introduction dans ce dernier entraîne une réponse défensive de sa part par la fabrication d'anticorps*.

Axone : prolongement de la cellule nerveuse ayant pour rôle de propager l'influx nerveux.

Baby blues : petite dépression de la mère survenant après l'accouchement.

Blastocyste : petite boule de 64 cellules qui présente déjà une différenciation : des cellules externes, qui donneront le placenta, et un groupe de cellules centrales, qui seront à l'origine de l'embryon.

Caduque : muqueuse utérine dans laquelle le blastocyste* pénètre. Elle sera éliminée à la naissance.

Caryotype : carte d'identité des chromosomes*. Leur classification établie par nombre, par forme et par taille permet de repérer les diverses anomalies d'origine chromosomique.

Note de l'éditeur : les termes indiqués par un astérisque sont également définis dans le glossaire.

Cellule : élément de base de tout être vivant, animal ou végétal. Les cellules sont constituées d'un cytoplasme* et d'un noyau, le tout étant entouré d'une membrane.

Chorion : enveloppe externe qui entoure l'embryon.

Chromosome : configuration spéciale des fibres de chromatine* due à leur enroulement intense au moment de la division cellulaire*. Dans l'espèce humaine, les chromosomes de toutes les cellules sont au nombre de 23 paires, soit 46, sauf dans les cellules sexuelles, où ils ne sont qu'en un seul exemplaire, soit 23. Le nombre 46 sera reconstitué dans la cellule issue de la fécondation par l'association des chromosomes paternels et maternels. Les chromosomes portent les gènes*.

Colostrum : premier lait qui apparaît après l'accouchement, parfois même en fin de grossesse.

Corps jaune : nom donné au follicule* après la libération d'un ovocyte*. Après la fécondation, le corps jaune sécrète de la progestérone qui assure la nidification de l'œuf dans la muqueuse utérine.

Cytoplasme : partie de la cellule qui entoure le noyau. C'est le lieu de toutes les synthèses protéiques, lipidiques et glucidiques nécessaires à la vie de la cellule elle-même, donc de l'organisme tout entier.

Dendrites : ramifications arborescentes de la cellule nerveuse.

Différenciation cellulaire : ensemble de phénomènes biologiques aboutissant à l'apparition des divers types cellulaires qui s'organisent en tissus, puis en organes.

Division cellulaire : moment particulier dans la vie de la cellule, qui aboutit à la formation de 2 nouvelles cellules identiques.

Fécondation : rencontre de l'ovocyte* et du spermatozoïde.

Fibre de chromatine : résulte de l'association de l'ADN* et de protéines. Dans tout noyau cellulaire, il y a autant de fibres de chromatine qu'il y a de chromosomes*.

FIVETE : fécondation *in vitro* et transfert d'embryons.

Follicule de De Graaf : corpuscule situé dans l'ovaire*, qui protège et nourrit un ovocyte*. Chaque mois, un follicule se rompt pour libérer un ovocyte. C'est la ponte ovulaire*.

FSH : hormone de stimulation folliculaire. Permet la maturation du follicule ovarien.

Gamète : cellule reproductrice mûre – spermatozoïde (mâle) ou ovocyte* (femelle). Chaque gamète possède 23 chromosomes*, alors que toutes les autres cellules* de l'espèce humaine sont à 46 chromosomes.

Gène : petite portion d'ADN* contenant l'information nécessaire pour coder sous la forme de message chimique la synthèse d'un produit qui déterminera un caractère visible ou non.

Génotype : ensemble des gènes* d'un individu. L'expression d'un grand nombre de gènes aboutit au phénotype* de l'individu.

Gestation : état d'une femme enceinte, depuis la conception de son enfant jusqu'à l'accouchement.

GIFT : *Gamete Intra Fallopian Transfert*. Technique de fécondation *in vitro*.

Gravide : se dit d'un utérus qui contient un embryon.

HCG : hormone gonadotrophine chorionique. Hormone sécrétée par la couche cellulaire externe de l'œuf, ou chorion*, implanté dans la muqueuse utérine. Elle assure la poursuite de la grossesse en faisant sécréter par le corps jaune*, pendant les trois premiers mois, des œstrogènes et surtout de la progestérone.

Hydramnios : excès de liquide amniotique, occasionnant des troubles.

Hypotrophie : mauvais développement du fœtus.

Immunisation : protection de l'organisme contre une maladie infectieuse. Se fait en général par la vaccination, mais peut également avoir lieu d'une façon naturelle.

Lanugo : fin duvet qui recouvre le corps du fœtus *in utero*.

LH : hormone lutéinique. Provoque la rupture du follicule ovarien, ce qui entraîne l'ovulation*.

Lochies : écoulement sanguin qui fait suite à l'accouchement.

Méconium : substance noirâtre et visqueuse constituée de débris cellulaires et de bile, accumulée dans l'intestin du fœtus.

Membranes : elles forment la poche des eaux, qui contient le liquide amniotique. Elles sont constituées d'un sac externe, appelé chorion*, et d'un sac interne, appelé amnios*.

Menstruation : sang qui s'écoule du vagin tous les 28 jours. Cela signifie que l'ovocyte* n'a pas été fécondé. La menstruation est plus communément appelée « règles ».

Morula : petite boule de 16 cellules*, ressemblant à une mûre, issue des premières divisions du zygote*.

Multipare : femme qui a accouché plusieurs fois.

Mycose : infection due à un champignon microscopique. Les mycoses sont souvent génitales, mais pas exclusivement.

Neurone : cellule* nerveuse.

Ombilic : nombril.

Organogenèse : formation des organes au cours de la vie embryonnaire.

Ovaire : glande sexuelle féminine qui conserve en stock les ovocytes* et sécrète les hormones indispensables à la gestation* : les œstrogènes et la progestérone.

Ovocyte : couramment et improprement appelé ovule. Cellule* sexuelle féminine, prête à la fécondation.

Ovulation, ou ponte ovulaire : moment du cycle ovarien, situé entre le 14e et le 17e jour après le 1er jour des règles, où l'ovaire* libère un ovocyte*.

Phénotype : ensemble des caractères morphologiques, c'est-à-dire visibles, d'un individu.

Placenta *praevia* : placenta situé en bas de l'utérus, non loin de l'orifice interne du col, pouvant même le recouvrir.

Primipare : femme qui attend son premier enfant.

Procidence du cordon : sortie prématurée du cordon ombilical, en général provoquée par la perte des eaux.

Toxémie gravidique : ensemble de troubles survenant chez la mère, caractérisés par de l'albumine dans les urines et de l'hypertension artérielle. Elle peut entraîner une hypotrophie du fœtus et, dans les cas graves, une fausse couche.

Tranchées : contractions douloureuses de l'utérus survenant après l'accouchement chez les multipares*.

Trompes de Fallope : fin conduit, encore appelé oviducte, qui évacue vers l'utérus les ovocytes* pondus par l'ovaire*.

Trophoblaste : nom donné aux cellules* externes du blastocyste*, qui entourent le bouton embryonnaire et qui contribueront à former le placenta.

Vernix caseosa : enduit graisseux qui recouvre la peau du fœtus *in utero*. Il a un rôle protecteur à l'égard du liquide amniotique dans lequel il macère.

Villosités : excroissances cellulaires très fines et très ramifiées.

ZIFT : *Zygote Intra Fallopian Transfert*. Technique de fécondation *in vitro*.

Zygote : c'est la première cellule* du nouvel individu, qui est issue de la rencontre de l'ovocyte* maternel et du spermatozoïde paternel. Il possède un noyau contenant les 46 chromosomes* de l'espèce.

Bibliographie

Baumann, N., « Développement du cerveau : maturation biochimique et fonctionnelle », *L'Alimentation et la vie*, numéro spécial : *Alimentation et cerveau*, publié par la Société scientifique d'hygiène alimentaire, n° 73, avril 1988.

Chéné, P.-A., *Sophro-accouchement. Méthode complète de préparation à la naissance pour la mère et l'enfant*, Paris, Ellébore, 1989.

Dumez, Y., *Naître ou ne pas naître*, Paris, Flammarion, 1987.

Ebel, A., « Alimentation, développement cérébral et fonction neuronale », *L'Alimentation et la vie*, numéro spécial : *Alimentation et cerveau*, publié par la Société scientifique d'hygiène alimentaire, n° 73, avril 1988.

Hamilton, W.J. et Mossman, H.W, *Hamilton, Boyd and Mossman's Human Embryology, Prenatal Development of Form and Function*, Londres, The MacMillan Press, 1978.

Labro, F., *Enceinte et en forme*, Paris, Jean-Claude Lattès, 1985.

Langman, J., *Embryologie médicale*, Paris, Masson et Cie, 1972.

Lhermitte, F., « Formation et évolution du cerveau et de la pensée », *L'Alimentation et la vie*, numéro spécial : *Alimentation et cerveau*, publié par la Société scientifique d'hygiène alimentaire, n° 73, avril 1988.

Martino, B., *Le bébé est une personne. La fantastique histoire du nouveau-né*, Paris, Balland, 1985, réédition J'ai lu, collection « Bien-être », 2004.

Minkowski, A., *Pour un nouveau-né sans risque*, Paris, Le Seuil, collection « Points actuels », 1983.

Poirier, J. et Chevreau, J., *Feuillets d'histologie humaine*, Paris, Librairie Maloine, 1985.

Poirier, J., Cohen, I. et Baudet, J., *Embryologie humaine,* Paris, Maloine S.A., 1981.

Verny, T. et Kelly, J., *La Vie secrète de l'enfant avant sa naissance,* Paris, Grasset, 1982.

Index

Table des matières

2e mois

5ᵉ mois

6ᵉ mois

Conseils : La quatrième visite médicale obligatoire, 297.

Pour votre information : Étiez-vous malade avant d'être enceinte ?, 298.

Conseils : Si vous avez « mal aux reins », 304.

Pour votre information : Avoir une bonne posture, 307. La bascule du bassin, 309.

7ᵉ mois

Conseils : Attention à l'accouchement prématuré, 318.

Pour votre information : Les causes de l'accouchement prématuré, 320.
L'enfant prématuré, 321.

Conseils : Préparez-vous à l'accouchement, 326.

Pour votre information 327

Conseils : Attention aux maladies infectieuses, 334.

Pour votre information : La listériose, 335.

Imprimé en Allemagne par GGP Media GmbH
Dépôt légal janvier 2011
ISBN : 978-2-501-06813-0
4062485